Tasia Tamara Walter

Der Staat als Sicherheitsgarant?

Tasia Tamara Walter

Der Staat als Sicherheitsgarant?

Sicherheitsverständnisse, Sicherheitserwartungen und Sicherheitsverheißungen des Staates im Umgang mit neuen terroristischen Bedrohungslagen des 21. Jahrhunderts

Tectum Verlag

Tasia Tamara Walter
Der Staat als Sicherheitsgarant?
Sicherheitsverständnisse, Sicherheitserwartungen und Sicherheitsverheißungen des Staates im Umgang mit neuen terroristischen Bedrohungslagen des 21. Jahrhunderts
Zugl. Diss. Justus-Liebig-Universität Gießen, Fachbereich Rechtswissenschaft, 2017

ISBN: 978-3-8288-4083-6
eISBN: 978-3-8288-6921-9
ePub: 978-3-8288-6922-6

Druck und Verarbeitung: CPI buchbuecher.de, Birkach
Printed in Germany

Informationen zum Verlagsprogramm finden Sie unter
www.tectum-verlag.de

Bibliografische Informationen der Deutschen Nationalbibliothek
Die Deutsche Nationalbibliothek verzeichnet diese Publikation in der Deutschen Nationalbibliografie; detaillierte bibliografische Angaben sind im Internet über http://dnb.ddb.de abrufbar.

Bibliographic information published by the Deutsche Nationalbibliothek
The Deutsche Nationalbibliothek lists this publication in the Deutsche Nationalbibliografie; detailed bibliographic data are available online at http://dnb.ddb.de.

Vorwort

Den Personen, die mich in vielfältiger Art und Weise unterstützt und mich während der Promotionszeit begleitet haben, möchte ich an dieser Stelle ganz herzlich danken.

Mein besonderer Dank gilt zunächst meinem Doktorvater, Herrn Prof. Dr. Franz Reimer, für seine fachliche Unterstützung und sein persönliches Engagement bei der Betreuung dieser Arbeit. Durch seine konstruktiven Anmerkungen und Hinweise hat er entscheidend zum Gelingen meiner Arbeit beigetragen. Ebenfalls herzlich bedanken möchte ich mich bei Frau Prof. Dr. Bettina Schöndorf-Haubold für die freundliche Übernahme des Zweitgutachtens.

Mein größter Dank gilt an dieser Stelle meiner Familie, insbesondere meiner Mutter und meinen Großeltern, die mir meinen bisherigen Lebensweg ermöglichten und denen ich diese Arbeit widme.

München, im Juli 2018 Tasia Tamara Walter

Inhaltsverzeichnis

1. Teil

A. Einleitung

Diese Arbeit bewegt sich in den Bereichen des Verfassungsrechts, der präventiven Gefahrenabwehr und des Strafrechts. Vor dem Hintergrund der aktuellen Debatte um die Sicherheitspolitik wird die Geschichte des Sicherheitsbegriffs aufgearbeitet und die Frage nach einer verfassungsrechtlichen Legitimation des Staates als „Sicherheitsgarant" gestellt.

Es soll damit ein Beitrag zu der Diskussion geleistet werden, ob und inwieweit eine staatliche Pflicht bzw. Garantenstellung zur Gewährleistung „innerer Sicherheit" in der Verfassung der Bundesrepublik Deutschland verankert ist. Es werden die rechtlichen Konsequenzen aufgezeigt, die durch Sicherheitsverständnisse, Sicherheitserwartungen und Sicherheitsverheißungen, insbesondere im Umgang mit neuen terroristischen Bedrohungslagen, für das Gefahrenabwehrrecht, aber auch für das Straf- und Strafprozessrecht entstehen. In einer Gesamtbetrachtung müssen folglich die Auswirkungen der sicherheitspolitischen Debatte um mehr staatliche Sicherheitsgewährleistung skizziert werden, sowohl im repressiven als auch vor allem im präventiven Bereich der Terrorabwehr. Auch der Frage nach den möglichen Auswirkungen eines neuen Sicherheitsverständnisses auf die Organe der Rechtspflege, also auf der Ebene der praktischen Arbeit von Anwaltschaft und Justiz, soll nachgegangen werden, da die Organe der Rechtspflege eine der elementarsten Strukturen der Rechtsstaatlichkeit verkörpern. Erforderlich ist eine staatshistorische und rechtsphilosophische Auseinandersetzung mit der Bedeutung von Sicherheit im Staats- und Verfassungsrecht im Allgemeinen und in Bezug auf die Terrorismusbekämpfung im Besonderen.

Das Konfliktfeld um die Frage nach der verfassungsrechtlichen Legitimation einer verstärkten Arbeit an einer neuen staatlichen Sicherheitsarchitektur drängte im letzten Jahrzehnt verstärkt durch die terroristischen Anschläge des 11. September 2001 in den USA sowie nachfolgend u. a. in Madrid 2004 und London 2007 immer wieder in den Blickpunkt der wissenschaftlichen Arbeiten.

Seit über einem Jahrzehnt ist in der Literatur wieder die Rede von einem „Grundrecht auf Sicherheit"[1] oder von „Sicherheit als Menschenrecht"[2], aber auch von einem Recht auf „Freiheit von Furcht"[3], welches der Verfassung immanent sei und eine entsprechende Pflicht des Staates zur Gewährleistung innerer Sicherheit begründe und vor allem Eingriffe in die Freiheit des Einzelnen rechtfertige. So ist die Konstruktion

1 Isensee, Das Grundrecht auf Sicherheit, 1982.
2 Robbers, Menschenrecht auf Sicherheit, 1987.
3 Robbers, Menschenrecht auf Sicherheit, 1987 S. 129 ff.

eines „Grundrechts auf Sicherheit" im Besonderen auf eine Schrift von *Josef Isensee* aus dem Jahr 1983 zurückzuführen. Nach seinem Verständnis bildet die Gesamtheit der grundrechtlichen Schutzpflichten ein „Grundrecht auf Sicherheit". *Gerhard Robbers,* der mit der Vorstellung eines „Menschenrechts auf Sicherheit" an die Arbeit von *Isensee* gedanklich anknüpft, sieht darin zwar kein neues ungeschriebenes Grundrecht, das die geschriebenen ergänzen würde, er geht dennoch ebenfalls davon aus, dass dieses sich bereits aus der Funktion der schon bestehenden Grundrechte ergebe.[4] Wenn auch *Robbers* grundsätzlich der Idee *Isensees* folgt, sieht er doch gleichzeitig das Risiko, das eine Anerkennung eines „Grundrechts auf Sicherheit" oder eines „Menschenrechts auf Sicherheit" birgt. So gibt er zu bedenken, dass kein nach dem Wortlaut des Grundgesetzes fremdes, neues Grundrecht erfunden werden dürfe, da die Verfassung als Grundlage staatlichen Zusammenlebens vor kurzfristigen Änderungen so weit wie möglich bewahrt werden solle, ansonsten könne sie schnell zum „Kampfinstrument politischer Tagesinteressen" verkommen.[5]

Ausgehend vom Terrorismus der 1970er-Jahre, der durch die Rote Armee Fraktion (RAF) geprägt wurde, dem Linksterrorismus der 1980er-Jahre sowie der gleichzeitig zunehmenden organisierten Kriminalität, stand die Gewährleistung der „inneren Sicherheit" zunehmend im Fokus der staatsrechtlichen Debatte.[6] Der Staat als „Sicherheitsgarant" oder konkret eine der Verfassung immanente „Gewährleistungspflicht" von „innerer Sicherheit" sind die Schlagworte, die eine Diskussion im Schwerpunkt auch heute noch beherrschen.[7]

Die von *Isensee* begründete Idee führt aktuell zu der Notwendigkeit, sich mit der Frage auseinanderzusetzen, ob der Staat zur aktuellen Terrorismusbekämpfung nicht mehr Sicherheit leisten könne oder gar müsse. Im Grundtenor kommt in einer solchen Diskussion zum Tragen, dass ein akuter Handlungsbedarf zur Wahrung innerer Sicherheit bestünde.[8] Insbesondere müsse dem Bedürfnis nach mehr Sicherheit auch nachgekommen werden. Der Staat wird in dieser Argumentationskette zu einem die freiheitliche Grundordnung umfassenden und schützenden Sicherheitsgaranten.[9] Ohne Sicherheit sei keine Staatlichkeit und ohne Staatlichkeit dementsprechend auch keine freiheitlich-demokratische Rechtsstaatlichkeit zu gewährleisten.[10] Der Staat gebe eine grundsätzliche Sicherheitsgarantie, insbesondere gerade jetzt, „im Zeitalter des Terrorismus", und wenn er diese nicht erfüllen könne, sei zu befürchten, dass sich

4 Robbers, Menschenrecht auf Sicherheit, S. 15; vgl. Kniesel, ZRP 1996, 482, 485.

5 Robbers, Menschenrecht auf Sicherheit, S. 15.

6 Möllers, Öffentlichen Sicherheit und Gesellschaft, JBÖS, SB 9, S 46.

7 Dazu u. a. Bull, Hans Peter, Wie weit reicht das Sicherheitsversprechen des Staates gegenüber seinen Bürgern?, Berlin 2007; Gusy, Christoph: Mehr als der Polizei erlaubt ist?, Frankfurt a. M. 2008; Hoffmann-Riem, Wolfgang, Freiheit und Sicherheit im Angesicht terroristischer Anschläge, Baden-Baden 2006; Krings, Günther, Grenzen grundrechtlicher Schutzansprüche, Berlin 2003; Kötter, Matthias, Pfade des Sicherheitsrechts, Baden-Baden 2008; Thiel, Die „Entgrenzung" der Gefahrenabwehr, Tübingen 2011;

8 Vgl. Horn, Sicherheit und Freiheit durch vorbeugende Verbrechensbekämpfung, in: FS f. Schmitt Glaeser, S. 435 (437).

9 Depenheuer, Selbstbehauptung des Rechtsstaates, S. 7.

10 Depenheuer, Selbstbehauptung des Rechtsstaates, S. 7.

letztendlich „andere Sicherheitsgaranten“ etablieren könnten, die wiederum vielleicht nicht mehr Freiheit, Gleichheit, Demokratie und Rechtsstaatlichkeit zu den maßgeblichen Werten von Staatlichkeit zählen würden.[11] Andererseits wird dem entgegengehalten, dass eine für den Rechtsstaat erforderliche „Balance zwischen Freiheit und Sicherheit“ nicht aus dem Blickfeld verschwinden dürfe.[12] Die Auseinandersetzung in der Literatur ist dazu immer noch rege und vielfältig.[13]

So stellte *Udo Di Fabio* einmal fest, dass das Recht gewisse Grenzfälle gerade nicht zu regeln vermag.[14] Keiner habe Anspruch auf absolute Sicherheit, so wie es keine absolute Sicherheit gebe; wer einen Pol dieser Beziehung absolut setze, zerstöre unweigerlich den anderen.[15] Freiheit und Sicherheit stünden in keiner Konkurrenz, sondern in einem „Komplementärverhältnis“, sodass sie sich wechselseitig voraussetzen und stärken, wenn beide angemessen zur Entfaltung gelangen.[16]

Trotz dieser kritischen Bemerkungen wird die Forderung, mehr Sicherheit im Staat zu schaffen, auch in der Fachliteratur immer deutlicher. So appelliert *Schmitt Glaeser* eindringlich an die Gesellschaft, sich endlich von dem „Trauma“ zu befreien, dass es in erster Linie der Staat sei, der unsere Freiheit gefährde, und wir erst dann in Frieden leben könnten, wenn seine Befugnisse auf das Engste begrenzt werden würden, auch und selbst dort, wo er die Aufgabe der Verbrechensbekämpfung, speziell die Bekämpfung von Gewalt, zu erfüllen habe.[17] Noch eindringlicher bildet *Horn* die Metapher, wonach, als sich der Staub über Ground Zero lichtete, sich damit auch die Wahrnehmung geändert habe und ein alter Zusammenhang zutage getreten sei, nämlich dass die Sicherheit wie die Luft zum Atmen zur Freiheit gehöre.[18] *Horn* unterstreicht diese Sichtweise noch, indem er eine Aussage von *Isensee,* die dieser bereits im Jahr 1979 getätigt hat, aufgreift und unterstellt, dass ein deutlicher Aufbruch aus der „Behaglichkeit politischer Ernstfall-Prüderie“[19] zu sehen sei.[20] Auch das „Grundrecht auf Sicherheit“ hat mittlerweile seinen festen Platz in der gesamteuropäischen

11 Depenheuer, Selbstbehauptung des Rechtsstaates, S. 7 f.

12 Di Fabio, Westen muss Westen bleiben, in: die Welt vom 12.11.2007, S. 11.

13 Um nur einige Arbeiten mit dieser Thematik im vergangenen Jahrzehnt zu nennen: Bull, Hans Peter, Wie weit reicht das Sicherheitsversprechen des Staates gegenüber seinen Bürgern?, Berlin 2007; Gusy, Christopher: Mehr als der Polizei erlaubt ist?, Frankfurt a. M. 2008; Hoffmann-Riem, Wolfgang, Freiheit und Sicherheit im Angesicht terroristischer Anschläge, Baden-Baden 2006; Krings, Günther, Grenzen grundrechtlicher Schutzansprüche, Berlin 2003; Kötter, Matthias, Pfade des Sicherheitsrechts, Baden-Baden 2008; Thiel, Die „Entgrenzung“ der Gefahrenabwehr, Tübingen 2011.

14 Zitiert nach Di Fabio, Westen muss Westen bleiben, in: die Welt vom 12.11.2007, S. 11. Di Fabio bezieht sich hierbei auf die Entscheidung des BVerfG vom 15.02.2006 – 1 BvR 357/05, wodurch das Luftsicherheitsgesetz (insbes. § 14 Abs. III LuftSiG) für verfassungswidrig erklärt wurde; vgl. auch zustimmend Schenke, NJW 2006, 736-739.

15 Di Fabio, Westen muss Westen bleiben, in: die Welt vom 12.11.2007, S. 11.

16 Di Fabio, Westen muss Westen bleiben, in: die Welt vom 12.11.2007, S. 11.

17 Zitiert nach Schmitt Glaeser, Private Gewalt im politischen Meinungskampf, S. 231.

18 Horn, Sicherheit und Freiheit durch vorbeugende Verbrechensbekämpfung, in: FS f. Schmitt Glaeser, S. 435 (437).

19 Isensee, Verfassung ohne Ernstfall, S. 98 (107).

20 Vgl. Horn, Sicherheit und Freiheit durch vorbeugende Verbrechensbekämpfung, in: FS f. Schmitt Glaeser, S. 435 (437), Fn. 7.

Diskussion um Polizei- und Strafrecht gefunden.[21] So spricht Europol wie selbstverständlich von einem „europäischen Grundrecht auf Sicherheit“[22]. Ein solches Grundrecht sei notwendig, um den Bürger vor der Gewalt anderer Bürger zu schützen.[23]

Nicht nur die Frage nach der Existenzberechtigung eines „Grundrechts auf Sicherheit“ speziell, sondern auch die Interpretation des Staates als Sicherheitsgarant generell, verlagert sich mehr und mehr zu einem politischen Meinungsstreit, bei dem die rechtlichen Grundlagen aus dem Blickfeld verschwinden und in der aktuellen politischen Diskussion nicht mehr zum Einsatz kommen. Die dogmatische Frage nach der konkreten Bedeutung von Sicherheit in unserer Verfassung, insbesondere nach der Pflicht zur Gewährleistung innerer Sicherheit, ist in den Hintergrund getreten und wird nicht beantwortet. In der heutigen politischen Debatte werden Begriff und Inhalt der inneren Sicherheit zudem unzureichend oder gänzlich ohne historischen Zusammenhang angeführt. Die Aufarbeitung des Begriffs der Sicherheit im Kontext von Staatlichkeit erscheint jedoch mehr denn je erforderlich, da sich sowohl Ursprung als auch Zweck des heutigen Sicherheitsverständnisses nur unter Einbeziehung seiner geschichtlichen bzw. rechtsphilosophischen Entwicklung offenbaren. Sicherheit hat sich zu einem zentralen Wertebegriff demokratischer Gesellschaften entwickelt, wobei jedoch die Meinungen über die genaue Bedeutung auseinandergehen.[24] In diesem Kontext muss bei der Analyse und Auswertung des staatlichen Sicherheitsverständnisses auch die These in Betracht gezogen werden, dass Sicherheit für sich nicht unbedingt einen objektiven Zustand darstellt, sondern lediglich das Ergebnis sozialer Prozesse beschreibt. Wie sich diese These mit Blick auf eine freiheitlich orientierte und rechtsstaatlich ausgerichtete Verfassung auswirkt, bleibt ebenfalls zu bewerten.

Das Augenmerk richtet sich hier vor allem auf die Frage nach der eigentlichen Intention der Verfassungsgeber der Verfassung der Bundesrepublik Deutschland, insbesondere nach den Erfahrungen nach Auflösung der Weimarer Reichsverfassung und der Machtergreifung der Nationalsozialisten.

Ziel ist es, im Kontext der Terrorismusbekämpfung des 21. Jahrhunderts Sicherheitsverständnisse, Sicherheitserwartungen, aber auch Sicherheitsverheißungen, die durch politische Beiträge ihren Raum fordern, anhand des Verfassungsrechts einer Legitimationsprüfung zu unterziehen und dabei etwaige Folgen auf der Ebene der einfachen Gesetzgebung zu beleuchten. Die Arbeit ist daher in zwei größere Abschnitte unterteilt. Im ersten Abschnitt soll der Gedanke der Sicherheit in seiner historischen und rechtsphilosophischen Entwicklung aufgearbeitet werden sowie das Verhältnis von Sicherheit und Freiheit im Kontext der Terrorismusbekämpfung. Der zweite Abschnitt soll dogmatisch die Frage nach der verfassungsrechtlichen Legitimation des Staates als Sicherheitsgarant behandeln und die damit einhergehenden Fol-

21 Albrecht, Sicherheit vor Freiheit?, S. 3.

22 Petri, Europol, S. 125.

23 Albrecht, Sicherheit vor Freiheit?, S. 45.

24 Endreß/Petersen, Die Dimension des Sicherheitsbegriffs, http://www.bpb.de/politik/innenpolitik/innere-sicherheit/76634/dimensionen-des-sicherheitsbegriffs?p=all (eingesehen am 06.06.2014).

gen eines vermeintlich „neuen" Sicherheitsverständnisses für das im Rechtsstaat maßgebliche Verhältnis von Freiheit und Sicherheit beleuchten.

B. Sicherheitsverständnisse in ihrer historischen und staatstheoretischen Entwicklung

Ein Weg, das heutige Sicherheitsverständnis zu thematisieren, besteht darin, die geschichtlichen, rechtsphilosophischen und die letztendlich richtungsweisenden staatstheoretischen Entwicklungsstufen des Sicherheitsbegriffs aufzuzeigen. Insbesondere wird als maßgebend für das moderne Verhältnis von Freiheit und Sicherheit im Allgemeinen und für das Verständnis von innerer Sicherheit im Speziellen „die neuzeitliche Entwicklung großflächiger Territorialgebilde mit einheitlicher Herrschaftsgewalt"[25] erachtet, da sich für sie „die Theorie des Staates im engeren oder modernen Sinne"[26] herausgebildet habe. Daraus kann man schließen, dass Sicherheit und Staatlichkeit zwei eng miteinander verwobene Begrifflichkeiten sind, wobei die Staatlichkeit aus dem Bedürfnis des Individuums nach Sicherheit resultiert. Dabei ist jedoch mit Recht nicht außer Acht zu lassen, dass bereits in diversen vorstaatlichen Gemeinschaftsformen mit Herrschaftsmonopol eine Ausrichtung an Sicherheit und Freiheit oder begrifflichen Äquivalenten ebenfalls charakteristisch gewesen sein muss.[27]

I. Grundlagen

Im Folgenden soll diese Entwicklung in ihren wesentlichen Punkten aufgezeigt werden, um Rückschlüsse auf das Sicherheitsverständnis in seiner heutigen Form ziehen zu können. Wenn hier zu Anfang generell über den „allgemeinen" Begriff der Sicherheit gesprochen wird und nicht im „Speziellen" über den das Thema dieser Arbeit fokussierenden, wesentlich konkreteren Begriff der „inneren Sicherheit", so ist dies nicht nur der Entwicklung des Verständnisses von Sicherheit geschuldet, sondern auch der Entwicklung des Verständnisses von Sicherheitserwartungen und Sicherheitsverheißungen im Kontext der jeweiligen Epoche. So wird im Folgenden aufgezeigt werden, dass sich erst aus dem Begriff der „allgemeinen Sicherheit" die Komponente der „inneren Sicherheit" herauskristallisiert hat, insbesondere mit der Etablierung staatlicher Souveränität. So wird in diesem Kapitel ein gleitender Übergang zwischen den Begrifflichkeiten zu sehen sein, der diese Entwicklung unterstreicht.

25 Brugger, VVDStRL 2004, S. 101, 103.
26 Brugger, VVDStRL 2004, S. 101, 103.
27 Brugger, VVDStRL 2004, S. 101, 103.

1. Wortherkunft

Zu Beginn steht die sprachliche Entwicklung, das Wort, aus dem sich die ursprüngliche Bedeutung einstmals ergeben hat. Als Entsprechung zu engl. „security" und frz. „sécurité" geht das Wort „Sicherheit" etymologisch auf lat. „securitas" (*se* = ohne, *cura* = Sorge) zurück, eine Bezeichnung für den Seelenzustand, der als „Freiheit von Schmerz und Unwohlsein" die Voraussetzung eines „glücklichen Lebens" ist.[28] Die lateinischen Wörter „securus" und „securitas" sind zuerst bei Cicero und Lukrez belegt.[29] Es handelt sich also zu dieser frühen Zeit noch um einen subjektiven Begriff, der das Gefühl der Sorglosigkeit zum Ausdruck bringt. Das gedankliche Vorbild der lateinischen „securitas" ist ausweislich der rechtsphilosophischen Forschung die sogenannte griechisch „Ataraxie", wie es in Epikurs Brief an Menoikeus heißt, also „die Freiheit von Schmerz", „die Lust in der Ruhe"[30], was jedoch für die Analyse des Sicherheitsbegriffs im Kontext dieser Arbeit zu weit führen würde, in der Literatur jedoch häufig zum Verständnis der Wortherkunft angeführt wird.[31]

Bei der gebräuchlichen Bedeutung des Wortes „Sicherheit" geht man davon aus, dass zwischen dem Bezug zur Person und dem Bezug zum Dinglichen unterschieden wurde.[32] So steht für „securus" zum einen das tatsächliche „Geschützt sein vor Gefahren und Schaden", also das „gesichert", „geborgen", „behütet", „versorgt" oder „bewacht"[33] Sein einer Person. Aber auch die seelische Stimmung des „sich geschützt", „behütet" oder „geborgen Fühlens" und des „frei von Sorge" oder „beruhigt" Seins.[34] „Securus" sind aber auch Dinge und Situationen, die keine Furcht erregen, keinen Anlass zur Sorge geben oder auch sorgenstillend, heiter und fröhlich sind.[35]

---

28 Ritter, HWPh Bd. 9, S. 745.

29 Winkler, Sécurité, S. 2.

30 Zitiert nach Winkler, Sécurité, S. 4, mit zahlreichen weiterführenden Belegen:
„Die Ataraxie (‚Unerschütterlichkeit', altgriechisch ataraxía ‚ἀταραξία', von a-tárachos: ‚unerschütterlich') ist die Bezeichnung der Epikureer und Pyrrhoneer für das Ideal der Seelenruhe. Sie bezeichnet als seelischen Zustand die Affektlosigkeit und die emotionale Gelassenheit gegenüber Schicksalsschlägen und ähnlichen Außeneinwirkungen, die das Glück des Weisen (Eudaimonie) gefährden. Für das Ziel der wegen der spärlichen Überlieferung nur schwer greifbaren Lehre des Pyrrhon von Elis ist neben dem stoischen Terminus Apatheia auch der Begriff der Ataraxie überliefert. In der neupyrrhonischen Skepsis, die uns v. a. in den Schriften des Sextus Empiricus entgegentritt, bezeichnet die Ataraxie zwar eigentlich das Ziel der Ethik, das jedoch nicht direkt erstrebt werden kann, da jedes Streben danach, ja schon jede dogmatische Lehre über das Wesen der Ataraxie eben eine Erschütterung und damit Zerstörung der Seelenruhe bedeuten würden. Daher sagen die Neupyrrhoneer, die Ataraxie folge der Urteilsenthaltung (epoché) ‚wie der Schatten'. Man gelange ‚zufällig' zur Seelenruhe, indem man sich in allen Entscheidungen des Urteils enthalte und so dem Hin- und Hergerissen sein entkomme." (mit Verweis auf Hossenfelder, Malte: Stoa, Epikureismus und Skepsis, in: Röd, Wolfgang (Hrsg.): Geschichte der Philosophie, Bd. 3. C. H. Beck: München 1985. Mehrere Stellen, siehe Register).

31 Vgl. Fn. 22.

32 Vgl. Kaufmann, Sicherheit als soziologisches und sozialpolitisches Problem, Übersicht 1, S. 158 f.

33 Zitiert nach Kaufmann, Sicherheit als soziologisches und sozialpolitisches Problem, S. 64.

34 Vgl. Kaufmann, Sicherheit als soziologisches und sozialpolitisches Problem, Übersicht 1, S. 158 f.

35 Zitiert nach Kaufmann, Sicherheit als soziologisches und sozialpolitisches Problem, S. 64.

2. Entwicklungen in der Vormodernen

Seit Nero erscheint „securitas“ verkörpert als Frauengestalt auf römischen Kaisermünzen und wird zum Inbegriff politischer Stabilität.[36] In der Kaiserzeit wurde das Wort auch als Terminus technicus im Sinne einer „Schuldsicherung“ oder „Quittung“ verwendet, ähnlich wie „cautio“ („Sicherheit, „Bürgschaft“, „Verpfändung“).[37] Folglich war nicht nur die subjektive Komponente des „sich sicher Fühlens“ zu dieser Zeit bereits ausgeprägt, sondern es fand auch eine Erweiterung zu einer objektiven Komponente hin statt, indem Sicherheit für eine zivilrechtliche Begrifflichkeit Verwendung fand. Diese zivilrechtliche Begriffsvariante des Wortes „Sicherheit“ erhielt sich mit dem römischen Recht.[38] So nahmen seit dem 1. Jahrhundert nach Christus die Worte „securitas“ und „securus“ ihren Weg in die Umgangssprache, vor allem durch ihre Stellung in der Philosophie, in der Politik und in der Rechtssprache.[39] Das westgermanische Adjektiv „sichur“ (8. bis 11. Jhd.) sowie „sicher“ (12. bis 15. Jhd.) sind bereits früh aus dem lateinischen „securus“ entlehnt worden.[40] Im Rahmen dieser zeitlich frühen Begriffsanalyse darf nicht vergessen werden, dass in den Wörtern einer bestimmten Sprache das Denken des betreffenden Volkes lebt, sodass „Securité“ nicht „Sicherheit“ im heutigen Sinn des deutschen Wortes bedeutet, mag dieses gleichwohl desselben lateinischen Ursprungs sein wie jenes französische.[41]

3. Sicherheit („securitas“) wird zum politischen Begriff im Mittelalter

Im Mittelalter waren die Bedrohung von Leib und Leben sowie Gefahren für den Bestand und Austausch von Gütern allgegenwärtig. In einer Gesellschaft, in der es an einer obrigkeitlichen Hilfe mangelt, kommt es für den Einzelnen vor allem darauf an, einen entsprechenden Schutz zu finden, da ein zwar bereits bestehendes Recht auf Selbsthilfe, insbesondere bei Auseinandersetzungen mit einem stärkeren Gegenüber, keine Hilfe darstellte. Der Schutz der eigenen Rechtsgüter und damit Sicherheit für den Einzelnen konnten in diesem Fall Familien, der Clan, der Stamm oder einfach mächtige Herren mit entsprechend umfänglichem Gefolge bieten.[42] Indem man sich einem Herren unterwarf, gab es mithin nur noch „zwei Grundfälle von Unrecht“[43]. Zum einen das Unrecht im Bereich der Schutzgemeinschaft, d.h. Rechtsgutsverletzungen der Untertanen eines Herrn untereinander. Hier strafte der Herr selbst, weil er zu „Schutz und Schirm“ aufgrund des „Unterwerfungsvertrages“ mit seinen Untertanen verpflichtet war, für „Recht und Ordnung“ zu sorgen.[44] Zum anderen das Un-

36 Robbers, Sicherheit als Menschenrecht, S. 29, mit Verweis auf Conze, Artikel: Sicherheit, Schutz, S. 832.
37 Conze, Artikel: Sicherheit, Schutz, in: Geschichtliche Grundbegriffe, Bd. 5, S. 832.
38 Conze, Artikel: Sicherheit, Schutz, in: Geschichtliche Grundbegriffe, Bd. 5, S. 832.
39 Conze, Artikel: Sicherheit, Schutz, in: Geschichtliche Grundbegriffe, Bd. 5, S. 833.
40 Duden, Das Herkunftswörterbuch, Wortverzeichnis: „sicher“, S. 766 f.
41 Siehe dazu ausführlich: Winkler, Sécurité, S. 2.
42 Roellecke, JZ 2006, 265, 266.
43 Roellecke, JZ 2006, 265, 266.
44 Roellecke, JZ 2006, 265, 266.

recht, das der Untertan eines anderen Herrn außerhalb der eigenen Schutzgemeinschaft oder das ein anderer Herr selbst gegenüber den Mitgliedern oder dem Herren einer anderen Schutzgemeinschaft beging. Bei diesen Rechtsverletzungen drohte „Blutrache und Fehde".[45]

Vor allem die Fehde war eine Art Prozess nach festgelegten Regeln, die insbesondere erklärt oder abgesagt werden musste.[46] So war der Herr einer Schutzgemeinschaft nicht nur aufgrund des ihm zustehenden Selbsthilferechts berechtigt, sondern auch aufgrund des Schutzgebotes gegenüber seinem Untertan verpflichtet, z.B. eine Rechtsverletzung gegen einen seiner Untertanen auszugleichen. Eine Fehde hatte zum Ziel, Herr und Untertan der anderen Schutzgemeinschaft zum „Feind" zu machen und ihnen Schaden zuzufügen, allein um der Schädigung willen.[47] „Feindschaft" ist in ihrer allgemeinen Bedeutung die „Verneinung ihres Gegenteils", des „Friedens", der „Freundschaft", ist „unfreundschaft".[48]

Das Fehdewesen griff stark um sich und ließ sich nicht wirksam kontrollieren oder gar einschränken.[49] Vor allem das 9. bis 11. Jahrhundert wird als „Blütezeit des Fehdewesens" bezeichnet.[50]

Um z. B. Kaufleute etwas mehr an Sicherheit garantieren zu können, schlossen viele Handelsstädte in Mitteleuropa im 12. und 13. Jahrhundert bilaterale Verträge zum Schutz ihrer Bürger ab.[51] Es handelte sich um sogenannte „Freundschaftsbünde".[52] Daneben hatten Bündnisse zur Sicherung von Verkehrswegen für Händler und Pilger Einzug gehalten. Mit der Zunahme europäischer Fürstentümer wurden immer mehr Bündnis-, Neutralitäts-, und Protektionsverträge zwischen den Landesherren geschlossen.[53]

Erst der „Ewige Landfrieden" von 1495 führte aber letztendlich zur Aufgabe der Selbstjustiz und zur allmählichen Begründung eines staatlichen Gewaltmonopols.[54] Man kann damit durchaus sagen, dass das Gewaltmonopol des Staates seine Wurzeln in der Landfriedensbewegung hatte. Das Bestreben nach einem staatlichen Gewaltmonopol bereitete den Weg zu einer einheitlichen Gestaltung von geltenden Rechtsnormen. Voraussetzung für die Einschränkung oder Ausschaltung der Fehde war letztendlich der Ausbau einer entwickelten Gerichtsbarkeit, die „Kriminalisierung des

45 Brugger, VVDStRL 2004, S. 101, 105; mit ausführlicher Darlegung: Conze, Artikel: Sicherheit, Schutz, in: Geschichtliche Grundbegriffe, Bd. 5, S. 838 f.

46 Roellecke, JZ 2006, 265, 266.

47 Roellecke, JZ 2006, 265, 266.

48 Brunner, Land und Herrschaft, S. 20.

49 Schoch, Polizei- und Ordnungsrecht, in: Schmidt-Aßmann/Schoch (Hrsg.), Besonderes Verwaltungsrecht, 2. Kap. Rdn. 20.

50 Brunner, Land und Herrschaft, S. 18.

51 Becker, NJW 1995, S. 2077, 2079.

52 Becker, NJW 1995, S. 2077, 2079.

53 Brugger, VVDStRL 2004, S. 101, 105; mit ausführlicher Darlegung: Conze, Artikel: Sicherheit, Schutz, in: Geschichtliche Grundbegriffe, Bd. 5, S. 838 f.

54 Becker, NJW 1995, S. 2077, 2078; Schoch, Polizei- und Ordnungsrecht, in: Schmidt-Aßmann/Schoch (Hrsg.), Besonderes Verwaltungsrecht, 2. Kap., Rdn. 20.; a. A. Pitschas, DÖV 1997, 393, 397: „Der Staat verfügt über kein Gewaltmonopol".

Strafrechts“, die Ersetzung von Sühne und Buße durch ein „peinliches Strafsystem“.[55] Die Landfrieden waren die ersten „Gesetze“ des mittelalterlichen Staates und repräsentieren deshalb einen wesentlichen Schritt auf dem Weg zum modernen Staat und zur „Schaffung eines waffenlosen Gemeinschaftsfriedens“.[56]

In der weiteren Entwicklung wurden also aus den ständischen Herrschaften im 16., 17. und 18. Jahrhundert moderne Staaten, die nicht mehr auf Treue, sondern auf Organisation und Recht setzten mit der Folge, dass sich das „herrschaftliche Schlichtungs- und Sanktionsrecht“ in ordentliches Strafrecht wandelte und Fehden in Kriege und das Fehderecht in „modernes Kriegsrecht“.[57]

Die Definition und die Voraussetzungen für die Fehde sowie die Definition der „Feindschaft“ sind Merkmale, die sich als Basis für die in der Gegenwart bestehenden Ausformungen von Kriegsrecht und einer Diskussion um eine Konstruktion eines „Feindstrafrechts“ im Kontext der aktuellen Terrorismusbekämpfung wiederfinden und im weiteren Verlauf der Arbeit noch behandelt werden.

II. Staatstheoretische Entwicklungen in der Neuzeit

Im modernen Staat als derjenigen politischen Organisationsform, die in Europa vom ausgehenden Mittelalter bis zum Ausgang des 18. Jahrhunderts entstanden ist und im Nationalstaat des 19. Jahrhunderts und dem Staat der Gegenwart ihre Fortsetzung gefunden hat, wurden Sicherheit und Frieden schlechthin zu den Legitimationsgrundlagen der Staatlichkeit.[58] Geprägt durch die Bürgerkriege in Frankreich und England, war man darauf bedacht, dem herrschenden König so den Rücken zu stärken und ihn mit entsprechender Macht auszustatten, dass er sich fähig sah, sich gegenüber allen Bürgerkriegsparteien durchzusetzen und damit letztendlich den Frieden gegebenenfalls auch gewaltsam herbeizuführen. Außerdem war durch die Einführung des Geldes und der damit verbundenen fortschreitenden Entwicklung des wirtschaftlichen Wettbewerbes zum ersten Mal ein ökonomisch begründetes Bedürfnis nach mehr Sicherheit in den Vordergrund getreten.[59] In diesem geschichtlichen Kontext entstand die bis heute gültige Idee der sogenannten „souveränen Staatsgewalt“.[60] *Jean Bodin* (1530-1596) hat unter dem Eindruck der Hugenottenkriege in seinem 1576 erschienenen Werk „*Les six livres de la République*“ diese begründet und damit dem Staat das absolute und immerwährende Monopol auf jegliche Gewaltanwendung zugesprochen. Er leitete die Vielzahl fürstlicher Vorrechte (Regalien) aus einem einzigen Vor-

55 Brunner, Land und Herrschaft, S. 13.

56 Gernhuber, Die Landfriedensbewegung in Deutschland, S. 61 ff.

57 Roellecke, JZ 2006, 265, 266.

58 Götz, HStR Bd. IV, § 85, Rdn. 18.

59 Calliess, ZRP 2002, S. 1, 2; Böckenförde, Recht, Staat, Freiheit, S. 92 ff.; Stubenrauch, Gemeinsame Verbunddateien von Polizei und Nachrichtendienst, S. 176.

60 Calliess, ZRP 2002, S. 1, 2; Stubenrauch, Gemeinsame Verbunddateien von Polizei und Nachrichtendienst, S. 176.

recht ab, nämlich dem Gesetzgebungsmonopol.[61] Damit konzipierte er die theoretische Begründung der modernen einheitlichen Staatsgewalt.[62] Eine staatstheoretische Begründung bleibt *Bodin* jedoch schuldig. *Thomas Hobbes* (1588-1679), geprägt von dem Eindruck des Bürgerkrieges in England, führt die Staatstheorie Bodins weiter und findet die noch offene staatsphilosophische Begründung für die Legitimation einer „souveränen Staatsgewalt". In seinen Werken *„De cive"* (1642) und *„Leviathan"* (1651) geht er davon aus, dass der Mensch sich in einem Naturzustand befinde, der über keine rechtliche Ordnung verfüge und damit einen Krieg aller gegen alle darstelle.[63] Der „Leviathan", also der Staat, ist nunmehr diejenige Vereinigung, der sich die Menschen zur Erhaltung des Friedens vertraglich unterwerfen und im Gegenzug Schutz vor äußeren Feinden erhalten, insbesondere für Leib und Leben sowie die Erhaltung des inneren Friedens.[64] Gewaltverzicht und Gehorsam machen nunmehr den Einzelnen zum Bürger.[65] Die Unterwerfung des Einzelnen gilt allerdings nur, solange der Staat willens und mächtig ist, die Sicherheit des Bürgers, den Sinn seiner Existenz, zu gewährleisten.[66] Die Gewährleistung von Sicherheit ist also der Grund, warum sich Menschen anderen Menschen überhaupt unterwerfen.[67]

Beginnend mit der politischen Philosophie *John Lockes* (1632-1704), ist klar zu erkennen, dass es noch eine weitere Komponente zwischen Naturzustand und Leviathan gibt.[68] Locke steht ebenfalls auf dem Standpunkt, dass der Staat Sicherheit gewährleisten muss und damit Leben, Freiheit und Eigentum des Einzelnen zu schützen hat, denn darum haben ihm die Bürger im Wege des Gesellschaftsvertrags die Befugnis übertragen, Gesetze zu erlassen und für ihre Einhaltung - insbesondere durch unparteiische Richter - zu sorgen.[69] John Locke erkannte die drohende Gefahr des Machtmissbrauchs durch den Staat. Deshalb trat er für eine gewaltenteilige Wahrnehmung der Staatsgewalt, samt gegenseitiger Balancierung und Kontrolle, ein sowie für die Rechtsbindung an einmal erlassene Gesetze.[70] Der Garant der Sicherheit bei *Hobbes* wird bei *Locke* zur gleichzeitigen Bedrohung, sodass sich das liberale Bedürfnis nunmehr auch auf Sicherheit „vor" dem Staat konzentriert.

Die Freiheitsphilosophie Lockes baut damit auf der Sicherheitsphilosophie Hobbes' auf. Sie legt einen weiteren Legitimationsgrund des Staates, den der Frei-

---

61 Vgl. Bodin, (Les) Six livres de la République, Paris1576, Digitalisierte Ausgabe Paris 1581, 1583 einzusehen unter: http://classiques.uqac.ca/classiques/bodin_jean/six_livres_republique/bodin_six_livres_republique.pdf (eingesehen am 20.11.2014).

62 Bodin, (Les) Six livres de la République, Paris1576, Digitalisierte Ausgabe Paris 1581, 1583 einzusehen unter: http://classiques.uqac.ca/classiques/bodin_jean/six_livres_republique/bodin_six_livres_re publique.pdf (eingesehen am 20.11.2014).

63 Hobbes, Leviathan, 13. Kapitel, S. 96.

64 So zusammenfassend: Götz, HStR Bd. IV, § 85, Rdn. 19.

65 Isensee, Grundrecht auf Sicherheit, S. 3.

66 Isensee, Grundrecht auf Sicherheit, S. 3.

67 Calliess, ZRP 2002, S. 1 f.; Isensee, Grundrecht auf Sicherheit, S. 3; Stubenrauch, Gemeinsame Verbunddateien von Polizei und Nachrichtendienst, S. 177.

68 Calliess, ZRP 2002, S. 1, 2.

69 Zitiert nach Calliess, ZRP 2002, S. 1, 2.

70 Götz, HStR Bd. IV, § 85, Rdn. 19; Calliess, ZRP 2002, S. 1, 2.

heitsgewährleistung, auf den der Sicherheitsgewährleistung auf.[71] Folglich tritt somit neben der Sicherheit auch und vor allem die Freiheit als Staatszweck primär zutage. Ziel des liberalen Verfassungsstaates ist die Gesamtordnung größtmöglicher und gleichberechtigter Freiheit des Einzelnen, bei notwendiger Sicherheit aller.[72] *Locke* war gleichzeitig daran interessiert, einen umfassenden Rechtsgüterschutz zu legitimieren, da auch er wie *Hobbes* Freiheit, Eigentum und Leben als grundsätzlich gefährdet ansah.[73] So weiche nach seiner Ansicht der Wunsch nach einer überschaubaren wirtschaftlichen Selbstversorgung in der Geldwirtschaft zunehmender Habgier und der Neigung zum „verbrecherischen Mehrbesitz“[74]. Der Staat wird als „von Rechts wegen“ verpflichtet angesehen, die entsprechenden Rechtsgüter zu schützen, was zum gleichzeitigen Verzicht auf die eigene, ggf. auch gewaltsame Durchsetzung der eigenen „Sicherheitsinteressen“ führt.[75] Gegründet auf die Ideen Lockes, haben im Laufe der Geschichte der Staatsphilosophie von *Jean Jacques Rousseau* (1712–1778) über *Immanuel Kant* (1724–1804) bis *Max Weber* (1864–1920) die rechtsinstitutionellen Vorkehrungen zum Schutz der Bürger vor dem Staat und zur Sicherung ihrer Freiheiten sich ausgeweitet, sodass die Abwehr staatlicher Eingriffe und die damit verbundene Freiheitssicherung stetig in den Vordergrund rückte.[76] So ging *Rousseau* ebenfalls auf der Grundlage zivilrechtlicher Streitigkeiten davon aus, dass die Menschen einen „hypothetischen Urvertrag“ geschlossen haben, indem sie „zwischen einer ungewissen und misslichen Daseinsweise und einer besseren und sicheren anderen, zwischen der natürlichen Unabhängigkeit und der Freiheit, zwischen der Macht, anderen zu schaden und ihrer eigenen Sicherheit (...)“ getauscht haben.[77] Auch *Kant* versuchte, die existierende politische Ordnung auf der Ebene eines konstruierten hypothetischen Naturzustandes zu rechtfertigen, da dort eine Unsicherheit hinsichtlich der rechtlichen Bestimmtheit und Durchsetzbarkeit der Rechte auf Leben, Freiheit und Eigentum des Einzelnen bestehe[78] und die Gefahr von Auseinandersetzungen, Gewalt und Anarchie in sich berge.[79] Er vertrat den Ansatz, dass sodann „aus Vernunftgründen der Übergang in den bürgerlichen Rechtszustand mit der Sicherung von Leben, Freiheit und Eigentum durch das öffentliche Recht, notfalls unter Nutzung von Zwangsinstrumenten, die im Sinne eines ‚Gewaltmonopols‘ ausschließlich dem Staat zur Verfügung gestellt sind, mit einem Gewaltverzicht und einer

71 Calliess, ZRP 2002, S. 1, 2. Plastisch formuliert Isensee in Grundrecht auf Sicherheit, S. 7: „*Locke* sieht weiter als *Hobbes*, weil er auf seinen Schultern steht. Die neue Erkenntnis, die er erschließt, besteht darin, dass Sicherheit um einen niedrigeren Preis zu erhalten ist als das Opfer der Freiheit; dass nicht allein der absolute, sondern auch der rechtsgebundene und machtbegrenzte Staat den Frieden zu gewährleisten vermag; dass bürgerliche Sicherheit und Freiheit zusammenfinden können.“

72 Kniesel, ZRP 1996, S. 482, 485.

73 Thiel, Die „Entgrenzung“ der Gefahrenabwehr, S. 145.

74 Locke, Zwei Abhandlungen über die Regierung, 1690, 2. Abhandlung, § 131

75 Zitiert nach Thiel, Die „Entgrenzung“ der Gefahrenabwehr, S. 145, mit Verweis auf Locke, Zwei Abhandlungen über die Regierung, 1690, 2. Abhandlung, § 131.

76 Stubenrauch, Gemeinsame Verbunddateien von Polizei und Nachrichtendienst, S. 178.

77 Rousseau, Der Gesellschaftsvertrag, S. 35.

78 Brugger, VVDStRl 2004, S. 101, 118.

79 Thiel, Die „Entgrenzung“ der Gefahrenabwehr, S. 146 zitiert nach Kant, Die Metaphysik der Sitten, 1797, S. 237.

Friedenspflicht der Bürger korrespondieren".[80] *Carl Schmitt* führt diesen Gedanken weiter und unterstellt, dass derjenige, der nicht die Macht habe, einen zu schützen, auch nicht das Recht habe, Gehorsam von ihm zu verlangen.[81]

Die staatliche Sicherheitsgewährleistung wurde im Rahmen der hier skizzierten ideengeschichtlichen Entwicklung „ein zentrales Legitimationselement der Staatlichkeit"[82] und hat letztendlich auch Eingang in die Grundlagen des Verfassungsrechts gefunden.[83]

Zusammenfassend ist an dieser Stelle zunächst festzustellen, dass sich seit der Entwicklung des staatlichen Legitimationsprinzips bis hin zu unserem sozialen Rechtsstaat drei größere, aufeinander aufbauende Entwicklungsstufen benennen lassen.[84]

Auf der ersten „hobbesianischen Stufe"[85] herrscht die Furcht vor wechselseitigen Gewalttätigkeiten, die Bürgerkriegsfurcht.[86] Bei Hobbes dient der Staat also in erster Linie dem „Lebensschutz" und wird zum Instrument „zur Zähmung der Bestie Mensch".[87] Durch die Erringung der inneren Souveränität durch den Staat und die Monopolisierung der Gewalt bei diesem, als Ausgangspunkt einer „staatlichen Sicherheitsgewährleistung,[88] wird diese Furcht gebannt. Auf der darauffolgenden *„zweiten Stufe"* liegt der Schwerpunkt auf der Sicherheit für den Bürger vor staatlichen Übergriffen. Ziel ist es nunmehr, Freiheit für den Bürger herzustellen. Daraus folgt die Entwicklung des Staates zum liberalen Rechtsstaat, der die Sicherheitsgewährleistung auf Gefahrenabwehr beschränkt und dabei zugleich auch die Freiheitssicherung und Eingriffsabwehr als rechtliche Gebote anerkennt.[89] Aber mit der persönlichen und gesellschaftlichen Freiheit, die der Rechtsstaat herstellt, entsteht neue Furcht, und zwar die vor den wirtschaftlichen Risiken des gesellschaftlichen Daseins.[90] Darauf antwortet der Staat dadurch, dass er Verantwortung für die soziale Sicherheit übernimmt.[91] Es folgte also der Übergang in den sozialen Rechtsstaat. Der Staat dieser dritten und letzten Entwicklungsstufe hält zwar an dem freiheitsschonenden Anspruch des liberalen Rechtsstaats fest und baut diesen sogar weiter aus durch eine gesteigerte Wirkkraft der Grundrechte.[92] Dabei geht es ihm zugleich aber nicht nur um die Sicherung von Freiheiten „gegen" den Staat, sondern erneut auch wieder um Sicherheitsgewähr-

80 Thiel, Die „Entgrenzung" der Gefahrenabwehr, S. 146.
81 Zitiert nach Thiel, Die „Entgrenzung" der Gefahrenabwehr, S. 147.
82 Thiel, Die „Entgrenzung" der Gefahrenabwehr, S. 147.
83 Stubenrauch, Gemeinsame Verbunddateien von Polizei und Nachrichtendienst, S. 178.
84 Isensee, Das Grundrecht auf Sicherheit, S. 17 f.; Möstl, Die staatliche Garantie für die Öffentliche Sicherheit und Ordnung, S. 18 f.
85 Isensee, Das Grundrecht auf Sicherheit, S. 17.
86 Isensee, Das Grundrecht auf Sicherheit, S. 17.
87 Zitiert nach Lammer, Wie weit reicht das Sicherheitsversprechen des Staates?, in: Graulich/Simon (Hrsg.), Terrorismus und Rechtsstaatlichkeit, S. 315, 316.
88 Vgl. Möstl, Die staatliche Garantie für die Öffentliche Sicherheit und Ordnung, S. 4 ff.
89 Müller-Franken, Die Polizei 2004, S. 345, 346; vgl. Möstl, Die staatliche Garantie für die Öffentliche Sicherheit und Ordnung, S. 4 ff.; Isensee, Das Grundrechte auf Sicherheit, S. 17.
90 Isensee, Das Grundrecht auf Sicherheit, S. 17.
91 Isensee, Das Grundrecht auf Sicherheit, S. 17.
92 Müller-Franken, Die Polizei 2004, S. 345, 346; vgl. Möstl, S. 4 ff.

leistung – und damit um Freiheit „durch" den Staat.[93] So drängt sich die Frage auf, ob wir bereits auf dem Weg zu einer vierten und damit neuen Ebene sind?

Zunächst sind durch die hier vorangestellte Betrachtung der historischen und staatsphilosophischen Entwicklung des Sicherheitsgedankens zwei Dinge deutlich geworden:

1.) Sicherheit kann als eine Art „Begriffs-Chamäleon" bezeichnet werden, das sich in seiner Verwendung in die zeitgeschichtlichen Umstände einfügt und diese reflektiert. *Stolleis* hat treffend formuliert, dass verschiedene Zeiten und Räume, Interessenlagen, materielle und ideelle Traditionen jeweils verschiedene Verwendungszusammenhänge schaffen würden, in denen Wortprägungen als Anknüpfungspunkte der zeitgenössischen politischen und juristischen Theorie auftauchen, sich eine Zeit lang halten und eventuell wieder versinken.[94]
2.) Die verfassungsstrukturelle Lösung eines Sicherheitsproblems ruft stets ein neues hervor, wobei das jeweils neuere subtiler erscheint als das vorangegangene.

Zu Hobbes' Zeiten ging es noch primär um die Angst, nicht zu überleben. Die größte Bedrohung in der Gemeinschaft war die körperliche Gewalt, bis hin zum Mord. Nachdem das Monopol auf Gewaltausübung an den Staat übergeben wurde, herrschte nunmehr die Angst vor willkürlicher Machtausübung vor. Der Einzelne in der Gesellschaft fürchtete sich jetzt konkret auch vermehrt vor Übergriffen durch den Staat, wie z. B. in Form von Folter oder willkürlicher Inhaftierung. Es bestand also eine gesellschaftliche Angst vor staatlicher Macht. Mit Entwicklung und voranschreitender wirtschaftlicher Wettbewerbslage bis heute kam eine neue Angst hinzu, die wirtschaftliche oder soziale Existenzangst, die sich z. B. bis hin zur Angst vor Arbeitslosigkeit entwickelt und bis heute gehalten hat.[95] Letztendlich kann damit zunächst eine Akzentuierung der Bedeutung von Sicherheit als einer Art „Gemeinwohlgut" unterstellt werden, denn sie soll auch den „menschlichen Lebensstandard" lenken und damit letztlich den „wirtschaftlichen Status Quo" aufrechterhalten.[96] Daraus wird gefolgert, dass Sicherheit dazu diene, andere Gemeinwohlwerte wie insbesondere „Freiheit" und „Gerechtigkeit" zukunftsorientiert zu sichern und als „Sicherheit des Rechts in der Zeit" zu verstehen.[97]

Sicherheit hat sich zu einem „Gemeinwohlgut" entwickelt und bis in die Gegenwart in vielen Facetten subjektiviert. Der Staat wurde folglich in dieser Entwicklung vom Souverän, dem sich das Volk zunächst bedingungslos unterworfen hatte, zum „gleichgeordneten Vertragspartner" und letztendlich „zu einer Ordnung, die vorgegebenen Menschenrechten und der Autonomie des Einzelnen" nachgeordnet ist.[98]

93 Müller-Franken, Die Polizei 2004, S. 345, 346; vgl. Möstl, S. 4 ff.
94 Stolleis, Staatsdenker, S. 13.
95 Gusy, Präventionsstaat zwischen Rechtsgüterschutz und Abbau von Freiheitsrechten in Deutschland, in: Graulich/Simon (Hrsg.), Terrorismus und Rechtsstaatlichkeit, S. 273, 307.
96 Thiel, Die „Entgrenzung" der Gefahrenabwehr, S. 147.
97 Zitiert nach Thiel, Die „Entgrenzung" der Gefahrenabwehr, S. 147.
98 Lammer, Wie weit reicht das Sicherheitsversprechen des Staates, in: Graulich/Simon (Hrsg.), Terrorismus und Rechtsstaatlichkeit, S. 315, 316.

III. Sicherheitsverständnisse der Gegenwart

Fest steht, dass die Wahrung der physischen Unversehrtheit auch heute noch den Ausgangspunkt für einen aktuellen Sicherheitsbegriff markiert. Sicherheit im Allgemeinen hat sich jedoch aus dieser Grundbasis heraus in seiner historischen Entwicklung zu einem vielschichtigen Begriff entwickelt. So umfasst er neben der physischen Sicherheit nunmehr z. B. auch die ökonomische Sicherheit, die „soziale Sicherheit", die „ökologische Sicherheit" und insbesondere die „Rechtssicherheit".[99] Es geht heutzutage im Speziellen. u. a. um das Thema der Reaktorsicherheit, um die Sicherheit in Betrieben sowie im Alltag, um Straßen- und Verkehrssicherheit bis hin zur Datensicherheit.[100] Ursächlich dafür ist das über die Zeit erhaltene und immer gegenwärtige Bedürfnis des Menschen nach Sicherheit, welches sich in den Facetten der modernen Errungenschaften und den daraus zwangsläufig resultierenden Gefahren und Risiken für die Gesellschaft reflektiert. Neue Errungenschaften haben eine Neubewertung der Angst in der Gesellschaft zur Folge und führen damit auch unweigerlich zu einer den Veränderungen angepassten Entwicklung des Sicherheitsverständnisses.[101] Es geht nicht mehr nur um den Schutz des eigenen Lebens oder der körperlichen Unversehrtheit, sondern auch um den Schutz vor Eingriffen in die Lebensführung, in die Lebensqualität sowie den Lebensstandard. Die „innere Sicherheit" im Speziellen unterscheidet sich durch ihre besondere Eigenart von all den genannten Sicherheitszielen. Sie besinnt sich auf den Ursprung des eigentlichen Sicherheitsbedürfnisses eines Menschen zurück. Folglich geht es primär, bei der sog. „inneren Sicherheit" tatsächlich immer noch und letztendlich überwiegend um die Vermeidung und Abwehr von Gefahren für die physische Unversehrtheit des Menschen, welche durch gewalttätige Angriffe Privater auf die Rechtsgüter Leben, körperliche Unversehrtheit, Freiheit und Eigentum drohen. Aber gleichzeitig wird auch die Aufgabe, Angriffe privater Dritter auf das Staatsgefüge effizient abzuwehren, von diesem Begriff umfasst.[102]

Es handelt sich also um einen Begriff, der auf zahlreichen Gebieten des modernen Daseins in der Gesellschaft evolutionsartige Entwicklungsphasen durchlebt hat und sich sehr vielschichtig entfalten konnte, was zu den bereits genannten Varianten geführt hat. Bereits mit Blick auf die Entwicklung der Gesellschaftsvertragstheorien wird der „evolutionäre Charakter" der jeweiligen Begründungen für die Rechtfertigung des Staates und der diesem obliegenden Aufgaben deutlich, und der Staat wird damit zu einem „Optimierungsinstrument für die condition humana".[103] Die „innere Sicherheit" im Besonderen spiegelt seit Anbeginn der Menschheit einzig und allein das elementarste aller Bedürfnisse des in einer Gesellschaft lebenden Individuums wi-

99 Middel, Innere Sicherheit und Terrorismusbekämpfung, S. 20. Mit Verweis u. a. auf Brugger, VVDStRL 2004, 101, 102; Calliess ZRP 2002, 1.

100 Brugger, VVDStRL 2004, 101, 102.

101 Kötter, Subjektive Sicherheit, Autonomie und Kontrolle, in: Der Staat, Bd. 4 (2004), S. 371, 373.

102 Middel, Innere Sicherheit und präventive Terrorismusbekämpfung, S. 20, mit Verweis auf Ahlf, Die Polizei 2002, 93, 95; Erbel, APuZ 2002, 14, 16.

103 Lammer, Wie weit reicht das Sicherheitsversprechen des Staates?, in: Graulich/Simon (Hrsg.), Terrorismus und Rechtsstaatlichkeit, S. 315, 316.

der, nämlich von Übergriffen Dritter und vor staatlichen Eingriffen verschont zu bleiben. Mit in diesem Grundbedürfnis sind natürlich weitere Elemente enthalten. So sind Anerkennung und Respekt der Persönlichkeit der erste Schutz vor körperlichen Angriffen. Erst aus dem Bestehen solcher Werte resultiert auch die körperliche Unversehrtheit, genau wie das Bedürfnis nach Nahrung als entsprechende Voraussetzung für den Erhalt der physischen Unversehrtheit. Die vielen sich aus der Sicherheit im Allgemeinen ergebenden Varianten hingegen haben sich aus den veränderten Lebensverhältnissen entwickelt. Das Bedürfnis, am Leben zu bleiben - und das möglichst unversehrt-, ist jedoch immer in seinem Ursprung geblieben. Der Mensch in der Gemeinschaft hat das primäre Bedürfnis, Gewissheit über die Erhaltung seiner Individualität und Identität zu erhalten.[104]

Man könnte dieser zunächst einfach anmutenden Einsicht entgegenhalten, dass das Verständnis von „innerer Sicherheit" bereits in den verschiedenen Staatsformen divergiert und sich folglich „innere Sicherheit" z. B. in einer Diktatur völlig anders für die Gesellschaft präsentiert als in einer rechtstaatlich orientierten Demokratie. Dies ist natürlich im Detail so, es ändert damit aber nichts an der Grundidee, auf der das Verständnis der inneren Sicherheit in der jeweiligen Staatsform aufbaut. In diktatorischen Gesellschaften hält genau die Urangst vor Bedrohungen von Leib und Leben jene zusammen, da dem Volk suggeriert wird, dass nur durch die totalitäre Machtführung die Gemeinschaft beschützt werden könne. Der Diktator schwingt sich, wie in Hobbes Leviathan, zu dem einzigen und allmächtigen Beschützer auf. Ohne die absolute Unterwerfung wäre auch der absolute Schutz der zusammengeschlossenen Individuen nichtig. Somit wäre man exakt wieder an der eigentlichen Ausgangsposition, unabhängig davon, welche Form der Gemeinschaft angeführt wird, egal ob staatliche oder z. B. lediglich ethnische Gemeinschaften. Der entscheidende Punkt ist immer, dass sich eine Vielzahl von Individuen zu einer Gesellschaft zusammengetan hat, sich dieser Gemeinschaft in all den Facetten ihrer hierarchischen Strukturen unterwirft und gleichzeitig ein Bedürfnis entwickelt, für diese geopferte absolute Freiheit in dieser Gemeinsamkeit unversehrt zu leben, um sich wiederum im Rahmen dieses Kreises in staatlich verbürgter Freiheit zu entfalten. Wie groß die „Restfreiheit" des Individuums tatsächlich ist, ist dann wiederum letztendlich eine Frage der Wertung von Freiheit und Sicherheit auf Grundlage des ursprünglichen Gesellschaftsvertrages, die zwangsläufig sicherlich auch davon abhängt, welcher Staats- bzw. Gesellschaftsform man sich unterworfen hat, soweit man überhaupt von einer bewussten Unterwerfung sprechen kann.

Dies ändert jedoch nichts an der Tatsache, dass der Begriff der „inneren Sicherheit" an sich keine Entwicklung genommen hat, sondern im Kern immer noch und immer wieder den Schutz „vor" der Gesellschaft „in" der Gesellschaft darstellt. Diese Sicht auf den aktuellen und allgemeinen Begriff der „inneren Sicherheit" schließt natürlich nicht aus, dass die Durchsetzung dieses fundamentalen Bedürfnisses, das hinter diesem Begriff steckt, in Abhängigkeit von dem aktuellen Gefahrenpotenzial gesehen werden muss. Denn „innere Sicherheit" ist letztlich nichts anderes als ein Zu-

104 Schmitt Glaeser, Der freiheitliche Staat des Grundgesetzes, S. 262.

stand, der erhalten bleiben will und dementsprechend auf Einwirkungen dynamisch reagieren muss. Das Grundverständnis, das hinter dem Begriff der inneren Sicherheit steht, bleibt folglich zeitlos, aber die Mittel und Wege zum Erhalt des Status quo der „inneren Sicherheit“ in einer Gesellschaft müssen sich neuen Varianten von Gefahren anpassen. Daraus könnte man folgern, dass ein aktueller Begriff der „inneren Sicherheit“ von einer entscheidenden Variablen abhängig ist, nämlich der aktuellen Gefahrenlage. Entscheidend für das Sicherheitsverständnis der Gegenwart ist aber nicht ausschließlich die objektiven Gefahrenlage, sondern vorwiegend das „subjektive Sicherheitsempfinden“ der Bevölkerung bzw. das, was vermeintlich durch die mediale Aufbereitung zumindest suggeriert wird und letztendlich auch die „akademische Argumentationsweise“ beeinflusst mit dem Ergebnis, dass sich das wissenschaftliche „Begründungspendel“ immer weiter auf den vermeintlichen Pol der Gewährleistung „innerer Sicherheit“ einpendelt.[105] Sicherheit ist – ebenso wie „Unsicherheit“ – „normativ hoch aufgeladen“ und dadurch zum „Wortsymbol einer gesellschaftlichen Wertidee“ geworden.[106] Im juristischen Sinne wird Sicherheit als Unversehrtheit von Rechtsgütern verstanden, die zu schützen und bei Verletzung wieder herzustellen Aufgabe der Rechtsordnung und des Staates ist.[107]

Wie sich ein bis heute gültiges und immer noch aktuelles Verständnis von „innerer Sicherheit“ in der Bundesrepublik Deutschland manifestiert und konkretisiert hat, wird erst deutlich mit der Darstellung der Entwicklung von Sicherheit und Freiheit im Lichte des Wandels des 21. Jahrhunderts und der darauf folgenden Analyse, welchen Stellenwert „innere Sicherheit“ in der Verfassung tatsächlich eingenommen hat. Der Gedanke, dass „eine als Gemeinwohlgut anzuerkennende Sicherheit jedoch nur und erst dann, wenn sie sich an grundgesetzliche Regelungen anknüpfen lässt, verfassungsrechtlich handhabbar machen lässt“[108], wird in den folgenden Kapiteln noch aufgearbeitet werden müssen, um eine abschließende Bewertung der Qualität des Sicherheitsbegriffs in der Verfassung der Bundesrepublik Deutschland treffen zu können.

Entscheidend ist hier vor allem der Blick auf die Entwicklung des Staates in seiner gesellschaftsvertraglichen Stellung. So wird häufig komprimiert wiedergegeben, dass zunächst bei Hobbes der Staat in erster Linie dem Lebensschutz gedient habe denn Hobbes selbst war geprägt von den Eindrücken des Krieges, und dann bei Locke die Sicherung des Eigentums in der Entwicklung des Gesellschaftsvertrages im Vordergrund gestanden habe, während schließlich bei Kant die menschenrechtlich vorgegebene Freiheit des Individuums eine entscheidende Rolle gespielt habe.[109] Folglich wird der Staat in der Entwicklung des Gesellschaftsvertrages von der Stellung als Garant der Sicherheit, die zunehmend erfüllt erscheint, zum „Bedroher“ der Freiheit des

105 Möllers, Öffentliche Sicherheit und Gesellschaft, JBöS SB 9, S. 46.
106 Kaufmann, Sicherheit als soziologisches Problem, S. 62, zitiert nach Glaeßner, APuz B 10-11/2002, 3.
107 Glaeßner, APuz B 10-11/ 2002, 3, 4.
108 Zitiert nach Thiel, Die „Entgrenzung“ der Gefahrenabwehr, S. 149.
109 Lammer, Wie weit reicht das Sicherheitsversprechen des Staates?, in: Graulich/Simon (Hrsg.), Terrorismus und Rechtsstaatlichkeit, S. 315, 316.

Individuums", sodass der Staat im Verständnis der Gegenwart das „Instrument der Sicherheit des Menschen vor dem Menschen" ist und in der Ausprägung als Rechtsstaat das „Instrument der Sicherheit des Menschen vor dem Staat"[110] verkörpert.

Der Begriff der Sicherheit, wie er sich bis zum 19. Jahrhundert entwickelt und neben der klassischen politischen eine soziale Dimension erhalten hatte und sich aus seiner im liberalen Denken angelegten ausschließlichen Betrachtung der Beziehung des Individuums zum Staat löste, wurde im 20. Jahrhundert noch ausgeweitet.[111] In der Gegenwart findet sich dagegen, vor allem mit Blick auf die Bestrebungen der Politik, modernen Gefährdungslagen effektiv entgegenzutreten und vor allem nicht nur Sicherheit zu schaffen, sondern „Unsicherheiten" zu reduzieren, eine vermeintlich wiederentdeckte Kompetenz des Staates, nämlich bereits durch präventive Maßnahmen Sicherheit zu gewährleisten.[112] So wird gerade „erfolgreiche Sicherheitspolitik" nicht mehr nur dann bejaht, wenn es ihr z. B. im Speziellen gelingt, Störungen der Öffentlichen Sicherheit und Ordnung zu ahnden, „nachdem" sie eingetreten sind, sondern auch an ihrer Fähigkeit, Unsicherheit und Ordnungsverstöße bereits auf präventiver Ebene zu verhindern.[113] Diese Bestrebungen sind der erste Fixpunkt, der ein Bedürfnis oder sogar die Notwendigkeit nach „mehr" innerer Sicherheit oder auch nach „weniger" Unsicherheit markiert.

C. Sicherheitsverständnisse im Wandel des 21. Jahrhunderts

Eine Aufarbeitung des in der aktuellen Terrorismusdebatte vorherrschenden Verständnisses von Sicherheit und Freiheit dient als Basis zur Analyse des Sicherheitsgedankens im Zeitalter der Globalisierung und des technischen Fortschritts. Sicherheit im Rechtsstaat beinhaltet nicht nur den klassischen Schutz vor Kriminalität, sodass sich auch das Verhältnis beider zueinander nicht lediglich aus der Sicht des Straf- oder Gefahrenabwehrrechts analysieren lässt. Es sind vielmehr sämtliche Teile der Rechtsordnung zu berücksichtigen, um die Frage nach dem angemessenen Maß der verfassungsrechtlichen Schwergewichte, Freiheit und Sicherheit, aufgreifen zu können.

Kernthema dieses Abschnitts ist es daher, die in jeder Epoche aufkeimende Frage nach einer vermeintlichen „Balance" zwischen Freiheit und Sicherheit zu stellen. Abhängig von politischen Sichtweisen, aktuellen Ereignissen oder gar wirtschaftlichen Interessen schlägt „die Waage" im Sinne des Zeitgeistes der jeweiligen Epoche einmal mehr und einmal weniger für Freiheit oder Sicherheit aus. Veränderte Risiken können vielleicht eine veränderte „Balance" verlangen.[114] Wo die Linie verläuft, hinter

110 Volkmann, JZ 2004, 696, 697; Lammer, Wie weit reicht das Sicherheitsversprechen des Staates?, in: Graulich/Simon (Hrsg.), Terrorismus und Rechtsstaatlichkeit, S. 315, 317.

111 Glaeßner, APuz B 10-11/ 2002, 3, 5.

112 Glaeßner, APuz B 10-11/ 2002, 3, 4, 10.

113 Glaeßner, APuz B 10-11/ 2002, 3, 11.

114 Grimm, Aus der Balance, in: Zeit Online 49/2007, S. 14, http://www.zeit.de/2007/49/Schaeuble-Antwort (abgerufen am 21.08.2014).

der eine „Balance“ aus den Fugen gerät, ist dementsprechend stark umstritten[115] – und vor allem auch einer Vielzahl von Einflüssen und Entwicklungen dieser Zeit geschuldet. Aber bereits einen Schritt vor dem Gedanken über eine Art „Balance zwischen Freiheit und Sicherheit“ muss die bildliche Konstruktion einer „Balance“ bereits selbst infrage gestellt werden. Es ist zunächst zu prüfen und kritisch zu betrachten, in welchem Verhältnis Freiheit und Sicherheit tatsächlich zu sehen sind.

I. Vorüberlegungen: Das Verhältnis von Freiheit und Sicherheit. Akt der „Balance" oder „bipolare" Wechselbeziehung?

Wer sich mit der Frage nach dem aktuellen Sicherheitsgedanken bzw. Sicherheitsverständnis auseinandersetzen will, kommt nicht an dem Vorstellungsbild einer ausgewogenen „Balance zwischen Freiheit und Sicherheit“ als Grundlage verfassungsrechtlicher Diskussionen zum rechten Verhältnis beider Elemente umhin.[116] Eine Auseinandersetzung mit der aktuellen Beziehung dieser für unseren heutigen Rechtsstaat so fundamentalen Begriffe zueinander ist unumgänglich.

Was sind Freiheit und Sicherheit im Verhältnis zueinander? Ist es tatsächlich ein stets auszutarierender „Akt der Balance“ zweier Grundwerte mit Verfassungsrang? Gibt es eine absolute Definition, eine Art Schablone für den Staatsrechtler, die er zur Findung des absoluten Maßes an Freiheit und Sicherheit im Staatsgefüge anlegen kann?

Viele haben sich bereits daran versucht aufzuzeigen, wann ein vermeintlich ausbalanciertes Gefüge aus der Bahn gerät, viele haben ebenfalls versucht auszuloten, wie das Verhältnis sich am harmonischsten für Staat und Bürger präsentiert. In einem ist man sich sicherlich überwiegend einig, nämlich darin, dass Freiheit nicht ohne Sicherheit und Sicherheit wiederum nicht ohne Freiheit existieren kann. Die Gewährleistung von Sicherheit wäre damit aber auch eine Voraussetzung der Freiheit. Der Bürger braucht Sicherheit, um sich in Freiheit entfalten zu können, und mit dem Verlust der Freiheit kann es womöglich auch keine Sicherheit mehr für den Bürger geben. Darin könnte bereits ein „Balanceverhältnis“ begründet sein. Hier ist jedoch noch nicht das abschließende Wort gesprochen.

Der Blick in die Vergangenheit hat gezeigt, dass in jeder Epoche Ereignisse aufgetaucht sind, die eine Debatte um das rechte Verhältnis von Freiheit und Sicherheit aufgeworfen haben und die abhängig von gesellschaftlichen Faktoren, wirtschaftlichen Bedingungen, politischen Einflüssen, oder womöglich bereits nur aufgrund ei-

115 Grimm, Aus der Balance, in: Zeit Online 49/2007, S. 14, http://www.zeit.de/2007/49/Schaeuble-Antwort (abgerufen am 21.08.2014).

116 Di Fabio, Westen muss Westen bleiben, in: Die Welt vom 12.11.2007, S. 11; Isensee, Das Grundrecht als Abwehrrecht und als staatliche Schutzpflicht, in: Isensee/Kirchhof (Hrsg.), HdbStR Bd. V, § 111 Rdn. 85; Gierhake, Der Zusammenhang von Freiheit und Sicherheit und Strafe im Recht, S. 26; Grimm, Aus der Balance, in: Zeit Online 49/2007, S. 14, http://www.zeit.de/2007/49/Schaeuble-Antwort (abgerufen am 21.08.2014).

nes herrschenden Zeitgeistes, unterschiedliche Facetten dieser Symbiose offenbarten und auch weiterhin offenbaren werden.

Das Bedürfnis nach Freiheit und Sicherheit ist und bleibt zeitlos. Lediglich das Gefüge von Freiheit und Sicherheit zueinander wird in letzter Konsequenz vom Diktat der Zeit bestimmt.

Bereits 1792 prägte *Wilhelm von Humboldt* den Satz: „Denn ohne Sicherheit ist keine Freiheit."[117] Dieses Zitat wird auch heute wieder, vor allem in überwiegend rechtspolitisch geprägten Diskussion um die beiden vermeintlichen „staatsfundamentalen Pole", verwendet und beweist höchste Aktualität.[118] Aber betrachtet man dieses Zitat in dem Kontext der Arbeit, aus der es stammt, wird die andere Seite der aktuellen Debatte um die Gewichtung, Abwägung und Positionierung der Werte von Freiheit und Sicherheit deutlich.[119] So führt diese Aussage zum Kern des Themas zurück, nämlich zu der Frage nach dem rechten Maß an Freiheit und Sicherheit innerhalb eines freiheitlich orientierten staatlichen Gefüges. *Humboldt* weist auf das Dilemma hin, welches durch ein Übermaß an Sicherheit bzw. Sicherheitsbestrebungen entstehen kann.[120] Er zeigt auf, dass dem Staat nicht alles erlaubt sein solle, um Sicherheit gewährleisten zu können, und er müsse auch entsprechend zu setzende Grenzen einhalten. „Alles, was der Staat tun darf und mit Erfolg [...] ohne Nachteil für die Freiheit der Bürger tun kann, beschränkt sich daher auf [...] jede entweder wirklich schon begangene oder erst beschlossene Übertretung der Gesetze; und da dies nur uneigentlich den Verbrechen zuvorkommen genannt werden kann, so glaube ich behaupten zu dürfen, dass ein solches Zuvorkommen gänzlich außerhalb der Schranken der Wirksamkeit des Staats liegt."[121]

Es ist also kein neues Thema, mit dem man sich auseinandersetzt, wenn das Verhältnis und vor allem die Grenzen von Freiheit und Gewährleistung von Sicherheit in komplexen verfassungsrechtlichen Strukturen infrage gestellt werden. Insbesondere ist die Frage nach dem rechten Verhältnis von Freiheit und Sicherheit präsent, wenn es um eine weitergehend entwickelte „Gefahr- bzw. Risikoprävention"[122] und nicht mehr lediglich um klassische präsente und bereits erkennbare Gefahrenlagen geht. Der Bezug und ein legitimierter Ausgleich zwischen Freiheit und Sicherheit waren bisweilen zumindest immer dann zu bejahen, wenn eine Gefahr für den Bürger droht, besteht oder bereits anhält. In diesem Fall sind die Rechtfertigungsgründe für einen Eingriff in die Freiheitsrechte des Einzelnen dementsprechend niedrig anzusetzen gewesen.

---

117 Vgl. von Humboldt, Ideen zu einem Versuch, die Grenzen der Wirksamkeit des Staates zu bestimmen, S. 58.

118 Vgl. hierzu auch Calliess, DVBl 2003, 1096, 1100.

119 Vgl. dazu von Humboldt, Ideen zu einem Versuch, die Grenzen der Wirksamkeit des Staates zu bestimmen, S. 58 ff.

120 Vgl. von Humboldt, Ideen zu einem Versuch, die Grenzen der Wirksamkeit des Staates zu bestimmen.

121 Von Humboldt, Ideen zu einem Versuch, die Grenzen der Wirksamkeit des Staates zu bestimmen, S. 58 ff.

122 Vgl. Kötter, Der Staat 2004, 372, 377 f. mit w. Nachw.

Dieses Verhältnis kommt bei der verstärkten Arbeit mit Instrumenten der Gefahren- und Risikoprävention quasi aus dem Takt. Zur Verdeutlichung des Problems wird in diesem Kontext von „verfassungsrechtlichen Waagschalen“ für Freiheit und Sicherheit gesprochen.[123] Bei jedem entscheidenden Eingriff in die Freiheit schlage folglich die verfassungsrechtliche Waage für die Sicherheit aus; gleichzeitig muss durch Rechtfertigung das verlorene Gewicht aufseiten der Freiheit ausgeglichen werden.[124] Als Faustregel gelte: „Je geringer der Bezug der staatlichen Maßnahme zur Sicherheit des Bürgers ist, desto höher sind die Anforderungen an die Rechtfertigung unter freiheitlichen Gesichtspunkten.“[125]

Wenn Freiheit und Sicherheit also vielfach in der Literatur als „zwei Pole“[126], als zwei Elemente einer auszutarierenden Gleichgewichtung, also als „Balance“ oder „Waagschalen“, beschrieben werden,[127] die beide ihre Berechtigung haben, zueinander aber in einem konkurrierenden Verhältnis stehen können,[128] so bestehen in der Folge Schwierigkeiten bei der Bestimmung des Verhältnisses zwischen Freiheit und Sicherheit. Die vermeintliche oder häufig vorausgesetzte und unterstellte Konkurrenz zeigt sich vor allem dann, wenn es um die Anwendung bzw. Ausübung staatlicher Sicherheitsmaßnahmen geht, welche die Eingriffsermächtigungen gegen jedermann vorsehen, unabhängig davon, ob die Betroffenen z. B. als „Störer“ gemäß dem Polizeirecht, als „Verdächtiger“ im Sinne des Straf- und Strafprozessrechts oder lediglich als „Unbeteiligte“ einzustufen sind.[129] So seien Freiheit und Sicherheit im Sinne eines Schutzauftrages des Staates, nicht gleichgerichtete, sondern unterschiedlich und häufig sogar gegenläufige Elemente.[130] Freiheit sei grundsätzlich geeignet, die Komplexität und Kontingenz der Umwelt zu steigern, die daraus entstehenden Risiken zu erhöhen und umgekehrt Sicherheit zu mindern, während Sicherheit gerade die Abwesenheit von Risiken darstelle.[131] Im Rahmen dieser Diskussion wurde festgestellt, dass es zumindest eine „strukturelle Diskrepanz“ gäbe, wenn versucht würde, in ein „rechtsstaatlich entwickeltes Rechtssystem“ ein „sicherheitspolitisches Präventionssystem“ einzubauen.[132]

Teilweise wird der aktuelle Trend auch mit einer „Umverteilung von Freiheit und Sicherheit“ umschrieben.[133] In dieser Diskussion wird auch danach gestrebt, „beide Pole“, also Freiheit und Sicherheit, in einen begründeten Zusammenhang zueinander zu stellen.[134] In der Literatur ist dann von der Schwierigkeit, aber auch der Notwendigkeit zu lesen, Freiheit und Sicherheit im Kontext der terroristischen Bedrohungs-

123 Hassemer, Vorgänge 2002, 10 f.
124 Hassemer, Vorgänge 2002, 10 f.
125 Calliess, DVBl 2003, 1098, 1104.
126 Hassemer, Vorgänge 2002, 10 f.
127 Gierhake, Der Zusammenhang von Freiheit und Sicherheit und Strafe im Recht, S. 26.
128 Gierhake, Der Zusammenhang von Freiheit und Sicherheit und Strafe im Recht, S. 26.
129 Gierhake, Der Zusammenhang von Freiheit und Sicherheit und Strafe im Recht, S. 26 f.
130 Gusy, VVDStRL 63, 153, 154 f.
131 Gusy, VVDStRL 63, 153, 189.
132 Denninger, StV 2002, S. 83, 91.
133 Krauß, StV 1989, S. 315, 317.
134 Gierhake, Der Zusammenhang von Freiheit und Sicherheit und Strafe im Recht, S. 27.

szenarien „in Balance" zu bringen bzw. zu halten, um das Gefüge rechtsstaatlicher Grundordnung nicht zu zerstören.[135] In diesem Zusammenhang suggeriert der Begriff der „Balance" nichts anderes, als dass „beiden Polen" das gleiche Gewicht zukomme, weil sie gleich ausgestaltet seien und im Falle eines „Ungleichgewichts" die Minderung des einen um der Maximierung des anderen willen notwendig sei.[136] Diese Verhältnisbestimmung beruht auf einem Verständnis von Recht und Staat, innerhalb dessen das gerechte, freiheitliche Recht als „Gegenbegriff" zur Sicherheit im Staat gedacht ist und auf dessen Grundlage es für notwendig erachtet wird, beides in einer „Balance" zu halten.[137] Eine „Balance zwischen der Respektierung individueller und kollektiver Freiheitsphären und der Gewährung größtmöglicher Sicherheit" sei dementsprechend notwendig.[138]

Die Folgen der Annahme einer Balance zwischen Freiheit und Sicherheit stellen sich wie folgt dar: „Das Recht der Freiheitsausübung kann durch sicherheitssteigernde Maßnahmen des Staates so lange und so umfassend beschränkt werden, wie es zur (Wieder-)Herstellung der ‚Balance' von Freiheit und Sicherheit notwendig ist."[139] Allerdings ist dabei nicht berücksichtigt, dass eigentlich der Zustand, der als „ausbalanciert" gelten soll, überhaupt nicht bestimmbar ist.[140] Eine „imaginäre Mitte" zwischen Freiheit und Sicherheit, also zwischen dem Zustand „vollkommener Freiheit" und „absoluter Sicherheit", müsste noch gefunden werden, wobei die Skizzierung beider Pole „in Vollkommenheit" die Vorstellungskraft übersteigen wird.[141] Bereits aus diesem Grund ist die Vorstellung oder die Forderung nach einer „Balance von Freiheit und Sicherheit" als Trugbild zu bezeichnen. Der Hintergrund für die Verwendung dieser Metapher in der Literatur ist, dass der Gesetzgeber in seinem „rechtspolitischen Gestaltungsspielraum" die Freiheit des einen von der Freiheit des anderen abgrenzen müsse und mithin Freiheitsgarantie und Sicherheitsvorbehalte austariere. [142] Freiheit und Sicherheit sind zwei gleichwertige Rechtsgüter oder auch gleichwertige Verfassungswerte, sie sind aber keine gleichrangigen Werte mit einem gemeinsamen Mittelwert, sodass ein Austarieren nicht möglich sein kann. Welchen Verfassungsrang Freiheit und Sicherheit zueinander im Rahmen der Verfassung der Bundesrepublik Deutschlang vorweisen, ist im Speziellen noch in einem der folgenden Kapitel zu klären. Dennoch kommt man nicht umhin, sich in der weiteren Diskussion um das rechte Verhältnis von Freiheit und Sicherheit mit den Begrifflichkeiten des „Ausgleichs",

135 Vgl. u. a. Hillgruber, JZ 2007, S. 209, 211; zitiert nach Gierhake, Der Zusammenhang von Freiheit und Sicherheit und Strafe im Recht, S. 27.

136 Zitiert nach Gierhake, Der Zusammenhang von Freiheit und Sicherheit und Strafe im Recht, S. 27.

137 Baldus, KritV 2005, 364; Horn, Sicherheit und Freiheit durch vorbeugende Verbrechensbekämpfung, in: Horn (Hrsg.), Recht im Pluralismus, S. 407, 435, 439, 440; Nehring, Kriminelle und terroristische Vereinigungen im Ausland, S. 444.

138 Nehring, Kriminelle und terroristische Vereinigungen im Ausland, S. 444.

139 Theorie zitiert nach Gierhake, Der Zusammenhang von Freiheit und Sicherheit und Strafe im Recht, S. 28. Vgl. auch Bielefeldt, Freiheit und Sicherheit, S. 5.

140 Gierhake, Der Zusammenhang von Freiheit und Sicherheit und Strafe im Recht, S. 27.

141 Gierhake, Der Zusammenhang von Freiheit und Sicherheit und Strafe im Recht, S. 27.

142 Holoubek, Grundrechtliche Gewährleistungspflichten, S. 274.

den „verfassungsrechtlichen Waagschalen“[143] und insbesondere der „Balance“ immer wieder auseinanderzusetzen und im Rahmen dieser Metapher über das geeignete Maß an Sicherheit und Freiheit zu reflektieren, allerdings nur, weil sie Instrumente politischer Argumentationsstrategie im Ausbau einer neuen Sicherheitsarchitektur im vermeintlichen Kampf gegen den internationalen Terrorismus sind.

Aber festgestellt werden kann jetzt bereits, dass es in der Diskussion um das Maß der Sicherheitsgewährleistung eigentlich nicht um die „Balance“ zwischen Freiheit und Sicherheit geht, denn sie existiert nicht. Im liberalen Rechtsstaat ist die Freiheit absolut und darf nur im begründeten Ausnahmefall durch Eingriffe des Staates eingeschränkt werden, wobei die Beweislast beim Staat liegt. Dies soll im zweiten Teil der Arbeit verfassungsrechtlich belegt werden.

II. Die aktuellen Entwicklungen um den Sicherheitsgedanken. Vom Rechtsstaat zum Präventionsstaat?

In der Literatur wird davon gesprochen, dass es spätestens seit den Anschlägen vom 11. September 2001 zu einer Art „Renaissance“ der Sicherheitsaufgabe im Rechtsstaat gekommen sei.[144] Gerade im präventiven Bereich sei in den letzten Jahren eine weitere Vorverlagerung für die Annahme einer Gefahr für die öffentliche Sicherheit und Ordnung zu erkennen. So bemerkt *Glaeßner*[145] unter den Eindrücken der Terroranschläge des 11. September 2001 mit Recht, dass mit Blick auf die modernen Gefährdungslagen in Reaktion auf tatsächliche und vermeintliche Sicherheitsbedürfnisse in der Gesellschaft konstatiert werde, dass die Sicherheitskompetenz des Staates zunehmend nicht mehr nur daran gemessen werde, ob es ihm gelinge, Störungen der öffentlichen Sicherheit und Ordnung zu begegnen, sondern auch an seiner Fähigkeit, „präventiv Sicherheitsvorsorge“ zu leisten.[146] Die Rechtsstaatlichkeit gewährleistet dem Bürger Rechtssicherheit, denn der Bürger kann aus den Rechtsvorschriften eindeutige Verhaltensregeln entnehmen und durch normkonformes Verhalten den Staat auf Distanz halten.[147] Der „Präventionsstaat“ hingegen sieht sich in der Pflicht, nicht erst bei rechtswidrigem Handeln aktiv zu werden, sondern bereits „die rechtsfeindliche Gesinnung“ aufzuspüren und entsprechend zu bekämpfen“, sodass ein Handeln des Staates schon weit vor der Konkretisierung einer Gefahr legitim wäre.[148] Die Konsequenz aus der Gewährleistung eines „Präventionsstaates“ wäre der Weg in einen

143 Hassemer, Vorgänge 2002, 10 f.

144 Möstl, Die staatliche Garantie für die öffentliche Sicherheit und Ordnung, S. 78; Di Fabio, Risikoentscheidung im Rechtsstaat, S. 27 f.; vgl. bereits {1983: Isensee}, Grundrecht auf Sicherheit, S. 17 f., 27 ff.

145 Glaeßner, APuz B 10-11/ 2002, 3, 10 zitiert nach: Calliess, DVBl, 2003, 1096, 1099 (Fn. 47).

146 Glaeßner, APuz B 10-11/ 2002, 3, 10 zitiert von: Calliess, DVBl, 2003, 1096, 1099 (Fn. 47).

147 Huster, Vom Rechtsstaat zum Präventionsstaat, in: Huster/Rudolph (Hrsg.), Vom Rechtsstaat zum Präventionsstaat, S. 9, 17.

148 Vgl. dazu kritisch Huster, Vom Rechtsstaat zum Präventionsstaat, in: Huster/Rudolph (Hrsg.), Vom Rechtsstaat zum Präventionsstaat, 9, 17.

„Überwachungsstaat", denn ein Staat, der vorbeugen will, muss Gefahren bereits dort vermuten, wo tatsächlich noch keine sind.[149]

Sicherheit wird als Abwesenheit von Gefahren definiert wobei, nunmehr in der Literatur die Frage aufgeworfen wird, ob und, wenn ja, inwieweit Sicherheit auch die Abwesenheit von Risiken umfasst.[150] In der folgenden Untersuchung soll der vermeintliche Wandlungsprozess anhand einiger Theorien aus der Literatur veranschaulicht werden.

1. Wandlungsprozesse auf der Ebene der Sicherheitsgewährleistung

So skizziert *Möstl*[151] „einen bis heute anhaltenden Wandlungsprozess zur Sicherheitsgewährleistung" durch den Staat.[152] Dieser Wandlungsprozess vollzieht sich seines Erachtens auf drei Ebenen.[153] Er sieht zunächst eine Veränderung der Sicherheitsaufgabe „auf der Ebene ihres rechtlichen und faktischen Umfelds", was so viel bedeutet wie, dass sich der liberale Rechtstaat in einer verstärkten Konfrontation und Herausforderung hinsichtlich der Bewältigung von bis dato unbekannten Risiken und Gefahren sieht.[154] Als Beispiele werden neben der neueren Form des Terrorismus sowohl die bereits bekannte Gefahr durch die organisierte Kriminalität als auch die neueren Risiken der Technik genannt.

Den damit verbundenen Stellenwert der Sicherheitsaufgabe reflektierend, komme es „auf der Ebene des Verfassungsrechts" zu einer „Wiederentdeckung der – im liberalen Rechtsstaat verloren gegangenen – rechtlichen Qualität der staatlichen Sicherheitsaufgabe".[155] Laut Möstl sei dabei bislang die Erschließung der Dimension der grundrechtlichen Schutzpflichten als Basis für ein „Grundrecht auf Sicherheit" gediehen.[156]

Durch die ersten beiden hier wiedergegebenen Tendenzen (in den beschriebenen Ebenen „des rechtlichen und faktischen Umfelds sowie des Verfassungsrechts") komme es schließlich „auf der Ebene des einfachen Rechts" zu „einem tief greifenden Wandlungsprozess des überkommenen Rechts der Sicherheitsgewährleistung".[157] Dies bedeutet nichts anderes, als dass auf Gesetzesebene auf neue Gefahren reagiert werde mit Rechtfertigung aus der Entwicklung in den bereits vorangegangenen Ebenen. Letztendlich wird in dem „dreistufigen Wandlungsprozess" nichts anderes skizziert,

---

149 Hirsch, Auf dem Weg zum Überwachungsstaat?, in: Huster/Rudolph (Hrsg.), Vom Rechtsstaat zum Präventionsstaat, 164.

150 Zitiert nach Calliess, Die Europäisierung der Staatsaufgabe Sicherheit unter den Rahmenbedingungen des freiheitlichen Rechtsstaats, in: Müller/Schneider (Hrsg.), Die Europäische Union im Kampf gegen den Terrorismus, 2006, S. 83, 94.

151 Möstl, Die Staatliche Garantie für die öffentliche Sicherheit und Ordnung, Tübingen 2002.

152 Möstl, Die staatliche Garantie für die öffentliche Sicherheit und Ordnung, S. 78 u. 18 ff.; vgl. bereits 1983: Isensee, Grundrecht auf Sicherheit, S. 17f.

153 Möstl, Die staatliche Garantie für die öffentliche Sicherheit und Ordnung, S. 78 u. 18 ff.; vgl. bereits 1983: Isensee, Grundrecht auf Sicherheit, S. 17f.

154 Möstl, Die staatliche Garantie für die öffentliche Sicherheit und Ordnung, S. 18

155 Möstl, Die staatliche Garantie für die öffentliche Sicherheit und Ordnung, S. 18.

156 Möstl, Die staatliche Garantie für die öffentliche Sicherheit und Ordnung, S. 18.

157 Möstl, Die staatliche Garantie für die öffentliche Sicherheit und Ordnung, S. 18 f., 73 ff.

als ohnehin schon und verstärkt seit dem 11. September 2001 zur Frage der Sicherheitsgewährleistung in einer Vielzahl von Diskussionen und Beiträgen ins Felde geführt wird. Sicherheit müsse, im Verständnis eines obersten Staatszieles, auch zulasten der Freiheit des Einzelnen bedingungslos gewährleistet werden, um die einzige und bestimmende Legitimation staatlicher Macht nicht ins Wanken zu bringen.

Kernaussage ist, dass primär der Staat sich mit neuen Gefahren konfrontiert sieht, die er bislang nicht kannte. Zentrales Thema ist also zweifellos die Frage, wie mit neuen potenziellen Gefahrenquellen in einem liberalen Rechtsstaat umzugehen ist. Die Konsequenz aus der intensiven Auseinandersetzung mit der Frage nach effizienter Sicherheitsgewährleistung - mit dem Fokus auf der Terrorabwehr - ist, dass ein verstärktes Bedürfnis entstanden ist, die verfassungsrechtliche Qualität der staatlichen Sicherheitsaufgabe neu zu interpretieren. Diese Analyse, sei es nach *Möstl*[158] oder diversen anderen Vertretern[159], hat ihren Sinn und Zweck nicht nur darin, aufzeigen zu können, dass neue Gefahren bestehen und ein Umgang damit dem Staat zufällt, sondern vor allem primär darin, dass zunächst die Rechtfertigung der zunehmenden Beschneidung der Freiheitsrechte des Bürgers eine klare verfassungsrechtliche Legitimation findet. Der Anspruch und der Auftrag des Staates, dem Bürger Sicherheit zu gewährleisten und auf neue Risiken bzw. Gefahren effizient zu reagieren, haben sich dadurch in kürzester Zeit in eine der prominentesten Stellungen im Verfassungsrecht katapultiert.

Kritisch ist an dieser Theorie vor allem zu hinterfragen, wie es durch einen möglichen neuen Stellenwert von Sicherheit zu einer „Widerentdeckung" der rechtlichen Qualität der staatlichen Sicherheitsaufgabe kommen kann, die *Möstl* hier skizziert. Schließlich wird damit die verfassungsrechtliche Verankerung der Sicherheitsaufgabe unterstellt. Auf der verfassungsrechtlichen Ebene dieser Theorie bleibt jedoch offen, in welcher Form der Staat zur Gewährleistung der Sicherheit legitimiert ist. Es wird schlussendlich auf die Konstruktion der in den vergangenen Jahrzehnten herausgearbeiteten und anerkannten „grundrechtlichen Schutzpflichten" verwiesen. Die Vorstellung, dass der Staat verfassungsrechtlich legitimierter Sicherheitsgarant sein soll, wird unterstellt. Dass diese Stellung nicht mehr deutlich zu erkennen gewesen sein oder an Qualität verloren haben soll, wird auf einen vorherrschenden „liberalen Rechtsstaat" geschoben. Auch an dem hier skizzierten Wandlungsprozess ist die Notwendigkeit zu erkennen, die verfassungsrechtliche Legitimation eines Staates, der in Kombination mit der Gewährleistung der Freiheitsrechte seine Stellung als Sicherheitsgarant behauptet, abschließend zu klären. Vorliegend wird diese Legitimation aus dem staatstheoretischen Kontext der Entwicklung staatlicher Gewaltmonopole skizziert und als der Verfassung immanent unterstellt. Im zweiten Teil der Arbeit soll daher die Stellung der Sicherheit hinsichtlich ihres verfassungsrechtlichen objektiven Gehalts geprüft werden, um beurteilen zu können, ob ein Wandlungsprozess auf der Ebene der

158 Möstl, Die staatliche Garantie für die öffentliche Sicherheit und Ordnung, S. 44 ff.

159 Brugger, VVDStRL 2004, 101, 130; Calliess, ZRP 2002, 1, 2, 4; Dietlein, Die Lehre von den grundrechtlichen Schutzpflichten, S. 146 ff.; Glaeßner, Sicherheit in Freiheit, 2003, S. 45; Gusy, DÖV 1996, 573 ff.; Nolte, VVDStRL 2008, 129, 132; Schoch, Besonderes Verwaltungsrecht, 2. Kap., Rdn. 20; Schily, zitiert in Meier, Ein Grundrecht auf Sicherheit? Merkur 2003, 174.

Sicherheitsverheißung den Anforderungen der Verfassung der Bundesrepublik Deutschland standhält. Dies ist vor allem mit Blick auf einen rein objektiven Sicherheitsbegriff nur dann der Fall, wenn die Garantenpflicht des Staates zur Gewährleistung „innerer Sicherheit" explizit der Verfassung immanent ist. Erst dann wäre auch eine Entwicklung bzw. eine Art Rückbesinnung auf eine bereits vorliegende Stellung des Staates als Sicherheitsgarant möglich und nachvollziehbar.

2. Wandlungsprozesse auf der Ebene der „Sicherheitskultur"

Während *Möstl* also einen Wandlungsprozess auf der Ebene der „Sicherheitsgewährleistung" skizziert, der versucht, auf rein objektiven Parametern begründet zu sein, haben auch andere Autoren Theorien zur Entwicklung des Sicherheitsbegriffs und in der Folge auch zur Aufgabe der Sicherheitsgewährleistung formuliert.

Erwähnenswert und für die weitere Untersuchung fruchtbar ist dabei vor allem die Auseinandersetzung mit dem Gedanken über den „Wandel der Sicherheitskultur", der eine mehr an subjektiven Parametern ausgerichtete Theorie der Entwicklung des Sicherheitsbegriffs zugrunde liegt.[160] Grundlage ist also hier der Begriff der „Sicherheitskultur", auf dem die Frage nach dem Wandel des Sicherheitsverständnisses im Staat aufbaut. Es sind die Werte, die das Sicherheitsempfinden von Staat und Bürger beeinflussen und sich letztendlich in der Sicherheitspolitik widerspiegeln.[161] Auf diesem Gedanken basiert die Definition des sehr subjektiven und damit auf persönliche Empfindlichkeiten des Individuums gegründeten Begriffs der „Sicherheitskultur".

Sicherheitskultur wird als Summe der Überzeugungen, Werte und Praktiken von Institutionen und Individuen verstanden, die darüber entscheiden, was als Gefahr anzusehen ist und wie und mit welchen Mitteln dieser Gefahr begegnet werden soll.[162] Warum dieser Begriff so interessant für die Analyse eines konstatierten Wandlungsprozesses des „Sicherheitsverständnisses" bzw. der Sicherheitsgewährleistung an sich ist, wird mit Blick auf seine Entstehungsgeschichte deutlich. Die Verwendung des Begriffs „Sicherheitskultur" geht zurück auf eine Expertengruppe, die im Auftrag der Internationalen Atomenergiebehörde (IAEA) 1986 den Reaktorunfall von Tschernobyl untersuchte.[163]

Folglich entstand dieser Begriff unter dem Eindruck neuer greifbarer und in der Realität angekommener Gefahrenlagen, denen sich die Bevölkerung nunmehr erstmals ausgeliefert sah. Durch den „Super-GAU" in Tschernobyl hat sich eine bis dato bewusst unterschätzte latente Gefahr in ein Schadensereignis mit nicht absehbaren Langzeitfolgen für Leib, Leben und Umwelt in die Realität katapultiert. Im Unterschied zu der hier im Fokus stehenden Gefahr terroristischer Anschläge waren die potenziellen Gefährder in der Diskussion um Atomkraftwerke und die Folgen von Reaktorunfällen konkret auszumachen. Die Betreiber dieser Anlagen sollten in die Pflicht genommen werden, um den Schutz der Bevölkerung nicht nur vor den Schä-

160 Daase, APuZ 2010, 9-16.
161 Daase, APuZ 2010, 9.
162 Zitiert nach Daase, APuZ 2010, 9.
163 Daase, APuZ 2010, 9.

den, sondern vor der latenten Gefahr weitgehend sicherzustellen. Auffällig ist in diesem Zusammenhang auch, dass die Diskussion über den Umgang mit neueren Gefährdungslagen zeitlich ebenfalls in das Ende der 1970er- und in die 1980er-Jahre transportiert wurde und das Thema Atomenergie (aber auch das Thema Atomwaffen im Kontext des damals noch vorherrschenden „Kalten Krieges") argumentativ aufgegriffen worden ist.[164] Erstmals wurde neben der Gefahrenabwehr auch die Risikovorsorge in die Diskussion mit einbezogen. Dies spiegelt sich auch in den Entscheidungen des BVerfG aus dieser Zeit wider, wobei es um die Frage der Genehmigung der Kernkraftwerke Kalkar und Mühlheim-Kärlich ging.[165] Das BVerfG stellte fest, dass angesichts der Art und Schwere der Schäden, die aus der Kernenergie folgen können, bereits eine entfernte Wahrscheinlichkeit eines Schadenseintritts genügen müsse, um die verfassungsrechtliche Schutzpflicht des Gesetzgebers konkret auszulösen.[166] Hierin kann also bereits ein Beleg dafür gesehen werden, dass nicht erst die Gesellschaft der Gegenwart, also der letzten zwei Jahrzehnte, von zahlreichen Risiken mit nicht absehbaren Dimensionen umzingelt war, sondern dass die Frage nach einer Entwicklung zur Risikogesellschaft kein neues Thema darstellt. Diese Entwicklung bestätigt wiederum die These, dass der Begriff der Sicherheit von den die Gesellschaft bedrohenden Gefahren abhängig ist und sich in diesem Kontext widerspiegelt.

Allerdings wird auch bei dieser Analyse deutlich, dass das BVerfG sich im Rahmen seiner Entscheidungen[167] des Konstrukts der „grundrechtlichen Schutzpflichten" bedient und keine Begründung bereits aus dem Wortlaut des Verfassungstextes findet. Auf den komplexen Zusammenhang zwischen der anerkannten Konstruktion der „grundrechtlichen Schutzpflichten" und einer sich daraus legitimierenden verfassungsrechtlich begründeten Stellung des Staates als Sicherheitsgarant wird auch aus diesem Grund noch im zweiten Teil der Arbeit ausführlich eingegangen werden müssen.

Nach *Daase* ist es in den letzten 50 Jahren hingegen nicht zu einer Wandlung oder Entwicklung gekommen, wie es in der Theorie von *Möstl* angedeutet ist (s. o.), sondern zu einer „von Gesellschaft und Politik gesteuerten Ausdehnung des Sicherheitsbegriffs", wobei die Ausdehnung bildlich gesprochen in vier Dimensionen verortet wird.[168]

164 Isensee, Das Grundrecht auf Sicherheit, S. 29; Di Fabio, Risikoentscheidungen im Rechtsstaat, S. 51 ff., 448-450; weitere Nachweise nach Daase, APuZ 2010, 9, 10; Hofmann, Rechtsfragen der atomaren Entsorgung, Stuttgart 1981; Murswiek, Die staatliche Verantwortung für die Risiken der Technik, S. 80 f., 133 f.; Robbers, Menschenrecht auf Sicherheit, S. 222, 226; Roßnagel, Grundrechte und Kernkraftwerke, Heidelberg 1979; Roth-Stielow, Grundrechtsverständnis des Parlamentarischen Rates und der Grundrechtsschutz beim Betrieb von Kernkraftwerken, EuGRZ 1980, S. 386-391; Sailer, Subjektives Recht und Umweltschutz, DVBl. 1976, S. 521-532. Aktuell zum Thema „Atomwaffen" siehe den Essay von Trähnert, Die „globale Null" für Atomwaffen, APuZ 2010, S. 3-8.

165 BVerfGE 49, 89 (Kalkar-Beschluss); BVerfGE 53, 30 (Mühlheim-Kärlich-Beschluss).

166 BVerfGE, 49, 89, 142.

167 BVerfGE 49, 89 (Kalkar-Beschluss); BVerfGE 53, 30 (Mühlheim-Kärlich-Beschluss).

168 Daase, APuZ 2010, 9, 10.

Während *Möstl* eher einen „evolutionsartigen Wandel“[169] skizziert, der den veränderten Gefahren und Risiken geschuldet ist, versucht *Daase*, den Fokus mehr darauf zu richten, dass der Sicherheitsbegriff mit der Zeit immer komplexere Bereiche erfasst und mithin auch verstärkt in die Pflicht genommen wird, aber nicht nur aufgrund neuer Gefährdungs- oder Risikolagen, sondern letztendlich wegen eines sich ändernden „Sicherheits- bzw. Unsicherheitsempfindens“. Zur Verdeutlichung sind die vier Dimensionen, in die sich der Sicherheitsbegriff ausgedehnt habe, genauer zu betrachten.

Die „erste Dimension“ wird als „Referenzdimension“ bezeichnet und gibt Aufschluss darüber, „wessen Sicherheit gewährleistet werden soll“.[170] So wird ein Verlauf von der nationalen Sicherheit und damit der Garantie des Nationalstaates, die Sicherheit seiner Untertanen zu gewährleisten, hin zur menschlichen Sicherheit sichtbar. Dies bedeutet, dass jetzt nicht mehr nur der Schutz der Menschen vor Krieg und Gewalt garantiert werden soll, sondern dass auch die Funktionen, die ein individuelles Leben in Freiheit und Würde ermöglichen, gewährleistet werden.[171] In der Folge „wird Sicherheitspolitik stärker in den Dienst menschlicher Bedürfnisse gestellt“ und der Blick u. a. auf „soziale Not, Krankheit, Armut, Arbeitslosigkeit, illegale[n] Drogen- und Waffenhandel und vieles mehr“ gelenkt.[172] Die Skizzierung des Wandels des Sicherheitsbegriffs korrespondiert in weiten Teilen inhaltlich mit den hier vorangegangenen Untersuchungen zur Entwicklung des Begriffs der Sicherheit unter historischen und staatstheoretischen Aspekten (s. o.).

Während also im Rahmen der „Referenzdimension“ eine Ausdehnung des Sicherheitsbegriffs vom Staat zur Gesellschaft bis hin zum Individuum festzustellen ist, ist die „Sachdimension“ des Sicherheitsverständnisses davon abhängig, „in welchem Problembereich der Politik Sicherheitsgefahren festgestellt werden“.[173] So wird eine Entwicklung von der militärischen bis hin zur ökologischen Sicherheit gesehen.[174] Auch hier wird deutlich, dass die Aufgabe der Sicherheitsgewährleistung sich um ein vielfaches facettenreicher in den vergangenen Jahrzehnten ausdifferenziert hat. Wurde zu Beginn noch der Staat an sich militärisch geschützt, entwickelten sich mit Wohlstand und überwiegenden Wegfall von äußeren Bedrohungen neue Problemkreise. Die sogenannte „Wohlstandsgesellschaft“ musste sich in den 1970er- und 1980er-Jahren u. a. mit Ölkrise, Smog und Atomanlagen auseinandersetzen. Hierauf hat die Politik reagiert, neue Wege der Sicherheitsgewährleistung beschritten und sich mithin in der Pflicht gesehen, dem neuen Unsicherheitsgefühl der Bevölkerung entgegenzutreten.

Mit einer dritten Dimension, der „Raumdimension“, wird die geografische Erweiterung des Sicherheitsbegriffs bezeichnet.[175] Hier geht es vor allem um die Frage, ob Sicherheit sich lediglich auf das eigene Staatsgebiet bezieht oder ob es vielmehr bei

169 Lammer, Wie weit reicht das Sicherheitsversprechen des Staates?, S. 315ff.
170 Daase, APuZ 2010, 9, 10.
171 Daase, APuZ 2010, 9, 10 f.
172 Zitiert nach Daase, APuZ 2010, 9, 10.
173 Daase, Wandel der Sicherheitskultur, APuZ 2010, 9, 11.
174 Daase, Wandel der Sicherheitskultur, APuZ 2010, 9, 11 f.
175 Daase, Wandel der Sicherheitskultur, APuZ 2010, 9, 12.

globalen Sicherheitsproblemen auch globaler Lösungen bedarf. Eine Beschränkung auf das Staatsgebiet steht dabei im Gegensatz zu dem Begriff der „globalen Sicherheit“[176], die einen erheblichen Schritt weiter geht und noch keine institutionellen Träger gefunden hat. Lediglich die Vereinten Nationen (VN) sind in diesem Kontext für die globale Sicherheit in Anspruch zu nehmen, allerdings sind die Kompetenzen nicht nur beschränkt, was zu einem Hindernis bei der Umsetzung in die Praxis führt, sondern auch Kompetenzüberschneidungen (z.B. mit NATO, OSZE oder EU), und Organisationsdefizite erschweren die Umsetzung verbindlicher Zuständigkeiten. Letztendlich steckt die geschilderte „Raumdimension“ noch in einem Anfangsstadium, indem zwar internationale Organisationen an der Umsetzung internationaler Sicherheitsgewährleistung arbeiten, eine globale Sicherheit aber noch keinen institutionellen Träger gefunden hat.[177]

Die letzte, die „vierte Dimension“ wird als „Gefahrendimension“ bezeichnet, da es hier vorwiegend um die Frage geht, „wie das Problem konzeptualisiert wird, auf das die Sicherheitspolitik antworten soll“.[178] Letztendlich bedeutet dies mit Blick auf die Ausdehnung des Sicherheitsbegriffs der drei bereits erwähnten Dimensionen nichts anderes, als dass für die ursprünglich bewährte Gefahrenabwehr nunmehr neue Konzepte gefunden werden mussten, um dem Unsicherheitsbedürfnis Abhilfe zu leisten. Damit steht die neue Option der Risikovorsorge zur Sicherheitsgewährleistung im Raum. Ursachen für eine weitere Ausdehnung des Sicherheitsbegriffs sind auch nach dieser Theorie neue oder neu wahrgenommene Bedrohungsszenarien. Ein wesentlicher Aspekt ist hier die fortschreitende Globalisierung in Verbindung mit schnell voranschreitendem technischem Fortschritt. *Daase* erläutert hierzu zusammenfassend und abschließend, dass die Verbreitung von Massenvernichtungswaffen, transnationaler Terrorismus, organisierte Kriminalität, Umweltzerstörung und viele andere Probleme neue internationale und globale Sicherheitsrisiken darstellen, denen allen gemeinsam ist, dass sie relativ unbestimmt sind. Genau diese Unbestimmtheit potenziert aber das Gefühl der Bedrohung, auf das der Staat durch ein neues Verständnis von Sicherheitsgewährleistung reagiert. Da sich aber der Sicherheitsbegriff in der Vergangenheit auf konkrete Gefahren konzentriert hat, muss bereits hier eine Weiterentwicklung auf der Ebene der Sicherheitspolitik stattfinden, die letztendlich in einer erheblichen Ausdehnung des Verständnisses von Sicherheitsgewährleistung mündet. Im Ergebnis kommt es tatsächlich zu einer starken Ausdehnung des Unsicherheitsverständnisses auf noch Ungewisses, d. h., existenzielle Gefahren geraten in den Blick, die noch keine sind, aber die Möglichkeit haben, in Zukunft zu solchen zu werden.[179] Die Sicherheitspolitik sieht sich damit jetzt in der Handlungspflicht, Gefahren bereits zu identifizieren, bevor sie sich überhaupt als tatsächliche Bedrohung oder als konkrete Gefahr manifestieren können.

176 Daase, Wandel der Sicherheitskultur, APuZ 2010, 9, 13.
177 Daase, Wandel der Sicherheitskultur, APuZ 2010, 9, 13.
178 Daase, Wandel der Sicherheitskultur, APuZ 2010, 9, 14.
179 Daase, APuZ 2010, 9, 14.

Im Ergebnis besagt das Argument von *Daase*, dass die Wahrnehmung dessen, was als Gefahr angesehen wird, von einem sich stetig verstärkenden Sicherheitsbedürfnis der Gesellschaft und dem sich beständig ausweitenden Sicherheitsversprechen des Staates geprägt sei, woraus sich ein Wandel der Sicherheitskultur ergebe, der sich an der sukzessiven Erweiterung des Sicherheitsbegriffs ablesen lasse.[180]

An den hier skizzierten vier Dimensionen des Sicherheitsbegriffs kann also der Wandel des Sicherheitsverständnisses gemessen werden. Er kann als Parameter zur Auslotung der Sicherheitskultur verstanden werden. Deutlich wird dabei auch, dass eine vermeintliche „Balance" zwischen Freiheit und Sicherheit letztendlich dann nicht mehr gewährleistet werden kann, wenn das Verständnis von Sicherheit sich in den hier angeführten vier Dimensionen bis auf ein Höchstmaß weiter ausdehnt, es sei denn, auch das Verständnis von Freiheit bleibt proportional dazu ebenfalls erhalten. Dem stehen jedoch offensichtlich Bedenken entgegen, insbesondere wenn in der aktuellen Sicherheitsdebatte der Anspruch erhoben wird, dass Freiheit zugunsten der Sicherheit zurücktreten müsse. Häufig wird nämlich argumentiert, dass der redliche Bürger sich vor neuen Sicherheitsgewährleistungsmaßnahmen gerade nicht zu fürchten brauche, da sie ihn nicht tangieren könnten und er zum anderen geradezu in der Pflicht stehe, zum Schutz aller im Staat in seinen individuellen Rechten zurückzutreten.[181]

Ob auf der Ebene des einfachen Rechts tatsächlich diese Befürchtungen belegt werden, soll im Folgenden an der konkreten Frage des Wandels des Gefahrenbegriffs und damit des Gefahrenabwehrrechtes an sich dargestellt und aufgearbeitet werden.

3. Wandlungsprozesse auf der Ebene des Gefahrenabwehrrechts. Der Gefahrenbegriff im Polizeirecht des liberalen Rechtsstaates. Hinweise auf einen gangbaren Weg zum Präventionsstaat?

Nicht nur das Polizeirecht, sondern auch das Strafrecht sind jeweils Teile der Gewährleistung von „innerer Sicherheit".[182] Insbesondere können sie mit Blick auf ihre zeitliche Komponente differenziert werden. Auf der einen Seite befindet sich die „Prävention", d. h. die Verhütung und Abwehr von zukünftigen oder bereits andauernden, gegenwärtigen Verstößen gegen die öffentliche Sicherheit und Ordnung, und auf der anderen Seite die „Repression", also die Verfolgung und Ahndung bereits abgeschlossener sanktionsbewehrter Verstöße gegen die öffentliche Sicherheit und Ordnung, d. h. Straftaten und Ordnungswidrigkeiten.[183] Wird von der Bedrohung der Bevölkerung, z. B. durch terroristische Anschläge gesprochen, und folgt man dem Bedürfnis, dieser Bedrohung möglichst frühzeitig entgegentreten zu können, so bedient man sich in der Regel primär der Instrumente der Prävention. Im Kern ist das Vorgehen gegen drohende terroristische Gewalttaten vor allem ein Problem der Gefahrenab-

180 Daase, APuZ 2010, 9, 14 f.
181 Vgl. u. a. Depenheuer, Selbstbehauptung des Rechtsstaates, 2007.
182 Vgl. dazu Götz, HStR Bd. IV, Rdn. 14 f.
183 Zitiert nach Möstl, Die staatliche Garantie für die öffentliche Sicherheit und Ordnung, S. 147.

wehr und damit gegenständlich dem Polizeirecht im Schwerpunkt zuzuordnen.[184] Hinzu kommt, gerade mit Blick auf die aktuelle Terrorismusbekämpfungsdebatte, dass polizeiliche Maßnahmen „Gradmesser“ in der Ambivalenz von Freiheit und Sicherheit sein können und damit zum Mittelpunkt politischer, medialer, aber auch wissenschaftlicher Debatten darüber werden, welche polizeilichen Maßnahmen (noch) insbesondere und letztendlich mit der Menschenwürde gemäß Art. 1 Abs. 1 GG vereinbar sind[185] Daher ist es insgesamt für die Frage nach der Stellung und den Umfang der zu gewährleistenden Sicherheit maßgebend, welchen Weg die Gefahrenabwehr im Kontext der aktuellen Terrorismusbekämpfung eingeschlagen hat.

a) Kostruktion und Legitimation eines Präventionsstaates auf der Ebene des Gefahrenabwehrrechts

Prävention wird im Kontext der aktuellen Terrorismusbekämpfung zur „primären Stoßrichtung der Sicherheitsaufgabe“, da jegliche Aufgaben der Sicherheitsgewährleistung darauf gerichtet sein werden, eine Verletzung und Schädigung des zu schützenden Rechtsguts von vornherein zu verhindern.[186] Hier ist nicht mehr das klassische Gefahrenabwehrrecht gemeint, sondern eine weitergehende Vorverlagerung in einen „vorpräventiven“ Bereich, der womöglich nicht mehr mit den Grundsätzen des klassischen Polizeirechts korrespondiert.

Es wird der Vorwurf erhoben, dass es aktuell in der Frage nach den Aufgaben und Befugnissen der Polizei auf dem Gebiet der „inneren Sicherheit“ mehr um die Konstruktion und Legitimation eines „Präventionsstaates“ gehe als um die Bewahrung des im liberalen Rechtsstaat verwirklichten Konzepts des Polizeirechts, welches mit Gefahrenprognosen aufgrund vorhandenen Alltagswissens arbeitet, denen wiederum vorhersehbare Kausalverläufe zugrunde liegen müssen.[187] Dem ist insoweit zuzustimmen, als die Rechtfertigung eines jeden Eingriffs in die Freiheit des Bürgers grundsätzlich darin besteht, dass es aus staatlicher Sicht eine tatsächliche bzw. zumindest gegenwärtig oder unmittelbar bevorstehende Gefahr abzuwehren gilt. Der Staat steht im Rahmen der Wahrung der „öffentlichen Sicherheit und Ordnung“ auch in der gesetzlichen Pflicht, drohende oder bestehende Gefahren so gut wie möglich von seinen Bürgern abzuwenden. Die zuvor analysierte staatstheoretische Entwicklung des Sicherheitsbegriffs hat gezeigt, dass bereits der Wunsch nach Sicherheit bzw. der Wunsch nach einem freiheitlich geprägten Leben in Sicherheit, nach der regulativen Idee eines Gesellschaftsvertrages, die Daseinsberechtigung des Staates begründet.[188] Woraus sich aus dieser Existenzberechtigung des Staates auch weitergehend eine Ga-

184 Kötter, Pfade des Sicherheitsrechts, S. 106.
185 Möllers, Öffentliche Sicherheit und Gesellschaft, JBöS SB 9, S. 43.
186 Möstl, Die staatliche Garantie für die öffentliche Sicherheit und Ordnung, S. 148.
187 Schoch, Abschied vom Polizeirecht, VVDStRL 2004, 347, 350. Vgl. dazu auch ausführlich Trute, Die Verwaltung 2003, 501, 504 ff.
188 Vgl. ausführlich oben Kapitel B.II.; Limbach, AnwBl 2002, 454.; vgl. auch die These Krings: „Sicherheit als Grundlage von „Herrschaftsverträgen“ in: Krings, Grund und Grenzen grundrechtlicher Schutzansprüche, 2003.

rantenstellung zur Gewährleistung „innerer Sicherheit" verfassungsrechtlich gründet, wird erst im zweiten Teil der Arbeit Gegenstand der Untersuchung sein. Es wird jedoch mit Blick auf den geschichtlichen Hintergrund zunächst gedanklich vorausgesetzt, dass das gesellschaftliche Zusammenleben und die Unterwerfung des Einzelnen in ein rechtliches Gefüge dem Zweck dient, dem Staat die Bürde der Sicherheitsgewährleistung aufzuerlegen, um in Freiheit gemeinsam leben zu können. Somit ist die Gefahrenabwehr im Speziellen Ausdruck für das geworden, was im Rahmen dieses ureigenen und grundlegenden „Gesellschaftsvertrages", den Bürger und Staat miteinander eingegangen sind, gewährleisten soll. Denn „innere Sicherheit" ist in einem großen Teil in Prävention zu finden.[189]

Zu hinterfragen ist nicht nur, welche Inhalte von der „inneren Sicherheit" umfasst werden, sondern auch welche Ausgestaltung sie erfahren hat. In diesem Zusammenhang ist zu beachten, dass die Gefahrenschwelle, an der die Schutzpflichten einsetzen, nicht für alle grundrechtlichen Rechtsgüter einheitlich ist.[190] Sie hängt nicht allein von der Qualität des gefährdeten Rechtsguts ab, sondern auch von rechtlichen und tatsächlichen Faktoren anderer Art, insbesondere von der Intensität der Gefahr, von den möglichen Mitteln der Gefahrenabwehr und von der Rechtseinbuße, die der staatliche Schutzeingriff bewirken kann.[191] Diese Aspekte sollen an der Entwicklung des Polizeirechts, und damit konkret anhand des eigentlichen Gefahrenbegriffs, im Folgenden verdeutlicht werden.

aa) Die polizeiliche Generalklausel als Handlungslegitimation

Nachdem das Preußische Oberverwaltungsgericht in seinem sogenannten „zweiten Kreuzberg-Urteil"[192] klargestellt hatte, dass „die Fürsorge für die öffentliche Wohlfahrt sowie die Förderung und Erhöhung des Gemeinwohls nicht Aufgabe der Polizei sei"[193], hat der auf Gefahrenabwehr beschränkte Polizeibegriff des liberalen Rechtsstaates seine bis heute nachdrückliche Anerkennung gefunden.[194] Das Polizeirecht in der Bundesrepublik Deutschland ist im Laufe der Zeit maßgebend dadurch geprägt worden, dass den Polizeibehörden im Kern die Aufgabe der Gefahrenabwehr gesetzlich zugewiesen worden ist. Bereits das Preußische Polizeiverwaltungsgesetz vom 1. Juni 1931 beinhaltet die uns heute noch gegenwärtige polizeiliche Generalklausel, und auch nach dem Zweiten Weltkrieg hat diese Formulierung des § 14 PrPVG fast wörtlich Eingang in das Polizeirecht der Länder gefunden.[195] In der Regel beinhaltet die polizeiliche Generalklausel als Handlungslegitimation das Vorliegen einer „konkreten" Gefahrenlage".[196] Gefahr ist das (bei ungehindertem Geschehensablauf) Be-

189 Götz, HBStR Bd. IV, § 85 Rdn. 14.
190 Isensee, Das Grundrecht auf Sicherheit, S. 37.
191 Isensee, Das Grundrecht auf Sicherheit, S. 37.
192 PrOVGE 9, 353, Neuabdruck: DVBl. 1985, 219, Neuabdruck: VBlBW 1993, 27.
193 PrOVGE 9, 353, Neuabdruck: DVBl. 1985, 219, Neuabdruck: VBlBW 1993, 27.
194 Schoch, VVDStRL 2004, 347.
195 Schoch, VVDStRL 2004, 347, 349.
196 Schoch, Polizei- und Ordnungsrecht, in: Schmidt-Aßmann/Schoch (Hrsg.), Besonderes Verwaltungsrecht, 2. Kap. Rdn. 84; Thiel, Die „Entgrenzung" der Gefahrenabwehr, S. 51.

vorstehen eines schädigenden Ereignisses für ein Rechtsgut.[197] Eine polizeiliche Maßnahme zum Zweck der Gefahrenabwehr hat sich bei Annahme oder tatsächlichem Vorliegen einer solchen konkreten Gefahr gegen bestimmte Personen zu richten, nämlich die Verursacher der Gefahr, die potenziellen Störer.[198]

Im Kern wird dadurch ein für den Rechtsstaat fundamentales staatstheoretisches und verfassungsrechtliches Konzept verwirklicht, das einerseits auf die klassischen Staatszwecke von Freiheit und Sicherheit zurückverweist[199] und andererseits die rechtsstaatliche Begrenzung staatlicher Macht im Verfassungsstaat verwirklicht, und es insoweit um den Schutz „vor" dem Staat geht.[200] Das Polizeirecht ist also auf den Schutz klar bestimmbarer Rechtsgüter fixiert, auf die Wahrung der öffentlichen Sicherheit und Ordnung und trägt damit immer mit Blick auf den jeweiligen Einzelfall zur rechtsstaatlichen Bestimmtheit und Begrenzung der polizeilichen Befugnisse bei.[201] Die maßgebliche Idee des Rechtsstaates - Bestimmtheit und Vorhersehbarkeit sowie gesetzliche Begrenzung staatlicher Eingriffe - ist verwaltungsrechtlich gesichert, im Konfliktfall schützen letztendlich die Grundrechte.[202]

bb) Von der Gefahrenabwehr zur Gefahrenvorsorge?

Wenn bisweilen davon auszugehen war, dass Vorhersehbarkeit und Bestimmtheit das Polizeirecht in seinen jeweiligen landesrechtlichen Ausformungen geprägt haben und dem Ausgleich zwischen Freiheit und Sicherheit Rechnung trugen, so geht es doch aktuell in der Frage nach Aufgaben und Befugnissen der Polizei auf dem Gebiet der „inneren Sicherheit" mehr um die Rechtfertigung der Konstruktion und Legitimation eines „Präventionsstaates".[203] Fokus im Recht der inneren Sicherheit ist nunmehr auch der „vorausschauende" Schutz „durch" den Staat, was insbesondere die Entwicklung im Polizeirecht von der Gefahrenabwehr zur Gefahrenvorsorge zumindest im Ansatz erkennen lässt.

Schon vor dem Auftreten konkreter Gefahren soll die Polizei aktiv tätig werden.[204] Diese Tendenz wird durch einige wesentliche Änderungen im Gefahrenabwehrrecht vor allem seit den letzten zwei Jahrzehnten deutlich.[205] Nach den Anschlägen vom 11. September 2001 wurden zum Zweck der Enttarnung potenzieller Attentäter im Schwerpunkt zunächst also Maßnahmen im Rahmen der Gefahrenabwehr

197 Schoch, Polizei- und Ordnungsrecht, in: Schmidt-Aßmann/Schoch (Hrsg.), Besonderes Verwaltungsrecht, 2. Kap. Rdn. 84.

198 Hoffmann-Riem, ZRP 2002, 497, 499; dazu ausführlich: Schoch, Polizei- und Ordnungsrecht, in: Schmidt-Aßmann/Schoch (Hrsg.), Besonderes Verwaltungsrecht, 2. Kap. Rdn. 124 ff.

199 Schoch, VVDStRL 2004, 347, 349, mit Verweis auf Isensee, Das Grundrecht auf Sicherheit, S. 3 ff.; Robbers, Menschenrecht auf Sicherheit, S. 27 ff.

200 Schoch, VVDStRL 2004, 347, 349.

201 Trute, Die Verwaltung 2003, 501 f.

202 Zitiert nach Schoch, VVDStRL 2004, 347, 350, der in diesem Zusammenhang noch unterstreicht: „Die regulative Idee der Unterscheidung zwischen Staat und Gesellschaft findet im liberalen rechtsstaatlichen Denken des klassischen Polizeirechts seinen Ausdruck."

203 Schoch, VVDStRL 2004, 347, 349

204 Schoch, VVDStRL 2004, 347, 352.

205 Vgl. bereits Denninger, KJ 1988, 1 ff.

getroffen. Insbesondere muss hier das Stichwort „Schläfer"[206] fallen, denn um das Aufspüren genau dieser Personen ging es. Insbesondere deshalb, weil gerade nach der Identifizierung der Attentäter von New York und Washington klar wurde, dass diese sich unbehelligt, weil unauffällig, zuvor in Deutschland aufgehalten hatten. Einer nicht zu fassenden oder gar zu personalisierenden Bedrohung sollte fortan mit effizienten Mitteln im Vorfeld zu begegnen sein. Dementsprechend wird es als „Paradigmenwechsel" bezeichnet, dass im „Recht der inneren Sicherheit" der Schutz „durch" den Staat immer mehr in den Vordergrund rücke und damit auf praktischer Ebene, nämlich des Polizeirechts, eine Entwicklung von der „Gefahrenabwehr" zur „Gefahrenvorsorge" deutlich zu sehen sei.[207] Der Ausbau präventiver Rasterfahndung[208], Schleierfahndung[209] und umfassender Videoüberwachung wurden in das Polizeirecht der Länder mittlerweile eingeführt, um sich konkret auf Terroristen einzustellen, die die neuen Technologien für ihre Kommunikation und Organisation nutzen, aber auch, um den kriminellen Möglichkeiten entgegenzuwirken, die offene Grenzen in Europa mithin ebenfalls bieten.[210] Es wird konstatiert, dass das Leitbild des „Präventionsstaates" zunehmend Einzug in unser Polizeirecht halte.[211] Die modernen Polizeigesetze der Länder[212] sagen z. B. ausdrücklich, dass die Polizei neben ihrer klassischen Aufgabe der Abwehr konkreter Gefahren auch die Aufgabe hat, Straftaten zu verhüten sowie für die Verfolgung künftiger Straftaten vorzusorgen.[213] Nach ursprünglicher Gesetzeslage sollte die Polizei zur Gefahrenabwehr erst mit dem Vorliegen einer konkreten Gefahr und zur Strafverfolgung mit der Annahme eines konkretisierbaren Tatverdachts wegen einer „begangenen" Straftat tätig werden; das sogenannte Vorfeld, „der Handlungsraum vor konkreter Gefahr und konkretisierbarem Tatverdacht", war sowohl dem Verfassungsschutz, dem Amt für den Militärischen Abschirmdienst als auch dem Bundesnachrichtendienst vorbehalten.[214] Mittlerweile verlagert sich die Arbeit der Polizeibehörden auf die „Analyse und Bekämpfung ab-

206 „Der Ausdruck ‚Schläfer' stammt ursprünglich aus dem nachrichtendienstlichen Bereich und bezeichnet Personen, die sich über einen längeren Zeitraum legal und möglichst unauffällig in einem Land aufhalten, sich in ihrem Umfeld integrieren, um schließlich auftragsgemäß eine nachrichtendienstlich interessante Tätigkeit auszuüben." Zitiert nach Middel, Innere Sicherheit und präventive Terrorismusbekämpfung, S. 170, mit weiteren Ausführungen dazu.

207 Schoch, VVDStRL 2004, 347, 350.

208 BVerfGE 115, 320 ff.; Baden-Württemberg: § 40 PolG, Bayern: Art. 44 PAG, Berlin: § 47 ASOG, Brandenburg: § 46 PolG, Bremen: § 36i PolG, Hamburg: § 23 GesDatVPol, Hessen: § 26 HSOG, Mecklenburg-Vorpommern: § 44 SOG, Niedersachsen: § 45a Nds.SOG, Nordrhein-Westfalen: § 31 PolG, Rheinland-Pfalz: § 38 POG, Saarland: § 37 PolG, Sachsen: § 47 SächsPolG[3], Sachsen-Anhalt: § 31 SOG, Schleswig-Holstein: § 195a LVwG, Thüringen: § 44 PAG.

209 BVerfGE 120, 378 ff.

210 Stegner, Im Zweifel für die Freiheit, in: Huster/Rudolph (Hrsg.), Vom Rechtsstaat zum Präventionsstaat, S. 151, 159.

211 Horn, Sicherheit und Freiheit durch vorbeugende Verbrechensbekämpfung, in: Horn (Hrsg.), Recht im Pluralismus, Festschrift für Schmitt Glaeser, S. 435 ff.; Denninger, KJ 2002, 467, 471; Kniesel, ZRP 1996, 482 f.

212 So z. B.: § 1 Abs. 4 HSOG; § 1 Abs. 1 PolG NW; § 1 Abs. 1 S. 3 POG RP; weitere Nachweise in: Schoch, VVDStRL 2004, 347, 352 Fn. 35.

213 Zitiert nach Schoch, VVDStRL 2004, 347, 352

214 Kniesel, ZRP 1996, 482.

strakter Risiken", um bereits dem Gefahreneintritt zuvorzukommen.[215] Allerdings ist die Konstruktion der Gefahrenvorsorge nicht einer Entwicklung im Gefahrenabwehrrecht geschuldet, die erst mit einer globalen Terrorismusbedrohung in Erscheinung getreten wäre, sie ist vielmehr in einem ganz anderen Kontext zum Tragen gekommen. So entstammt der Gedanke der „Vorsorge" dem Umweltrecht, denn technisch-naturwissenschaftlicher Unsicherheit und ihrer rechtlichen Bewältigung musste mit neuen Mitteln entgegengetreten werden.[216] Daher wird in der Literatur auch davon gesprochen, dass das Polizeirecht in ein Risikodenken verfalle, wie es eigentlich nur dem Umweltrecht vorbehalten sei.[217]

b) Der Risikobegriff im Kommen?

Der Konflikt um eine, wie bereits erörterte, vermeintliche „Balance" zwischen Freiheit und Sicherheit im Kontext der Debatte um die Gewährleistung von mehr „innerer Sicherheit" verlangt an diesem Punkt eine „Präventionsorientierung", weil das Polizeirecht partiell die Form eines „Risikoverwaltungsrechts" annehmen würde und damit letztendlich auch „der Mensch als Risiko" im Fokus der Gefahrenabwehr stünde.[218] Nunmehr agiert die Polizei mittlerweile bereits weit im Vorfeld der Gefahrenvorsorge und könnte sich damit tatsächlich bereits vom „Reaktionsmuster des liberalen Verfassungsstaates" gelöst haben.[219] Risiko lässt sich als Sachlage definieren, in der bei ungehindertem Ablauf eines Geschehens ein Zustand oder ein Verhalten „möglicherweise" zu einer Beeinträchtigung von Rechtsgütern führt.[220] Damit unterscheidet sich der Risikobegriff vom Gefahrenbegriff insbesondere dadurch, dass bei der Annahme einer Gefahr die „hinreichende Wahrscheinlichkeit" eines Schadenseintritts vorausgesetzt wird.[221] Der Begriff des Risikos verfügt hingegen über keine weiteren Einschrän-

---

215 Middel, Innere Sicherheit und präventive Terrorismusbekämpfung, S. 330, mit Verweis auf Grimm, KritV 1986, 38, 39, 44.

216 Thiel, Die „Entgrenzung" der Gefahrenabwehr, S. 75 f.

217 Pitschas, DÖV 2002, 221, 224, 229 f.; Trute, Die Verwaltung 2003, 501, 502; Horn, Sicherheit und Freiheit durch vorbeugende Verbrechensbekämpfung, in: Horn (Hrsg.), Recht im Pluralismus, S. 407, 414.

218 Trute, Hans-Heinrich, Gefahr und Prävention in der Rspr. zum Polizei- und Ordnungsrecht, S. 503; Denninger, Polizeiaufgaben, in: Lisken/Denninger (Hrsg.), Handbuch des Polizeirechts, 3. Aufl. 2001, Kap. E Rdn. 29 ff.

219 So bereits: Kniesel, ZRP 1996, 482, Anhaltspunkte dafür sind: Anti-Terror-Paket 1: Abschaffung des Religionsprivilegs, Einführung strafrechtlicher Bestimmungen über die Bildung einer terroristischen Vereinigung im Ausland, § 129 b StGB; das Anti-Terror-Paket 2 wurde durch das am 1. Januar 2002 in Kraft getretene „Gesetz zur Bekämpfung des internationalen Terrorismus (Terrorismusbekämpfungsgesetz) umgesetzt (vgl. Gesetz vom 09.01.2002, BGBl. I, S. 361) und beinhaltet eine Kompetenzerweiterung für die Befugnisse des Bundesamts für Verfassungsschutz, des Militärischen Abschirmdienstes, des Bundesnachrichtendienstes, des Bundesgrenzschutzes und des Bundeskriminalamtes. Häufig wird das Terrorismusbekämpfungsgesetz auch als „Otto-Katalog" bezeichnet, vgl. Düx, ZRP 2003, 189 ff. Im Polizeirecht der Länder: Ausweitung polizeilicher Befugnisse bei der offenen und verdeckten Datenerhebung, die Erleichterung des Datenaustausches zwischen den Behörden und der Ausbau der Rasterfahndung.

220 Zitiert nach Calliess, DVBl 2003, 1098, 1099.

221 Gusy, Polizei- und Ordnungsrecht, § 3, Rdn. 111.

kungen. Es war bereits in den 1980er-Jahren eine „Risikowahrnehmung" zu verzeichnen, in der Szenarien technischer Bedrohung sowie Umweltzerstörung thematisiert und mit dem Begriff der „Risikogesellschaft" umschrieben wurden.[222] Der Anspruch an die Sicherheitsgewährleistung dehnt sich aus bzw. schreitet stetig voran. Im gleichen Zug können konkrete Gefahrenverursacher nicht mehr ausgemacht werden, sodass der Begriff des Störers, gegen den sich eine polizeiliche Maßnahme primär zu richten hat, teilweise obsolet wird. Die neueren Maßnahmen der Terrorismusbekämpfung zielen nicht mehr nur darauf ab, die Freiheitsrechte eines ausgemachten Störers oder eines Verursachers einer Gefahrenquelle, wie z. B. des Betreibers einer gefährlichen Anlage, zu begrenzen, um Gefahren zu vermeiden oder einzudämmen. Sie zielen nun vielmehr darauf ab, mögliche Gefährder bereits im Vorhinein zu finden, um dann beobachten zu können, ob sie in absehbarer Zukunft zu einer tatsächlichen Bedrohung werden.

Das freie Individuum, der einzelne Bürger, der nach der freiheitlichen Grundordnung lebt, wird letztendlich zum eigentlichen Risiko. Individuelle Freiheit birgt Risiken, die durch die aktuelle Terrorismusdebatte teilweise überzeichnet in das Bewusstsein des Bürgers projiziert wurden. Nach Ansicht von Thiel kommt es zu einem erstaunlichen Blickwinkelwechsel seitens des Bürgers, da er im Wege der Redlichkeitsbekundung den Staat bei der Erfüllung seiner Sicherheitspflicht unterstützt, ohne Adressat belastender Eingriffsmaßnahmen werden zu müssen.[223] Denn wer nichts zu verbergen habe, der lasse die Veröffentlichung seines privaten Rückzugsraumes freiwillig geschehen, während bei allen anderen die Privatheit als individueller Geheimbereich nicht schützenswert sei.[224]

In der Literatur gibt es Stimmen, die noch einen Schritt weiter gehen und mit einem „neuen" Verständnis zur Erfüllung der Aufgaben der Gefahrenabwehr zeigen, wohin dies letztendlich führen kann und nach ihrer Auffassung auch zwangsläufig muss; sie geben entsprechende praktische Anregungen zur Bekämpfung des Terrorismus.[225] Hier kommt nicht die Sorge auf, dass neue Präventionsmaßnahmen durchaus auch das Übermaßverbot verletzen könnten, sondern es wird die Ansicht vertreten, dass die „unilaterale" Einräumung von Rechtssubjektivität und „gut gemeinter Verhältnismäßigkeit letztendlich von „potenziellen terroristischen Feinden" als „dekadente Schwäche" interpretiert und entsprechend beantwortet werden könne.[226] *Depenheuer* steht in dieser Diskussion für eine Art „Feindgefahrenabwehrrecht" ein und fordert neben bereits bekannten Optionen, wie „Rasterfahndung", „Onlinedurchsuchung" oder „Videoüberwachung" auch „präventive Sicherungsverwahrung", „rechtsstaatlich domestizierte Folter" und „sonstige Maßnahmen der Internierung potenziell gefährlicher Personen".[227] Er stellt teilweise bereits zur Diskussion, ob der Rechtsstaat

222 Kötter, Pfade des Sicherheitsrechts, 174.
223 Thiel, Die „Entgrenzung" der Gefahrenabwehr, S. 202.
224 Thiel, Die „Entgrenzung" der Gefahrenabwehr, S. 202.
225 Depenheuer, Selbstbehauptung des Rechtsstaates, 2007.
226 Depenheuer, Selbstbehauptung des Rechtsstaates, 2007.
227 Depenheuer, Selbstbehauptung des Rechtsstaates, 2007; Denninger, Prävention und Freiheit, in: Huster/Rudolph (Hrsg.), Vom Rechtsstaat zum Präventionsstaat, S. 85, 95 f.

auch denjenigen Menschenwürde und rechtsstaatliche Garantien zuerkennen dürfe, die diese „mit Füßen treten und verachten" würden, da diese Verhaltensweise letztendlich ein erhebliches Sicherheitsrisiko darstelle, weshalb die verfassungsrechtliche Abwägung von Sicherheitsbedürfnissen und Freiheitsansprüchen auch anders ausfallen könne.[228]

Soweit sich die Polizeibehörde jedoch „in der Situation der Ungewissheit" hinsichtlich Sachverhalt und Kausalitätsverlauf befindet, geht es lediglich um die Bekämpfung von Risiken.[229] In diesem Falle kann die Polizeibehörde aber keine Handlungslegitimation herleiten, da die polizeiliche Generalklausel hierfür keinen Raum lässt.[230] Die Folge sind die vermehrte Arbeit an neuen Gesetzen, um dieser Handlungsunfähigkeit entgegentreten zu können; dies geschieht jedoch immer zulasten der Grundrechte.

aa) Gemeinsame Verbunddateien von Polizei und Nachrichtendienst und die Eröffnung des neuen Terror-Abwehrzentrums

Ein Instrument zur Bekämpfung des internationalen Terrorismus im präventiven Bereich ist die Schaffung gemeinsamer Verbunddateien von Polizei und Nachrichtendienst. Damit kommt es zum einen zu einer Ausweitung der informationellen Befugnisse von Polizei und Nachrichtendienst und zum anderen gleichzeitig zu einer intensiven Zusammenarbeit der Sicherheitsbehörden auf informationellem Gebiet.[231]

Noch Ende 2004 wurde gemeinsam von Bund und Ländern in Berlin ein gemeinsames „Terrorabwehrzentrum" (GTAZ) eingerichtet.[232] Damit sollte als Konsequenz aus den Anschlägen in New York und Washington dauerhaft sichergestellt werden, dass alle relevanten Informationen der „beteiligten Sicherheitsbehörden" und ihre professionelle Aus- und Bewertung gebündelt werden.[233] Beteiligte Sicherheitsbehörden sind das Bundesamt für Verfassungsschutz, das Bundeskriminalamt, der Bundesnachrichtendienst, der Generalbundesanwalt, die Bundespolizei, das Zollkriminalamt, das Bundesamt für Migration und Flüchtlinge, der Militärische Abschirmdienst, die Landesämter für Verfassungsschutz und die Landeskriminalämter.[234] Es handelt sich folglich um eine gemeinsame Kooperations- und Kommunikationsplattform von 40 nationalen Behörden aus dem Bereich der „inneren Sicherheit". Nach Angaben des Bundesamts für Verfassungsschutz erfolgte die Einrichtung des GTAZ vor dem Hin-

228 Depenheuer, Selbstbehauptung des Rechtsstaates, 2007; Denninger, Prävention und Freiheit, in: Huster/Rudolph (Hrsg.), Vom Rechtsstaat zum Präventionsstaat, S. 85, 95 f.

229 Trute, Die Verwaltung 2003, 501, 505.

230 Trute, Die Verwaltung 2003, 501, 505.

231 Vgl. dazu ausführlich Stubenrauch, Verbunddateien von Polizei und Nachrichtendienst, S. 18 ff.

232 Vgl. Informationen auf der Homepage des Bundesamts für Verfassungsschutz: http://www.verfassungsschutz.de/de/arbeitsfelder/af-islamismus-und-islamistischer-terrorismus/gemeinsames-terrorismusabwehrzentrum-gtaz (eingesehen am 22.11.2014).

233

234 Vgl. dazu Homepage des Bundesamts für Verfassungsschutz: http://www.verfassungsschutz.de/de/arbeitsfelder/af-islamismus-und-islamistischer-terrorismus/gemeinsames-terrorismusabwehrzentrum-gtaz (eingesehen am: 22.11.2014).

tergrund einer verstärkten Bedrohung durch den islamistischen Terrorismus, wobei die Terroranschläge in den USA am 11. September 2001 durch „al-Qaida“ eine Zäsur darstellten, die sich erheblich auf die Sicherheitsstruktur in Deutschland und der internationalen Staatengemeinschaft insgesamt auswirkt habe.[235]

Am 1. Dezember 2006 wurde vom Deutschen Bundestag, übrigens gegen das Votum der Oppositionsfraktionen, gemäß Art. 1 GDG (Gemeinsame-Dateien-Gesetz) das „Gesetz zur Errichtung gemeinsamer Dateien von Polizeibehörden und Nachrichtendiensten des Bundes und der Länder (Antiterror-Dateien-Gesetz)“ (ATDG) beschlossen und am 23. Dezember 2006[236] in Kraft gesetzt. Gemäß § 1 Abs. 1 ATDG führen das Bundeskriminalamt, die in der Rechtsverordnung nach § 58 Abs. 1 des Bundespolizeigesetzes bestimmte Bundespolizeibehörde, die Landeskriminalämter, die Verfassungsschutzbehörden des Bundes und der Länder, der Militärische Abschirmdienst, der Bundesnachrichtendienst und das Zollkriminalamt (beteiligte Behörden) beim Bundeskriminalamt zur Erfüllung ihrer jeweiligen gesetzlichen Aufgaben zur Aufklärung oder Bekämpfung des internationalen Terrorismus mit Bezug zur Bundesrepublik Deutschland eine gemeinsame, standardisierte, zentrale Antiterrordatei. Nach der amtlichen Begründung zum GDG[237] ist es Ziel, angesichts der Bedrohung durch den internationalen Terrorismus, den Informationsaustausch zwischen Polizei und Nachrichtendienst durch die Nutzung moderner Informationstechnologien zur Gewinnung und zum Austausch von Erkenntnissen zu verbessern. In diesen Maßnahmen, die durch das ATDG und das GTAZ legitimiert werden, kommt zum Ausdruck, dass sich eine Aufweichung des Trennungsgebotes abzeichnet. So ist aufseiten der Polizei mithilfe der letzten sicherheitspolitischen Neuerungen in Form der Terrorismusbekämpfungsgesetze, die die Aufgaben und Informationsbeschaffungsbefugnisse der Geheimdienste erweitert haben, und des Hinzutretens des GTAZ und der Antiterrordatei eine entsprechende Tendenz zu erkennen, denn nun gelangen die Polizeibehörden an geheimdienstlich erlangte Informationen, die sie im Rahmen ihrer begrenzten rechtsstaatlichen Kompetenzen so nicht bekommen hätten. Es ist damit zu einer Erweiterung der Ermittlungsbefugnisse der Polizei gekommen. Überspitzt könnte hier bereits unterstellt werden, dass sich daraus geheimpolizeiliche Züge entwickelt haben und gleichzeitig keine wirkungsvolle demokratische Rechenschaftspflicht gegenüber dem Bürger besteht.

bb) Präventive „Online-Durchsuchung“ und präventive Rasterfahndung auf der Ebene der Risikovermeidung?

Es wird befürchtet, dass das „ewige Thema“[238] der Zuordnung von Freiheit und Sicherheit bereits entschieden sei, wenn durch einen gesteigerten Ausbau der polizeili-

235 Vgl. dazu Homepage des Bundesamts für Verfassungsschutz: http://www.verfassungsschutz.de/de/arbeitsfelder/af-islamismus-und-islamistischer-terrorismus/gemeinsames-terrorismusabwehrzentrum-gtaz (eingesehen am: 22.11.2014).

236 BGBl 2006/I, S. 3409.

237 BT 16/2950, S. 12 ff.

238 Hetzer, StraFo 2005, 318.

chen Kompetenzen im Vorfeld des Anfangsverdachts eine „präventive Exekution“[239] des unbekannten potenziellen Attentäters angestrebt wird. Diese Befürchtung wird vor allem im Kontext des novellierten BKAG[240] geäußert, insbesondere die Zuständigkeit des Bundeskriminalamts sei hierfür ein Indiz. Aber auch die präventive Rasterfahndung stellt für diese Argumentation eine Angriffsfläche dar. Hierzu gehört die Diskussion um die sogenannten „Initiativermittlungen“, welche dann zum Tragen kommt, wenn es darum geht, Anhaltspunkte für eine Straftat, die noch nicht die Schwelle eines Anfangsverdachts erreicht, durch weitere Informationen zu verifizieren (Datenübermittlung).[241]

(1) Die Präventive „Online-Durchsuchung" im Sinne der §§ 20 k, 20 l Abs. 1 BKAG

Konkret anzusprechen ist in diesem Kontext die Ermächtigungsgrundlage für die sogenannte „Online-Durchsuchung“ gemäß § 20 k BKAG und die „Quellen-Telekommunikationsüberwachung“ gemäß § 20 l Abs. 2 BKAG. Dem Bundeskriminalamt wird demnach gestattet, unter bestimmten Voraussetzungen durch den Einsatz technischer Mittel, d. h. durch entsprechende Programme, Daten aus informationstechnischen Systemen zu erheben, um terroristische Gefahren abzuwehren und entsprechende Straftaten zu verhüten. Die Novelle erfuhr insgesamt viel Kritik, insbesondere wegen einer befürchteten Gefährdung der Kompetenzenverteilung zwischen Bund und Ländern,[242] aber auch, weil das Gesetz als Modell und Vorlage für die gesetzlichen Regelungen der Länder insbesondere über die Einführung der „Online-Durchsuchung“ und der „Quellen-Telekommunikationsüberwachung“ gesehen wurde.[243] Das BKA-Gesetz ist mit seinen Reformen am 1. Januar 2009 trotz vieler Gegenstimmen in Kraft getreten. Die „Online-Durchsuchung“ auf der Grundlage des BKA-Gesetzes soll Terrorismus bekämpfen, indem sie im Vorfeld bereits mögliche Anschlags-Pläne ausfindig macht. Es handelt sich damit um eine Maßnahme zur Abwehr schwerwiegender Gefahren und nicht zur Strafverfolgung. Sie soll nur dann eingesetzt werden, wenn andere Mittel und Ermittlungsmöglichkeiten des BKA nicht ausreichen, um Attentatspläne offenzulegen und die Hintermänner zu identifizieren.[244]

Das BVerfG hatte bereits in seiner Entscheidung vom 27. Februar 2008 die Vorschrift zur Online-Durchsuchung im Verfassungsschutzgesetz Nordrhein-Westfalen

239 Hetzer, StraFo 2005, 318, 319.

240 Gesetz über das Bundeskriminalamt und die Zusammenarbeit des Bundes und der Länder in kriminalpolizeilichen Angelegenheiten, eingef. m. W. v. 1. 1. 2009 durch G v. 25. 12. 2008 (BGBl. I, 2008, S. 3083). Vgl. BT Drs. 16/9588, S. 14.

241 Vgl. Stock, in: FS Hilger, S. 247 ff.; kritisch dazu: Stellungnahme des deutschen Anwaltsvereins zum Entwurf eines Gesetzes zur Abwehr von Gefahren des internationalen Terrorismus durch das BKA (BT Drucks. 16/10121) http://anwaltverein.de/downloads/Stellungnahmen08/SN49.pdf?PHPSESSID=a234812720b87493a1e3b291a4e80ab4 (abgerufen am 15.09.2008).

242 Thiel, Die „Entgrenzung“ der Gefahrenabwehr, S. 334.

243 Thiel, Die „Entgrenzung“ der Gefahrenabwehr, S. 334.

244 Vgl. dazu Informationen des BMI: http://www.bmi.bund.de/SharedDocs/FAQs/DE/Themen/Sicherheit/Datenschutz/Online_Durchsuchungen.html (abgerufen am 18.08.2012)

zu bewerten.[245] Das Gericht hat hohe Hürden für den staatlichen Zugriff errichtet und dabei im Ergebnis vor allem die Linie der Erwägungen zum Bestimmtheitsgebot und zur Verhältnismäßigkeit solcher Maßnahmen verlängert.[246].

Bereits 1983 hatte das Bundesverfassungsgericht im sogenannten „Volkszählungsurteil" festgestellt, dass das Recht auf freie Entfaltung der Persönlichkeit gemäß Art. 2 Abs. 1 i. V. m. Art. 1 Abs. 1 GG unter den modernen Bedingungen der Datenverarbeitung den Schutz des Einzelnen gegen unbegrenzte Erhebung, Speicherung, Verwendung und Weitergabe seiner persönlichen Daten voraussetzt.[247] Folglich ergibt sich aus dem „Grundrecht auf freie Entfaltung der Persönlichkeit" gleichzeitig auch ein Recht auf „informationelle Selbstbestimmung", sodass jeder Mensch frei über die Preisgabe und Verwendung seiner Daten entscheiden kann.[248]

Wenn die Gesetzgeber im Bund und in den Ländern den Sicherheitsbehörden den verdeckten „Online-Zugriff" auf private Rechner ermöglichen, sind sie seit der Entscheidung des Bundesverfassungsgerichts angehalten, nicht nur das Grundrecht auf informationelle Selbstbestimmung zu berücksichtigen, sondern auch das Grundrecht auf Unverletzlichkeit der Wohnung, und zwar unabhängig davon, ob es für die Installation der Überwachungssoftware erforderlich ist, in die Wohnung der Zielperson einzudringen oder nicht.[249]

(2) Die präventive Rasterfahndung

Auch die präventive Rasterfahndung[250], normiert in den Polizeigesetzen der Länder, hat sich auf eine Ebene begeben, auf der die Schwelle eines Anfangsverdachts noch nicht erreicht ist und durch weitere Informationen quasi erst gefunden werden muss. Unmittelbar nach den Anschlägen vom 11. September 2001 wurden aufgrund eines eigens dafür erstellten Rasters junge männliche Studenten mit muslimischem Glauben, einem technischen Studiengang und regen Reiseaktivitäten zunächst in das Visier der Strafverfolgungsbehörden genommen, obwohl sie ansonsten völlig unauffällig waren und nicht im Verdacht standen, eine Straftat begangen zu haben.[251]

Das Instrument der präventiven Rasterfahndung ist damit weitestgehend ein Ermittlungsinstrument geworden, das sich erheblich auf unbeteiligte Dritte ausdehnt.

---

245 BVerfGE 120, 247 ff.BVerfG NJW 2008, 822 ff.

246 Vgl. ausführlich dazu Eifert, NVwZ 2008, 521ff.

247 BVerfGE 65, 1.

248 Vgl. Rux, Wie viel muss der Rechtsstaat wissen?, in: Huster/Rudolph (Hrsg), Vom Rechtsstaat zum Präventionsstaat, S. 208, 213 f.

249 Vgl. BVerfGE 120, Rux, Wie viel muss der Rechtsstaat wissen?, in: Huster/Rudolph (Hrsg), Vom Rechtsstaat zum Präventionsstaat, S. 208, 220.

250 Baden-Württemberg: § 40 PolG, Bayern: Art. 44 PAG, Berlin: § 47 ASOG, Brandenburg: § 46 PolG, Bremen: § 36i PolG, Hamburg: § 23 GesDatVPol, Hessen: § 26 HSOG, Mecklenburg-Vorpommern: § 44 SOG, Niedersachsen: § 45a Nds.SOG, Nordrhein-Westfalen: § 31 PolG (Gegenstand der zitierten Entscheidung des Bundesverfassungsgerichts), Rheinland-Pfalz: § 38 POG, Saarland: § 37 PolG, Sachsen: § 47 SächsPolG, Sachsen-Anhalt: § 31 SOG, Schleswig-Holstein: § 195a LVwG, Thüringen: § 44 PAG.

251 Thiel, Die „Entgrenzung" der Gefahrenabwehr, S. 242.

Dies widerspricht den Grundsätzen der herkömmlichen Arbeit der Gefahrenabwehr, da nicht nur ein erheblicher Eingriff in das Datenschutzrecht der unwissentlich „gerasterten" Person stattfindet, sondern sie gleichzeitig zumindest für eine gewisse Zeit zum potentiellen „Störer" deklariert wird.

Die präventive polizeiliche Rasterfahndung der beispielhaft in § 31 PolG NW geregelten Art ist mit dem durch Beschluss vom 4. April 2009[252] vom Bundesverfassungsgericht benannten „Grundrecht auf informationelle Selbstbestimmung", welches sich aus Art. 2 Abs. 1 in Verbindung mit Art. 1 Abs. 1 GG ableitet, nur vereinbar, wenn eine konkrete Gefahr für hochrangige Rechtsgüter wie den Bestand oder die Sicherheit des Bundes oder eines Landes oder für Leib, Leben oder Freiheit einer Person gegeben ist.[253] Das Gericht hat damit entschieden, dass im Vorfeld der Gefahrenabwehr eine solche Rasterfahndung dementsprechend ausscheidet. „Denn ohne die Begrenzung auf das Vorliegen einer konkreten Gefahr ist nicht mit verfassungsrechtlich hinreichender Bestimmtheit ermittelbar, unter welchen Bedingungen Daten für den Einzelfall benötigt werden. Wäre Bezugspunkt der Rasterfahndung etwa eine allgemeine Terrorismusgefahr und würde diese somit zum Bezugspunkt der Konkretisierung der Art der Daten, die von der Polizei benötigt werden, wäre eine nahezu grenzenlose Ermächtigung geschaffen. Es fehlten jegliche Anhaltspunkte für die Prüfung, ob die zu erhebenden Daten, für den Einzelfall benötigt werden. Dies würde verfassungsrechtliche Bestimmtheitsanforderungen verletzen."[254] Das Gericht verdeutlicht, dass es sich um einen erheblichen Eingriff in das Grundrecht auf informationelle Selbstbestimmung handle, weil eine Vielzahl privater und vertraulicher Informationen der betroffenen Person erfasst würden und zu einem Persönlichkeitsbild von der zuständigen Behörde zusammengefügt werden könnten.[255] Der betroffenen Person könne es dadurch passieren, häufiger Objekt polizeilicher Ermittlungen und in der Folge in der Öffentlichkeit „stigmatisiert" zu werden.[256]

III. Ein Fazit

Das Bundesverfassungsgericht hat das Ausmaß der präventiven Telekommunikationsüberwachung ebenso begrenzt wie auch die Voraussetzungen der Rasterfahndung enger gesteckt. Diese Entscheidungen zeigen an, dass die Polizeibehörden in Zukunft die Bedrohungslage erheblich konkretisieren müssen, um den Einsatz der entsprechenden Methoden zu rechtfertigen.

Im Gefahrenabwehrrecht steht „das finale Ziel der Herstellung eines gefahrenfreien Status quo" im Vordergrund und gerade nicht „das Ziel der Herstellung eines risikofreien Status quo".[257]

252 BVerfGE 115, 320 ff.
253 BVerfGE 115, 320 ff.
254 BVerfGE 115, 320, 366.
255 BVerfGE 115, 320, 351.
256 BVerfGE 115, 320, 351.
257 Thiel, Die „Entgrenzung" der Gefahrenabwehr, S. 74.

Sicherlich erfordern komplexe Bedrohungslagen auch entsprechende Erforschungsmaßnahmen. Für die neue terroristische Bedrohungslage gibt es aber keine entsprechende „Wissensbasis", die geeignet wäre, die Bedrohung auch einzuordnen.[258] Auch die Suche nach Parallelen zwischen der Risikodiskussion im Gefahrenabwehrrecht und der rechtlich geregelten Situation im Umweltrecht ist zum Scheitern verurteilt. Wie bereits angesprochen, entstammt der Vorsorgegedanke dem Umweltrecht und dient der Bewältigung technisch-naturwissenschaftlichen Unsicherheiten, insbesondere, wie diesen zu begegnen ist.[259] Der Vorsorgegrundsatz ist eine in Art. 20 a GG[260] normierte Staatszielbestimmung. Ein Vergleich vermag deshalb nicht zu überzeugen, weil „vorsorgende" Betätigungen nicht der Gefahrenabwehr zugeordnet werden können.[261] Im Bereich der präventiven Terrorismusbekämpfung sind sowohl die Beteiligten, also insbesondere Täter und Opfer, als auch Ort und Tatzeit sowie die Frage, ob z. B. überhaupt ein Anschlag geplant ist, völlig unklar. Im Umweltrecht hingegen gibt es eine „strukturelle" Ungewissheit bei der Erstellung einer Prognose über die „Schadenswahrscheinlichkeit und „Schadensnähe" bestehender Risiken.[262] Auch die potenziellen Gefahrenverursacher, z. B. in Form von Anlagenbetreibern, sind konkret bestimmbar und auf einen kleinen Kreis in der Ermittlung potenzieller Gefahren reduzierbar. Dennoch sind die Bestrebungen, durch neue Gesetze dem herkömmlichen Gefahrenbegriff eine Erweiterung zukommen zu lassen oder entsprechende Handlungsmöglichkeiten auszudehnen, aktuell stark präsent.

Mit der Frage nach mehr Sicherheitsgewährleistung im Kontext der Bedrohung durch internationale terroristische Zellen wird dem Polizeirecht aktuell ein „mehrdimensionaler Anpassungsbedarf" unterstellt und dabei der Fokus auf den Aufgabenbereich der präventiven Verbrechensvorbeugung gerichtet.[263]

Das klassische Polizeirecht arbeitet mit Gefahrenprognosen, die auf Alltagswissen oder fachwissenschaftlichen Erkenntnissen und auf den entsprechenden Kausalverläufen basieren.[264] Im Gegensatz zum klassischen Begriff der Gefahrenabwehr konnte für den Begriff der Prävention noch kein konkreter rechtlicher Rahmen geschaffen werden.[265] Andererseits wird auch die Auffassung vertreten, dass sich „präventionsorientierte Vorfeldtätigkeit" der Polizei dogmatisch ganz oder in Teilen der Gefahrenabwehr zuordnen lasse.[266]

258 Thiel, Die „Entgrenzung" der Gefahrenabwehr, S. 66.

259 Thiel, Die „Entgrenzung" der Gefahrenabwehr, S. 75.

260 Art. 20 a GG wurde durch das Gesetz zur Änderung des Grundgesetzes vom 27. Oktober 1994 in die Verfassung aufgenommen, BGBl. I, S. 3146.

261 Vgl. zu dieser Auseinandersetzung ausführlich Thiel, Die „Entgrenzung" der Gefahrenabwehr, S. 75 ff.

262 Middel, Innere Sicherheit und präventive Gefahrenabwehr, S. 331 f.; vgl. ausführlich dazu Thiel, Die „Entgrenzung" der Gefahrenabwehr, S. 75 ff.

263 Pitschas, Innere Sicherheit zwischen Gefahrenabwehr und kriminalpräventiver Risikovorsorge, DöV; vgl. Trute, Gefahr und Prävention in der Rspr. zum Polizei- und Ordnungsrecht, S. 501.

264 Trute, Gefahr und Prävention in der Rspr. zum Polizei- und Ordnungsrecht, S. 501.

265 Trute, Gefahr und Prävention in der Rspr. zum Polizei- und Ordnungsrecht, S. 501.

266 Götz, Allg. Polizei- und Ordnungsrecht, 13. Aufl. 2001, Rdn. 86, 88, 504, m. w. Nachw.; Württemberger/Heckmann/Riggert, Polizeirecht in Baden-Württemberg, Rdn. 122 a.

Es ist also fraglich, ob „polizeiliche Kriminalprävention“ oder auch „präventionsorientierte Vorfeldtätigkeit“ der Polizei dogmatisch ganz oder in Teilen tatsächlich der Gefahrenabwehr zugeordnet werden kann bzw. sich noch im rechtlichen Rahmen des Polizeirechts bewegt und damit von der Intention des Polizeirechts gedeckt ist. Klar ist zunächst nur, dass das klassische Polizeirecht sich an der Abwehr von konkreten und abstrakten Gefahren für bestimmte Rechtsgüter orientiert, sich aber nunmehr von den herkömmlichen Aufgaben und Befugnissen entfernt, um sich kontinuierlich in der Bewältigung diffuser Gefahrenlagen und Risiken zu versuchen, die mit den herkömmlichen „klassischen polizeirechtlichen Denkfiguren“, wie der konkreten und abstrakten Gefahr, der Zurechnung zu einem Störer und dem Grundsatz der Verhältnismäßigkeit hinsichtlich des Eingriffs, nicht zu fassen sind.[267] Der Gefahrenbegriff ist ein „zentrales rechtsstaatliches Element des klassischen Polizeirechts“ und dient nicht nur zur Einordnung einer Gefahrenlage, sondern auch der Eingrenzung polizeilichen Handelns.[268] So trägt der Gefahrenbegriff letztendlich zur rechtsstaatlichen Bestimmtheit und Begrenzung polizeilicher Befugnisse bei. Dahingegen sind Risiken und vage prognostizierte Gefahrenlagen nicht unter dem klassischen Gefahrenbegriff zu subsumieren. Dies führt lediglich zu einer Entgrenzung bzw. Überdehnung des klassischen Gefahrenbegriffs und damit im gleichen Zuge zu einer Erosion der rechtsstaatlichen Prinzipien polizeilichen Handelns.

Das neue, vermeintlich gesteigerte Sicherheitsbedürfnis führt zu einem wiederum neuen Verständnis der Sicherheitsgewährleistung bzw. einem „Wandel der Sicherheitsaufgabe“[269], wobei diese Situation nicht von der Verpflichtung entbindet, eine verfassungsrechtliche „Einhegung“ der neuen Aufgaben und Befugnisse vorzunehmen.[270] Ohne diese „Einhegung“ der neuen Aufgaben und Befugnisse[271] wird das Polizeirecht in Teilen immer mehr die Struktur eines „Risikoverwaltungsrechts“[272] annehmen, in dem der Mensch als der entscheidende Risikofaktor im Fokus steht.[273]

267 Schulze-Fielitz, Nach dem 11. September, in: FS Schmitt Glaeser 2003, 407 ff.; Horn, Sicherheit und Freiheit durch vorbeugende Verbrechensbekämpfung – der Rechtsstaat auf der Suche nach dem rechten Maß, in: Hans-Detlef Horn (Hrsg.), Recht im Pluralismus. Festschrift für Walter Schmitt Glaeser zum 70. Geburtstag, Berlin 2003, S. 435 ff.; Wächter, Die aktuelle Situation des Polizeirechts, JZ 2002, S. 854, 855 f.; Denninger, Freiheit durch Sicherheit?, StV 2002, 96 ff.; vgl. weitere Nachweise dazu bei Trute, Gefahr und Prävention in der Rspr. zum Polizei- und Ordnungsrecht, S. 501, Fn. 5.

268 Trute, Gefahr und Prävention in der Rspr. zum Polizei- und Ordnungsrecht, S. 503.

269 Trute, Gefahr und Prävention in der Rspr. zum Polizei- und Ordnungsrecht, S. 503; Denninger, Polizeiaufgaben, in: Lisken/Denninger (Hrsg.), Handbuch des Polizeirechts, 3. Aufl. 2001, Kap. E Rdn. 29 ff.

270 Denninger, Polizeiaufgaben, in: Lisken/Denninger (Hrsg.), Handbuch des Polizeirechts, 3. Aufl. 2001, Kap. E Rdn. 29 ff.

271 Denninger, Polizeiaufgaben, in: Lisken/Denninger (Hrsg.), Handbuch des Polizeirechts, 3. Aufl. 2001, Kap. E Rdn. 29 ff.

272 Trute, Gefahr und Prävention in der Rspr. zum Polizei- und Ordnungsrecht, S. 503.

273 Trute, Gefahr und Prävention in der Rspr. zum Polizei- und Ordnungsrecht, S. 503.

D. Sicherheitsbedürfnisse und Sicherheitserwartungen im Wandel als Folge neuer terroristischer Bedrohungslagen? Ein Überblick mit politischen und philosophischen Ansätzen

Das Phänomen des Terrorismus im Allgemeinen nach juristischen Maßstäben zu definieren und zu analysieren, erhebt einen Anspruch, der so nicht gestellt werden kann. Eine allgemeingültige, weltweit anerkannte Definition von Terrorismus gibt es nicht, obwohl Terrorismus ein Problem darstellt, welches den ganzen Erdball überzieht. Dennoch muss hier ein Ansatz gefunden werden, da sich die neuerlichen Maßnahmen im vergangenen Jahrzehnt vor allem aus dem nach den Anschlägen vom 11. September 2001 erlassenen Gesetz zur Bekämpfung des internationalen Terrorismus (Terrorismusbekämpfungsgesetz vom 09.01.2002[274]) legitimieren.

I. Vorüberlegungen: Terrorismus als Ausdruck gesellschaftlicher und politischer Konfliktsituationen

Terrorismus ist neben seinen grundsätzlichen Ausformungen ein Stoff, der sich durch Auswirkung und Einwirkung der jeweiligen Parteien aufeinander formt und individualisiert. Dadurch erhält er eine ganz eigene Dynamik. Terrorismus ist maßgeblich bestimmt von politischen und geschichtlichen Hintergründen und angetrieben von vermeintlichen Idealen, Vorstellungen und Negativerfahrungen der Protagonisten. Das Gesicht des Terrors kann sich gegenüber einem Staat oder einer Werteordnung in Form von Minderheitenrevolte, Widerstandskampf, Guerillakrieg[275] oder in einem die Staatsführung bekämpfenden Terrorismus offenbaren - bis hin zu bürgerkriegsähnlichen Zuständen.

274 BGBl. 2002 I, S. 361.

275 Whitaker, David J., zitiert nach Elter, Die RAF und die Medien, in: Kraushaar (Hrsg.), Die RAF und der linke Terrorismus: „Terrorismus wird oftmals mit Guerillakampf verglichen, vermischt oder sogar gleichgesetzt. Das ist nicht sonderlich verwunderlich, weil sich Guerillas häufig derselben Taktiken (Mordanschläge, Geiselnahmen, Bombenattentate [...] etc.) zu denselben Zwecken bedienen. [...] Jedoch [...] gibt es fundamentale Unterschiede zwischen den beiden. ‚Guerilla' z. B. bedeutet in einem weithin akzeptierten Sprachgebrauch eine zahlenmäßig größere Gruppe bewaffneter Individuen, die als militärische Einheit operiert, feindliche militärische Kräfte angreift und die Gebiete erobern und halten will [...], während sie gleichzeitig eine gewisse Form der Souveränität oder Kontrolle über ein definiertes geografisches Areal und seine Bevölkerung ausübt. Terroristen hingegen fungieren nicht offen als bewaffnete Kampfeinheiten, versuchen nicht Gebiete zu erobern oder zu halten, achten sorgsam darauf, sich nicht mit feindlichen militärischen Truppen in eine offene Feldschlacht zu verstricken und üben auch nur selten direkte Kontrolle oder Souveränität über ein Territorium oder seine Bevölkerung aus" http://www.bpb.de/geschichte/deutsche-geschichte/geschichte-der-raf/49218/definition-von-terrorismus (eingesehen am 02.01.2013).

Es ist dem zuzustimmen, wenn Terrorismus, ob nun „alter“ oder „neuer“ Prägung, als grundsätzlicher Ausdruck gesellschaftlicher und internationaler Konflikt- und Problemlagen verstanden wird.[276] Die Philosophie hinter dem Terror, soweit man sie als solche überhaupt bezeichnen kann, ist damit vielschichtig und der Antrieb, zu terroristischen Handlungen zu greifen, um ein Weiteres facettenreich. Auch ist nicht jegliche Form des Terrorismus in der Vergangenheit letztendlich auch Terrorismus geblieben. Hauptgrund für das Fehlen einer allgemeingültigen Definition ist, dass nicht alle Gruppierungen, die terroristisch gehandelt haben, letztendlich auch terroristische Vereinigungen geblieben sind. In der Vergangenheit stellten sich nämlich als Haupthindernis für die Beantwortung der Frage, was eigentlich Terrorismus ist, folgende Problemstellungen: Sind Befreiungsbewegungen von einer Terrorismusdefinition ausgenommen? Ist eine Beschränkung auf terroristische Kerndelikte notwendig oder hinderlich? Sind der Staatsterrorismus und der die Staatsführung bekämpfende Terrorismus gleich zu behandeln? Und bedarf es einer Abgrenzung des Terrorismus vom „bewaffneten Konflikt“?[277] Die Hauptprobleme dieser Abgrenzungsfragen liegen nicht im juristischen, sondern eigentlich im politischen Bereich.[278]

II. Das Phänomen des Terrorismus im neuen Jahrtausend

Richtig ist sicherlich, dass die Formen des Terrorismus des 21. Jahrhunderts andere sind als die bereits da gewesenen. Dies bezieht sich jedoch im Kern nur auf den Anlass, die Ausgestaltung und insbesondere die Tatausführung. Die Intention, Motivation und Ideologie des Terrorismus sind in ihrem Ursprung jedoch vergleichbar. Immer wieder wird in Diskussionen zur neuen Terrorbedrohung eingeworfen, dass der aktuelle Terrorismus z. B. nicht mit dem der RAF, der ETA oder der IRA zu vergleichen sei. Dies mag hinsichtlich der lokalen Orientierung der Terroristen richtig sein. Die wesentlichen Unterschiede zum Terrorismus in der Bundesrepublik, insbesondere dem der 1970er-Jahre durch die Rote Armee Fraktion (RAF) u. a., werden in diesem Kapitel noch herausgestellt werden, wobei auch hier der Vollständigkeit halber noch anzumerken sei, dass sich bereits die Strukturen des Terrorismus der RAF und der „Bewegung 2. Juni“ von denen der baskischen Euskadi ta Askatasuna (ETA) und der nordirischen Irish Republican Army (IRA) ebenfalls unterscheiden. Sowohl bei den Aktivitäten der ETA als auch der IRA handelte es sich um Gewalttaten ethnischer Minderheiten, die autonomistische und separatistische Ziele verfolgten, wohingegen insbesondere die RAF in dem hoch industrialisierten Staat Bundesrepublik Deutschland im Wege eines sozialrevolutionären Wandels eine radikale Änderung des Gesellschaftssystems anstrebte[279].

276 Schneckener, Warum lässt sich Terrorismus nicht besiegen?, in: Huster/Rudolph (Hrsg.), Vom Rechtsstaat zum Präventionsstaat, S. 25.
277 Netz, Die Strafbarkeit ausländischer terroristischer Vereinigungen, S. 15, m. w. Nachw.
278 Netz, Die Strafbarkeit ausländischer terroristischer Vereinigungen, S. 47, m. w. Nachw.
279 Middel, Innere Sicherheit und präventive Terrorismusbekämpfung, S. 45.

Auch hinsichtlich des Rekrutierungspotenzials sowie der Bereitschaft des Einzelnen, den vermeintlichen Märtyrertod zu sterben, mag es sich aktuell um neue Dimensionen handeln. Vorauszuschicken ist zumindest jetzt schon, dass Terrorismus grundsätzlich ein Ausdruck gesellschaftlicher und internationaler Konflikt- und Problemlagen ist.[280] Er ist insofern „kein Fremdkörper in einer Gesellschaft", sondern die Antwort auf und die Folge von politischen und sozialen Entwicklungen.[281]

In welcher Art und Weise das Phänomen des Terrorismus seit Beginn des neuen Jahrtausends seine Ausgestaltung gefunden hat und welche Parallelen zu bereits bekannten terroristischen Organisationen gezogen werden, wird in diesem Kapitel thematisiert werden.

1. Begriff des Terrorismus

In der Literatur findet man eine Vielzahl von Ansätzen, um Terrorismus in einer Allgemeindefinition zu bestimmen Dies ist sicherlich auch den verschiedenen Ausformungen von Terrorismus im Laufe der Zeit geschuldet. Es gab in der Geschichte des Terrorismus nicht nur Varianten in der Intention, Gruppierung und Herkunft der Täter, sondern es waren auch die unterschiedlichsten geschichtlichen, politischen und religiösen Aspekte für die jeweilige Form des Terrorismus auslösende Grundideologie zur Bekämpfung eines Staates oder einer global orientierten Grundordnung, die sich die Täter zu eigen machten, maßgebend. Eine Eingrenzung auf eine absolute Definition wird also folglich insbesondere durch die verschiedensten Formen der Mittel und Ziele sowohl in religiöser als auch politischer Hinsicht (wobei diese häufig ineinander verschwimmen) erheblich erschwert.[282]

Dennoch bedarf es einer konkreten Definition dessen, was unter Terrorismus zu verstehen ist. Dies ergibt sich bereits mit Blick auf das Gesetz zur Bekämpfung des internationalen Terrorismus vom 9. Januar 2002 (Terrorismusbekämpfungsgesetz) sowie teilweise auf die zahlreichen auch darauf zurückzuführenden Gesetzesänderungen, insbesondere neuester Zeit.

Als exponiertes Beispiel sei hier § 4 a Abs. 1 BKAG zu nennen, wonach ausweislich des Satzes 1 das Bundeskriminalamt die Aufgabe der Abwehr von Gefahren des internationalen Terrorismus in konkreten Fällen wahrnehmen kann. Der Versuch einer erfolgreichen Bekämpfung des terroristischen Bedrohungspotenzials in seiner neuen Dimension setzt aber auch auf internationaler Ebene eine möglichst präzise definitorische Eingrenzung des Terrorismusbereichs als Vorbedingung zur Schaffung grenzübergreifend wirksamer Rechts- und Eingriffsgrundlagen voraus.[283]

---

280 Zitiert nach Schneckener, Warum lässt sich Terrorismus nicht „besiegen"?, in: Huster (Hrsg.), Vom Rechtsstaat zum Präventionsstaat, S. 25.

281 Zitiert nach Schneckener, Warum lässt sich Terrorismus nicht „besiegen"?, in: Huster (Hrsg.), Vom Rechtsstaat zum Präventionsstaat, S. 25.

282 Vgl. ausführlich Storck, Terrorismus: Erscheinungsformen, Entstehungsbedingungen und Verläufe, S. 8, zitiert nach Laqueur, Postmodern Terrorism, in: Foreign Affairs, September/Oktober 1996, S. 24

283 Zitiert nach v. Bubnoff, NJW 2002, 2672.

a) Ein historischer Ansatz

Der sprachliche Ursprung wird auf die Französische Revolution zurückgeführt, auf das *régime de la terreur*, welches die Gewaltherrschaft *Robespierres* und des Direktoriums *(Le Directoire)* bezeichnete.[284] Das Bild des „Terrors“ war von der Zielrichtung noch ein anderes als das uns bekannte. Der Terror dieser Zeit war ein „planmäßiges“ und „zielorientiertes“ Mittel zur Durchsetzung und Erhaltung des neu errichteten revolutionären Staates,[285] wohingegen sich heute die Bedrohung durch den Terrorismus durchgängig in Handlungen manifestiert, die durch Privatpersonen gegen den Staat ausgeführt werden. Im Wandel der Zeit wechselte der Begriff des Terrors also sein Gesicht. Hatte er seit der Französischen Revolution, bis hin zum „Nazi-Terror“ und dem Terror *Stalins*, noch die „staatliche Schreckensherrschaft“ verkörpert, so wandelte sich sein Abbild in den 1960er- und 1970er-Jahren zu einem Instrument vielfältiger Gruppierungen, die gewaltbereit gegen den Staat agierten, um ihre Ziele durchzusetzen und in der Öffentlichkeit Aufmerksamkeit für ihre Beweggründe zu erlangen.[286]

b) Definitionsansätze

Basis einer jeden Definition von Terrorismus, dies wird sich im Folgenden zeigen, ist es, dass Terrorismus immer ein Prinzip verfolgt, nämlich Angst zu verursachen, zu schüren oder aufrechtzuerhalten.[287]

Terrorismus ist die Anwendung von Gewalt oder die Androhung von Gewalt, beabsichtigt, um Panik in einer Gesellschaft zu säen, die Regierung zu schwächen oder zu stürzen oder einen politischen Wechsel herbeizuführen.[288] Terrorismus kann zudem in einem sogenannten „Dreierschema“[289] erfasst werden. Maßgeblich ist diese Konstruktion einer Terrorismusdefinition im Rahmen der Analyse der sozialrevolutionären Form des Terrorismus des 20. Jahrhunderts entstanden.[290] Der Terrorismus bedient sich häufig zur Eingrenzung seines Aktivitätsradius einer relativ gewaltfreien Gesellschaft. Denn diese ist nicht mit täglicher Gewalt konfrontiert und reagiert auf terroristische Gewaltakte oder deren Androhung weitaus sensibler als eine Gesellschaft, die mit häufigen Übergriffen und Willkür zu kämpfen hat.[291] Auf der ersten Stufe bedient sich die terroristische Vereinigung also eines Gewaltaktes oder der Drohung mit einem solchen. Auf der zweiten Stufe folgt eine emotionale Reaktion auf die geschaffene Bedrohung oder auf den durchgeführten Gewaltakt. Auf dieser zweiten

284 Vgl. Thiel, Die „Entgrenzung“ der Gefahrenabwehr, S. 32.; Middel, Innere Sicherheit und präventive Terrorismusbekämpfung, S. 44 f. m. w. Nachw.

285 Thiel, Die „Entgrenzung“ der Gefahrenabwehr, S. 32; Middel, Innere Sicherheit und präventive Terrorismusbekämpfung, S. 44.

286 Thiel, Die „Entgrenzung“ der Gefahrenabwehr, S. 32.

287 Middel, Innere Sicherheit und präventive Terrorismusbekämpfung, S. 46.

288 Storck, Terrorismus: Erscheinungsformen, Entstehungsbedingungen und Verläufe, S. 8, zitiert nach Laqueur, Postmodern Terrorism, in: Foreign Affairs, September/Oktober 1996, S. 24.

289 Walter, Terror and Resistance. A Study of Political Violence, S. 7; Middel, Innere Sicherheit und präventive Terrorismusbekämpfung, S. 46.

290 Middel, Innere Sicherheit und präventive Terrorismusbekämpfung, S. 46.

291 Vgl. dazu Middel, Innere Sicherheit und präventive Terrorismusbekämpfung, S. 46.

Stufe baut dann letztendlich die reaktive Verhaltensweise des Staates auf, die den Zweck des Schutzes der Gesellschaft verfolgt. Zusammenfassend entstand folgende Kernthese: "Regardless of its political orientation, the first element of the terror process, in a logical as well as chronological sense, is the specific act or violence, which induces a general psychic act of fear, which in turn produces typical patterns of reactive behavior."[292]

In dieser These kommt deutlich der entscheidende psychologische Aspekt des Spiels mit der Angst in der Gesellschaft zum Tragen, der auch als impulsgebende und einzige durchschlagende Waffe des Terrorismus bezeichnet werden kann.[293] Die freiheitlich orientierte Gesellschaft wird mit einem Schlag gezwungen, sich mit ihrer Verletzlichkeit auseinanderzusetzen. Ihr wird bildlich gesprochen ein Spiegel vorgehalten und auf drastische Weise die Kehrseite der freiheitlichen Grundprinzipien, auf denen ihre Ordnung aufbaut, vorgehalten und gleichzeitig das Bild eines dem vorangegangenen Gewaltakt vermeintlich hilflos ausgesetzten Staates vermittelt, der nicht in der Lage sei, seine Bürger adäquat zu schützen. Damit einher geht ein gesteigertes Bedürfnis der Gesellschaft nach mehr Sicherheit. Die staatliche Ordnung wird vermeintlich vor ihren Bürgern als handlungsunfähig demaskiert. Geht man gedanklich im Rahmen dieser „Drei-Stufen-Theorie" zur Terrorismusdefinition einen Schritt weiter, erhält man nicht nur eine Umschreibung dessen, was Terrorismus zu sein vermag, sondern auch einen konkreten Ansatz, welche Ziele Terrorismus durch staatliches Handeln als Reaktion auf die Androhung oder Durchführung von Gewaltakten gegen die Bevölkerung tatsächlich erreichen kann.

2. Terrorismus in der Vergangenheit der Bundesrepublik Deutschland

Die Bundesrepublik Deutschland hat sich bereits vor mehr als drei Jahrzehnten mit dem Thema der Abwehr terroristischer Bedrohungen auseinandersetzen müssen. Im Unterschied zur international geprägten Aktivität des Terrorismus des 21. Jahrhunderts stand die Bundesrepublik im Fokus der terroristischen Übergriffe. Dennoch waren die Ziele global orientiert, denn die aus studentischem Protest entstandene Bewegung APO 68 (Außerparlamentarische Opposition), aus der sich später die RAF (Rote Armee Fraktion) herausbildete und in ihrer Radikalität abspaltete, übte aus einer neomarxistischen Sicht Fundamentalkritik an der „bürgerlichen Demokratie" und an ihrer „kapitalistischen Warenwelt" mit dem Ziel, dem Kapitalismus weltweit einen Schlag zu versetzen, um sich der „imperialistischen Herrschaft" zu entledigen und die notleidenden ausgebeuteten Massen der Dritten Welt letztendlich zu befreien.[294]

Die Terrorismusbedrohung in der Bundesrepublik ist im Schwerpunkt in den1970er-Jahren zu verorten. Sie ging von einer linksextremistisch orientierten Gruppe aus, die unter der Bezeichnung „Baader-Meinhof-Bande" verfolgt wurde und die sich später selbst als RAF in der Öffentlichkeit bekannt machte.[295] Insgesamt dau-

292 Walter, Terror and Resistance. A Study of Political Violence, S. 7.
293 Vgl. auch Storck, Terrorismus: Erscheinungsformen, Entstehungsbedingungen und Verläufe, S. 9.
294 Storck, Terrorismus: Erscheinungsformen, Entstehungsbedingungen und Verläufe, S. 43.
295 Kötter, Pfade des Sicherheitsrechts, S. 85.

erte der „bewaffnete Kampf" der RAF fast 28 Jahre, und in dieser Zeit wurden durch ihre Hand 34 Menschen getötet.[296] Ziel der Anschläge waren überwiegend Vertreter der Politik, der Wirtschaft und der Finanzwelt; dabei mit ums Leben kamen deren Fahrer sowie Polizisten, Personenschützer und Soldaten.[297]

Ihren tragischen Höhepunkt fanden die Ereignisse im Jahr 1977 mit der sogenannten „Offensive 77".[298] Die Entführung und Ermordung des Arbeitgeberpräsidenten Hanns Martin Schleyer und die gleichzeitige Entführung des Lufthansa-Flugzeuges *Landshut* durch die verbündete Terrorgruppe PFLT (Volksfront zur Befreiung Palästinas), um die in Stammheim inhaftierten RAF-Führungsmitglieder freizupressen, sowie die nach der Stürmung der *Landshut* durch die GSG9 unmittelbar darauffolgenden Selbstmorde der in Stammheim inhaftierten Führungsriege der ersten Generation der RAF sind unter dem Begriff „Deutscher Herbst"[299] in die Geschichte der Bundesrepublik Deutschland eingegangen. Die damals entstandene Form des Terrorismus wird als eine besondere Variante des „sozialen Generationskonflikts" gesehen.[300] Die Ursache wird vor allem aus der NS-Vergangenheit hergeleitet sowie aus dem deutschen Staatsbildungsprozess und den damit verbundenen autoritären Verhaltensmustern nebst den zu dieser Zeit noch schwach ausgeprägten Selbstkontrollmechanismen.[301] In den sozialen Konflikten mit ihren „Vätern" stellten sich Teile der „jungbürgerlichen Nachkriegsgeneration" aus einer Außenseiterposition heraus und oft vermittelt durch marxistische Ideen „fest und unzweideutig auf die Seite der Unterdrückten", wobei der „Faschismus" zum symbolischen Gegenbild manifestiert wurde.[302] Auch heute noch gehört zu den zentralen Themen der Terrorismusforschung die Frage nach den Gründen dafür, dass Einzelne aus den Studentenbewegungen der 1960er-Jahre heraus den Weg in die Gewalt gewählt haben.[303] Vielleicht liegt der Grund für das ungebrochene Interesse an der RAF darin, dass die Täter aus der Mitte der Gesellschaft kamen, die Idee des Widerstands aus einem intellektuellen Kreis einer Studentenbewegung geboren wurde und letztendlich eine Generation prägte, die ihren Eltern den Spiegel der Ohnmacht aus der NS-Vergangenheit vorhielt und dann – für viele mit abscheulicher Faszination – in bedingungsloser Gewalt eskalierte.

296 Siemens, APuZ 2007, 9.

297 Siemens, APuZ, 2007, 9.

298 Ausführlich zu dieser Thematik aus dem Jahr 1977: „1977 und die RAF", APuZ 2007 zur dreißigjährigen Wiederkehr der damaligen Ereignisse mit zahlreichen Aufsätzen.

299 Vgl. hierzu ausführlich Kraushaar, Der nicht erklärte Ausnahmezustand (http://www.bpb.de/geschichte/deutsche-geschichte/geschichte-der-raf/49296/staatliches-handeln) (eingesehen am 02.01.2013).

300 Weinhauer/Requate, Die Herausforderung des Linksterrorismus, in: Weinhauer/Requate/Haupt (Hrsg.), Terrorismus in der Bundesrepublik, S. 9, 11, mit Verweis auf Elias, Der Bundesdeutsche Terrorismus, S. 300, 371.

301 Weinhauer/Requate, Die Herausforderung des Linksterrorismus, S. 9, 11, mit Verweis auf Elias, Der Bundesdeutsche Terrorismus, S. 300, 371.

302 Weinhauer/Requate, Die Herausforderung des Linksterrorismus, in: Weinhauer/Requate/Haupt (Hrsg.), Terrorismus in der Bundesrepublik, S. 9, 11, mit Verweis auf Elias, Der Bundesdeutsche Terrorismus, in: Elias (Hrsg.), Studien über die Deutschen, S. 300–389, 371.

303 Weinhauer/Requate, Die Herausforderung des Linksterrorismus, in: Weinhauer/Requate/Haupt (Hrsg.), Terrorismus in der Bundesrepublik, S. 9, 16.

Die eigenen Kinder wurden zu Kriminellen, zu „Feinden" des noch jungen Staates, der Bundesrepublik Deutschland, in dem sich die Eltern gerade erst neu orientiert und etabliert hatten, ohne sich jedoch damit, was ihre Kinder letztendlich anprangerten, wirklich auseinandergesetzt zu haben. Das Vergessenwollen der einen Generation wurde mitunter zum Kampfthema der folgenden Generation. Gleichzeitig entstand nach dem Krieg ein wirtschaftlicher Aufschwung, der Weg in die „Wohlstandsgesellschaft" durch den Kapitalismus, gegen den nunmehr die eigenen Kinder zu kämpfen begannen. Daher ist es nicht verwunderlich, dass auch noch im Jahr 2007, in dem sich der „Deutsche Herbst" zum 30. Mal jährte, ein mediales Interesse an der Thematik erhalten geblieben ist, denn die damalige „68er-Generation" verbindet mit dieser Zeit selbst noch eigene persönliche Erinnerungen und Eindrücke, die letztendlich auch für das eigene Verständnis von Rechtsstaatlichkeit und Demokratie prägend waren.

Der „Deutsche Herbst" kann als die schwerste innenpolitische Krise der Bundesrepublik bezeichnet werden.[304] Dies wird noch verdeutlicht, wenn man sich die Reaktion der damaligen Bundesregierung vor Augen führt. So hat der damalige Bundeskanzler Helmut Schmidt genau vier Stunden nach der Entführung des Arbeitgeberpräsidenten Hanns Martin Schleyer im Bonner ARD-Studio eine Stellungnahme abgegebenen, in der er unmissverständlich klarstellt, wie er dem Terrorismus der RAF und ihren Verbündeten entgegentreten werde: „Der Staat [...] muss darauf mit aller notwendigen Härte antworten. Alle Polizei- und Sicherheitsorgane [...] haben deshalb die uneingeschränkte Unterstützung der Bundesregierung und ebenso meine sehr persönliche Rückendeckung."[305] Auch dies war ein neuer Ton in einem relativ jungen Rechtsstaat, der in Demokratie und Wohlstandsgesellschaft angekommen war. In diese Zeit fiel auch der Beschluss des BVerfG zur Schleyer-Entführung. Die Familie von Hanns Martin Schleyer hatte das BVerfG angerufen und folgenden Antrag gestellt: „Die Antragsgegner sind gehalten, den Forderungen der Entführer des Dr. Hanns Martin Schleyer auf Freilassung und Gewährung freier Ausreise aus der Bundesrepublik Deutschland von namentlich von den Entführern benannten Häftlingen als unabdingbare Voraussetzung zur Abwendung gegenwärtiger, drohender Gefahr für das Leben des Antragstellers stattzugeben."[306] Das BVerfG urteilte, dass der Staat aufgrund des Art. 2 Abs. 2 GG, des Grundrechts auf Leben, eine „umfassende" Pflicht habe, „jedes menschliche Leben zu schützen", sich schützend und fördernd vor dieses Leben zu stellen" und „vor allem, es auch vor rechtswidrigen Eingriffen von Seiten anderer zu bewahren"[307]. Wie „die staatlichen Organe ihre Verpflichtung zu einem effektiven Schutz des Lebens erfüllen, ist von ihnen grundsätzlich in eigener Verantwortung zu entscheiden. Sie befinden darüber, welche Schutzmaßnahmen zweckdien-

---

304 Golz, APuZ 2007, 1, 2 (Editorial).

305 Kraushaar, Wolfgang, Der nicht erklärte Ausnahmezustand. Staatliches Handeln während des so genannten Deutschen Herbstes: http://www.bpb.de/geschichte/deutsche-geschichte/geschichte-der-raf/49296/staatliches-handeln?p=0 (eingesehen am 02.12.2012).

306 Vgl. BVerfGE 46, 160.

307 BVerfGE, 46, 160, 164.

lich und geboten sind, um einen wirksamen Lebensschutz zu gewährleisten."[308] Getragen von dieser Ansicht, wurde den staatlichen Organen dementsprechend nicht untersagt, die Forderungen der Entführer nicht zu erfüllen. Hans Martin Schleyer wurde letztendlich ermordet und es manifestierte sich die Ankündigung von Bundeskanzler Schmidt, der Staat lasse sich nicht erpressen, auch nicht zur Rettung eines Menschen, um zu verhindern, auf Dauer erpressbar zu bleiben und damit das staatliche Gefüge in die Knie zu zwingen, was die Intention allen Terrorismus ist.

3. Der islamistisch-fundamentalistische Terrorismus

Nach der Definition des Bundesamts für Verfassungsschutz ist „Islamistischer Terrorismus" „der nachhaltig geführte Kampf für islamistische Ziele, die mit Hilfe von Anschlägen auf Leib, Leben und Eigentum anderer Menschen durchgesetzt werden sollen, insbesondere durch schwere Straftaten, wie sie in § 129 a Abs. 1 StGB genannt sind, oder durch andere Straftaten, die zur Vorbereitung solcher Straftaten dienen"[309]. Der Begriff des Islamismus bezeichnet dabei eine religiös motivierte Form des politischen Extremismus, wobei die Islamisten in den Schriften und Geboten des Islam nicht nur Regeln für die Ausübung der Religion, sondern auch Handlungsanweisungen für eine islamistische Staats- und Gesellschaftsordnung sehen.[310] Um das Phänomen des islamistischen Terrorismus weitergehend zu erfassen, ist es erforderlich, seine Intention, Ziele und Auslöser zu analysieren. Im Kontext dazu muss der Umgang mit dieser Form der Bedrohung skizziert werden.

a) Internationale Zellen mit virtuellem Charakter?

Mit dem neuen Begriff des religiösen, insbesondere des islamisch-fundamentalistischen Terrorismus verbindet man seit Beginn des 21. Jahrhunderts zunächst das Bild von einer Vernetzung einer Vielzahl von kontrolliert positionierten kleinen Terrorzellen; jede dieser Zellen nimmt Anweisungen und Botschaften eines unkontrollierbaren weltweiten Kommunikationssystems entgegen[311] und ist im Rahmen ihres Auftrags der bedingungslosen Hingabe verpflichtet.

Bisweilen hat sich der Terrorismus in seiner Anschlagsintensität überwiegend auf einen Staat konzentriert, wohingegen der Terrorismus des 21. Jahrhunderts seinen Fokus vermeintlich auf den ganzen Erdball erstreckt, um gegen etwas zu kämpfen, wofür eine ganze Ideologie steht. Nach *Gusy* ist das neue Paradigma weniger der Terrorismus selbst, denn ihn habe es auch bereits in der Vergangenheit gegeben, als viel-

---

308 BVerfGE 46, 160, 164 f.

309 Vgl. Homepage des Bundesamts für Verfassungsschutz: http://www.verfassungsschutz.de/de/service/glossar/_lI#islamistischer-terrorismus (eingesehen am: 22.11.2014).

310 Vgl. Homepage des Bundesamts für Verfassungsschutz: http://www.verfassungsschutz.de/de/service/glossar/_lI#islamistischer-terrorismus (eingesehen am: 22.11.2014).

311 Insolera, Internationaler Terrorismus zwischen politischem Verbrechen und Feindstrafrecht, in: Vormbaum (Hrsg.), Kritik des Feindstrafrechts, S. 115, 116.

mehr dessen internationaler Operationskreis.[312] Die Vorstellung von Organisationen, welche einerseits hierarchisch organisiert, andererseits aber gleichsam „ortlos" eine bloß virtuelle Existenz aufweisen und daher zugleich überall und nirgends wirksam abgewehrt werden können, ist nach *Gusy* ebenso wirkmächtig wie gegenstandslos.[313] Denn primär geht es in dem Bemühen, die aktuelle Bedrohung durch den internationalen Terrorismus einzudämmen und zu beherrschen, nicht um die Frage der Ursache für diese neue Form der Kriminalität, sondern um deren praktische Bekämpfung und damit gleichzeitig um die Eindämmung der Folgen dieser neuen Form des Terrorismus. Kritisch anzumerken ist hier aber auch, dass transnationale Aktivitäten terroristischer Gruppen nicht unbedingt als völlig neues Vorgehen bezeichnet werden können. So hat es zumindest transnationale Kooperationen von Terrorgruppen durchaus schon immer gegeben, sie scheinen geradezu eine Existenzbedingung des modernen Terrorismus zu sein, den *David Rapoport* in vier „Wellen" unterteilt: die Welle des Anarchismus, die Welle der antikolonialen Befreiungskriege, die Welle des europäischen Linksterrorismus und jetzt aktuell die Welle des islamistischen Terrorismus.[314]

b) „Göttliche Missionen" oder „Krieg gegen den Terrorismus"- Eine Wortwahl mit Folgen?

Bereits die Wortwahl in der Diskussion um die neue Form des Terrorismus ist kriegerisch geprägt. Der sogenannte „Kampf" gegen „westliche Länder" wird in religiöse Bahnen gelenkt, vielleicht nur, um ein möglichst großes „Heer" akquirieren zu können, vielleicht aber auch nur, um eine breite Masse von Sympathisanten aufzubauen, und insbesondere, um durch die Religionszugehörigkeit dem Einzelnen eine gewisse Solidarität aufzuzwingen und die bedingungslose Hingabe für die Sache vor allem psychologisch beim ausführenden Täter zu erzwingen. Schließlich kann gerade der gemeinsame Glaube ein Potenzierer ungeahnten Ausmaßes sein.

Der Glaube an eine göttliche Mission, der Glaube, bedingungsloser Verteidiger der eigenen Kultur und Religion zu sein, und die Aussicht, als Märtyrer unvergessen und glorreich aus dieser Welt zu scheiden bzw. in die jenseitige zu gehen, sind die wesentlichen Kriterien, um potenzielle Attentäter auf ihre Taten einzuschwören. Die Waffe des heutigen Terrorismus ist es, den Überlebenswillen des potenziellen Attentäters zu brechen.[315]

Auch die selbst ernannten „Kämpfer" gegen den neuen länderübergreifenden Terrorismus, allen voran seit den Anschlägen des 11. September 2001 die USA, sprechen häufig von einem „Krieg gegen den Terrorismus". Der Terrorist wird nicht als

312 Gusy, Präventionsstaat zwischen Rechtsgüterschutz und Abbau von Freiheitsrechten in Deutschland, in: Graulich/Simon (Hrsg), Terrorismus und Rechtsstaatlichkeit, S. 273, 274.

313 Gusy, Präventionsstaat zwischen Rechtsgüterschutz und Abbau von Freiheitsrechten in Deutschland, in: Graulich/Simon (Hrsg), Terrorismus und Rechtsstaatlichkeit, S. 273, 274.

314 Daase, Terrorismus, in: Spencer/Cocks/Habrich (Hrsg.), Terrorismusforschung in Deutschland, S. 336, 339, mit Verweis auf Rapoport, The Four Waves of Terrorism, in: Cronin/Ludes (Hrsg.), Attacking terrorism: Elements of a grand strategy, S. 46–73. Washington, DC 2004.

315 Middel, Innere Sicherheit und präventive Terrorismusbekämpfung, S. 360 f.

Täter, sondern, um in der Verwendung von kriegerischen Begriffen bleiben zu können, als Angreifer und ganz konkret als Feind bezeichnet. Es wurde in den Formulierungen noch weiter gegangen, indem bildlich ganz klare „Fronten" in den Köpfen der Bevölkerung skizziert wurden. Es war in der Weltgemeinschaft die Rede von einem „Angriff auf die zivilisierte Welt". Der ehemalige Präsident der Vereinigten Staaten, George W. Bush, beschwor eine „Achse des Bösen" auf unserem Erdball, um die „Fronten", an denen gekämpft werden sollte, klar abzustecken: „States like these, and their terrorist allies, constitute an axis of evil, arming to threaten the peace of the world."[316]

Der ehemalige US-Verteidigungsminister Donald Rumsfeld stellte in einem internen Memo im Oktober 2003 die für die Philosophie des von den USA geführten „Global War On Terror" bezeichnende Frage: „Gewinnen oder verlieren wir den globalen Krieg gegen den Terror?"[317]

Bereits mit der Wortwahl haben die USA sich auf einen „militärischen Weg" begeben und in letzter Konsequenz unmissverständlich dem Terrorismus in seiner neuen Form „den Krieg erklärt", einen Krieg gegen einen nicht staatlichen Feind.[318] Durch all diese kriegerischen Begrifflichkeiten werden entsprechende Assoziationen gefestigt. Fraglich ist, welche Auswirkungen diese wie selbstverständlich gewordene Verwendung von Kriegsbegriffen auch auf die Art des Vorgehens, also die „Bekämpfung" des Terrorismus, haben kann. An den Aktivitäten in Afghanistan und im Irak ist sicherlich deutlich zu erkennen, dass die aktuelle Form des Terrorismus nicht nur mit Kriegsmetaphern belegt ist, sondern auch, dass das Vorgehen maßgeblich von kriegerischen Elementen dominiert wird.[319]

aa) „Selbstverteidigung" auf globaler Ebene?

Unmittelbar nach den Terrorangriffen gegen die USA am 11. September 2001 forderte die amerikanische Regierung Afghanistan auf, den saudischen Terroristen *Osama bin Laden* an sie auszuliefern, da er aus Sicht der Vereinigten Staaten als Drahtzieher der Anschläge verantwortlich sei. Die regierenden Taliban verweigerten jedoch die Auslieferung des arabischen Millionärs und Finanziers von terroristischen Gruppierungen. Seit 1988 hat *Osama bin Laden* das multinationale Netzwerk al-Qaida aufgebaut, auch mit Wissen und Know-how aus den USA. Bei den Beziehungen *Osama bin Ladens* mit den Taliban hat es sich vermutlich um ein finanzielles Abkommen gehandelt. Nachdem die Taliban zum Ausdruck gebracht hatten, dass es eine Auslieferung *Osama bin Ladens* nicht geben werde, begannen die Streitkräfte der USA und Groß-

316 Pressemitteilung des Weißen Hauses mit der Originalrede von George W. Bush am 29. Januar 2002 (gewöhnlich Axis-of-Evil-Speech genannt): http://georgewbush-whitehouse.archives.gov/news/releases/2002/01/20020129-11.html (zuletzt abgerufen am 20.11-2012).

317 Zitiert nach Schneckener, Warum lässt sich Terrorismus nicht „besiegen"?, in: Huster/Rudolph (Hrsg.), Vom Rechtsstaat zum Präventionsstaat, S. 25.

318 Isensee, Der Verfassungsstaat als Friedensgarant, in: Mellinghoff/Morgenthaler/Puhl (Hrsg.), Die Erneuerung des Verfassungsstaates, S. 7, 8.

319 Vgl. hierzu Riescher, Der Staat 2006, 27 ff.

britanniens am 7. Oktober 2001 unter der Bezeichnung „Enduring Freedom" mit der Bombardierung strategisch wichtiger Ziele in Afghanistan, am 19. Oktober 2001 startete zusätzlich der Einsatz von Spezialeinheiten am Boden. Zuvor hatte die NATO bereits am 2. Oktober 2001 den Bündnisfall ausgerufen, da sie die Schuld bin Ladens an den Anschlägen vom 11. September 2001 als klar bewiesen sah. Gemäß Art. 2 Nr. 4 UN Charta ist ein grundsätzliches Gewaltverbot gegenüber einem anderen Staat verankert. Eine Ausnahme davon ist das Recht zur individuellen Selbstverteidigung gemäß Art. 51 UN-Charta, woraus sich „im Falle eines bewaffneten Angriffs" gegen ein Mitglied der Vereinten Nationen ein „naturgegebenes Recht zur individuellen oder kollektiven Selbstverteidigung" ergibt. Aus Art. 3 der UN-Generalversammlung ergibt sich eine Definition des „militärischen Angriffs" aus der dort bezeichneten „Aggressionsdefinition", wonach es sich um einen grenzüberschreitenden militärischen Gewaltakt handeln muss. So ließen sich die Terroranschläge vom 11. September 2001 der Taliban-Regierung im Wege des Staatsterrorismus unter Umständen gerade noch dem Art. 51 UN-Charta zurechnen, wobei dies schon von erheblichen völkerrechtlichen Bedenken geprägt ist.

Die Angriffe lösten große Flüchtlingsbewegungen aus, d. h., mehrere Hunderttausend Afghanen flohen in die Nachbarländer, vor allem nach Pakistan.[320] Die USA unterstützten in ihrem Krieg gegen die Taliban jetzt die „Nordallianz", die nunmehr zum überwiegenden Teil aus Tadschiken bestand. Bereits am 13. November 2001 zogen ihre Soldaten in die Hauptstadt Kabul ein, die zuvor von den Taliban kampflos aufgegeben worden war. Infolge der Invasion gelang es, die herrschenden Taliban zu stürzen, wobei die Nordallianz den Großteil der Bodentruppen stellte.

Seit diesen Ereignissen ist bis heute keine Ruhe in Afghanistan eingekehrt - trotz des kontinuierlichen Rückzugs der stationierten Armeen der verbündeten Staaten und der Tötung des al-Qaida-Führers Osama bin Laden am 2. Mai 2012 durch die amerikanische Spezialeinheit „Six" der Navy Seals unter der Regierung des damaligen Präsidenten Barack Obama.

bb) „Präventive" Selbstverteidigung oder die „Gunst der Stunde"

Ebenfalls unmittelbar nach den Anschlägen vom 11. September 2001 hatte der damalige US-Verteidigungsminister *Donald Rumsfeld* Präsident *Georg W. Bush* geraten, neben Afghanistan auch gleich gegen den Irak militärisch vorzugehen.[321] Wie bereits oben erörtert, müsste auch hier zur Legitimation eines solchen Vorgehens ein Recht zur individuellen Selbstverteidigung i. S. d. Art. 51 UN-Charta vorgelegen haben. Allerdings waren konkrete Verbindungen von *Saddam Hussein* zu *al-Qaida* nicht nachzuweisen.[322] Folglich kann hier nur von einem „präventiven Selbstverteidigungs-

320 Ausführlich zu den Vorgängen und den Entwicklungen in Afghanistan: Walter, Die Entstehung der Verfassung der Islamischen Republik Afghanistan vom 04. Januar 2004, JöR NF 2010, S. 713-758.

321 Kurth, ZRP 2003, 195, mit Verweis auf Woodward, Bob, Bush at War, New York 2002, S. 49, 60 f., 83 ff., http://www.instituteofwater.org.uk/images/eventImages/BobWoodward-BushAtWar (America-911-WTC-Bush-Neocons-Terrorism-Fascism-Iraq)1033.pdf (eingesehen am 11.12.2012).

322 Kurth, ZRP 2003, 195, 196.

recht" gesprochen werden, welches allerdings in der UN-Charta überhaupt nicht vorgesehen ist.[323] Dem hat die US-Regierung entgegengehalten, dass neue Bedrohungslagen auch neue Mittel erforderten und die UN-Charta insofern auch nicht mehr zeitgemäß sei, als sie die Konzeption eines internationalen Terrornetzwerkes in seiner aktuellen Form nicht erfasse.[324]

Dieser kurze Einblick in die völkerrechtliche Seite der Auswirkungen des neuen Terrorismus, insbesondere auf das Verhalten der USA, macht deutlich, welche Ausmaße die begriffliche Vermischung von Terrorismus und Krieg annehmen kann. Insbesondere wird hier veranschaulicht, wie schnell versucht wird, sich aus den bestehenden Normen herauszuargumentieren und letztendlich diese zu zweckentfremden und für die eigenen Interessen zu missbrauchen. Folglich besteht mit dieser Argumentation die Möglichkeit, Eigeninteressen auf eine exponierte Stellung zu katapultieren, um vermeintlich im Namen der Freiheit und Sicherheit militärische Wege gehen zu können. Die Tür steht damit weit auf, unter dem Deckmantel der Bekämpfung von „Feinden" sich unbeschadet außerhalb des Rechts zu bewegen. Dies spiegelt sich auch in der Diskussion auf nationaler Ebene wider, insbesondere in der Frage, ob terroristisch geprägte Taten „außerhalb des Rechts" verfolgt und geahndet werden können.[325]

c) Der „Feind" ist zumindest gedanklich auch in der Bundesrepublik angekommen

Folgende These soll hier gedanklich vorangestellt werden: „Im Recht gibt es ein absolutes Folterverbot, schlicht als begrifflicher Inhalt des Rechts, aber das Problem lautet anders, nämlich ob der Staat immer und gegenüber jedermann, im Recht' bleiben kann."[326]

Im Rahmen der Diskussion um die Lockerung des absoluten Folterverbots im Entführungsfall des Frankfurter Bankierssohnes *Jakob von Metzler*, in dem der Polizei-Vizepräsident *Wolfgang Daschner* dem Verdächtigen Folter androhen ließ, um den Aufenthalt des Jungen in Erfahrung zu bringen, sprach der damalige Bundesinnenminister *Wolfgang Schäuble* sich einerseits zwar für die Ächtung der Folter aus, wollte aber andererseits den für die Polizei in dem speziellen Fall entstandenen Konflikt „nicht klein reden".[327] Im Kontext dieses Falls weist der damalige Innenminister im Anschluss auf die Frage, ob rechtsstaatliche Grundsätze unter „Terroristen-Vorbehalt" stünden, darauf hin, dass diese Grundsätze die Einschränkung bestimmter Freiheitsrechte nicht ausschlössen.[328] Die Diskussion um ein „bisschen Folter" zum Fall „Da-

---

323 Kurth, ZRP 2003, 195, 197.

324 Kurth, ZRP 2003, 195, 197.

325 Masing, JZ 2011, 753, 755.

326 Conze, Politische Straftat und Feindstrafrecht, in: Vormbaum (Hrsg.), Kritik des Feindstrafrechts, S 107, 111. Der Autor zitiert mit einem Verweis auf einen Vortrag Jakobs', den dieser im Rahmen des Kongresses „Delitto politico e Diritto penale del enemico" vom 10. bis 11. März 2006 in Trento (Italien) gehalten hat.

327 Zitiert nach: Hetzer, StrafFo 2006, 140, 141.

328 Zitiert nach: Hetzter, StrafFo 2006, 140, 141.

schner“[329] setzte sich mit der Frage fort, wie zukünftige terroristische Anschläge mit dem „Instrument“ der Folter verhindert werden könnten. So wurde es als „Möglichkeit“ in Betracht gezogen, Terroristen zur Gewinnung solcher Informationen zu foltern, die zur Rettung von Menschenleben aus unmittelbarer Lebensgefahr unentbehrlich seien.[330] Die Auseinandersetzung war geprägt von der Frage der Zulässigkeit der „lebensrettenden Aussageerzwingung“ mit der These, dass in diesem Konflikt „Rechtsstaat gegen Rechtsstaat“ stünde und eine Abwägung im jeweiligen Einzelfall vorzunehmen sei, um eine Entscheidung treffen zu können.[331] Derjenige, der von Terrorismus motivierte und geprägte Straftaten begehen will oder begangen hat, steht zumindest nach dieser Ansicht bereits gedanklich außerhalb des verfassungsrechtlichen Gefüges. Dies bedeutet gleichzeitig auch, dass der Maßstab für entsprechende Maßnahmen zur Vorbeugung und Bekämpfung terroristischer Aktivitäten außerhalb des Rechts steht.

Das Verständnis, Terrorbekämpfung als Krieg zu sehen, scheint zumindest partiell in Deutschland angekommen zu sein. Es wird über die Einführung eines „Feindstrafrechts“, die Einbeziehung der Streitkräfte in die Terrorabwehr und über die Aufgabenausweitung der Geheimdienste rege diskutiert.[332] Den Terroristen zum Feind zu machen, birgt jedoch erhebliche Gefahren für Bestand und Ansehen eines Rechtsstaates. Die Täter werden dann nicht mehr als Kriminelle behandelt, sondern als Feinde, was einen erheblichen Unterschied darstellt. Kriminelle verfügen in einem Rechtsstaat über eine Rechtsstellung als Rechtssubjekt, wohingegen ein Feind außerhalb der Gesellschaft steht und damit der Terrorist als Feind „außer Recht gesetzt“ wird.[333] Diejenigen, die gedanklich bereits die Notwendigkeit der Behandlung von Terroristen als „Feinde“ befürworten, bauen auf dem „Feindbegriff“ nach *Carl Schmitt* auf.[334] Danach ist Feindschaft als existenzielle Negation beschrieben, als Verneinung der eigenen Art zu leben.[335] Feind ist nach dem Verständnis von *Depenheuer*[336] aus *Schmitts* Definition pointiert zusammengefasst, „wer die politische Existenzform der verfassten Gemeinschaft aktiv negiert, die Verfassung des Staates gewaltsam verändern will, die Idee eines freiheitlich-rechtsstaatlichen Gemeinwesens, das auf Grundrechten und Demokratie, Anerkennung des Rechts und Säkularität des Gemeinwesens, d. h. auf der Trennung von Wahrheit und Recht beruht, prinzipiell ablehnt und gewaltsam zu zerstören trachtet“[337].

329 Kreuzer, Essay: „Zur Not ein bisschen Folter“, in: Die Zeit Online vom 13.05.2004, vgl. http://www.zeit.de/2004/21/Essay_Verfahren/komplettansicht (eingesehen am: 22.11.2014).

330 Vor allem Brugger, VVDStRL 2004 S. 101 f.

331 Maßgebliche Vertreter dieser These sind Brugger, VVDStRL 2004, S. 101 ff., und Thiel, Die „Entgrenzung“ der Gefahrenabwehr, S. 137 f.

332 Masing, JZ 2011, 753, 754, mit weiteren Nachweisen, u. a.: Waechter, JZ 2007, 61, 62; Depenheuer, Selbstbehauptung des Rechtsstaates, 11, 55 ff.; Palm AöR 2007, 95 ff.; Baldus, ZRP 2002, 400 ff.

333 Vgl. ausführlich Masing, JZ 2011, 753, 755.

334 Vgl. Schmitt, Der Begriff des Politischen, Berlin 1932 (unver. Nachdr., Berlin 1967); siehe auch http://petradoom.stormpages.com/sch_beg.html#c2 (abgerufen am: 21.11.2012).

335 Schmitt, Der Begriff des Politischen, Berlin 1932 (unver. Nachdr. Berlin, 1967); S. 63.

336 Depenheuer, Selbstbehauptung des Rechtsstaates, S. 55f.

337 Depenheuer, Selbstbehauptung des Rechtsstaates, S. 55 f., mit Verweis auf Schmitt, Carl, Collarium 2: Über das Verhältnis der Begriffe Krieg und Feind, in: ders., Der Begriff des Politischen, Berlin

Auf dem Feindbegriff von *Carl Schmitt* weiter aufbauend, hat vor allem *Jakobs'* These vom „Feindstrafrecht" neue Anstöße in der Diskussion, insbesondere verstärkt nach den Eindrücken des 11. September 2001, zutage gebracht.[338] Er überträgt die Dualität von Sicherheit und Freiheit in das Strafrecht und unterteilt wiederum in „Bürgerstrafrecht" und „Feindstrafrecht".[339] Nach *Jakobs* ist ein klar umrissenes Feindstrafrecht rechtsstaatlich weniger gefährlich als eine „Durchmischung allen Strafrechts mit Einsprengseln feindstrafrechtlicher Regelungen".[340] So erörtert er: „Wer als Person behandelt werden will, muss seinerseits eine gewisse kognitive Garantie dafür geben, dass er sich als Person verhalten wird. Bleibt diese Garantie aus oder wird sie sogar ausdrücklich verweigert, wandelt sich das Strafrecht von einer Reaktion der Gesellschaft auf die Tat einer ihrer Mitglieder zu einer Reaktion gegen den Feind."[341] *Jakobs* geht jedoch noch weiter, indem er Feinde als „Unpersonen" bezeichnet.[342] Hierzu merkt *Düx* an, dass man diese Wortwahl nach dem Nationalsozialismus in Deutschland im wissenschaftlichen Diskurs nicht für möglich halten sollte.[343] Wenn auch etwas polemisch, aber dennoch kritisch wird hierzu angeführt, dass diese Thesen „nicht nur den Feind, sondern auch wir uns selbst, zur Barbarei zurückführen".[344] Dem kann jedoch andererseits entgegengehalten werden, dass nach der Definition des Feindes nach *Schmitt* Terroristen auch Feinde sind und keine Verbrecher, da Verbrecher im Gegensatz zu Feinden unsere Art des Lebens nicht verneinen, sondern daran teilhaben wollen.[345] *Schmitts* Feindbegriff schließt folglich die Anwendung des Strafrechts auf Terroristen aus.[346]

Folglich sieht man sich bei diesen unterschiedlichen Ansichten aktuell auch mit der Frage konfrontiert, wie weit der Staat im „Kampf" gegen seine inneren und äußeren „Feinde" gehen darf, ohne dabei Gefahr zu laufen, „wie seine Feinde" zu werden.[347] Letztendlich wäre diese Frage schnell beantwortet, denn wer andere außerhalb der Rechtsstaatlichkeit setzt, begibt sich tatsächlich auf gleiche Ebene und bereitet den Weg zur Willkür. Dem wird im Kontext der Diskussion um das Feindstrafrecht, gerade mit Blick auf die Definition des Feindes durch *Schmitt*, entgegengehalten, dass

1932 (unver. Nachdr., Berlin 1963), S. 104 ff.; vgl. auch http://petradoom.stormpages.com/sch_beg.html#c2 (abgerufen am 21.11.2012).

338 Vgl. Jakobs, Bürgerstrafrecht und Feindstrafrecht, HRRS 2004, S. 88–95; siehe auch http://www.hrr-strafrecht.de/hrr/archiv/04-03/index.php3?sz=6 (abgerufen am 21.01.2013).

339 Jakobs, Das Selbstverständnis der Strafrechtswissenschaft vor den Herausforderungen der Gegenwart, in: Eser u. a. (Hrsg.), Die deutsche Strafrechtswissenschaft vor der Jahrtausendwende, S. 47 ff.

340 Zitiert nach Jakobs, Bürgerstrafrecht und Feindstrafrecht, HRRS 2004, 88, 95; siehe auch http://www.hrr-strafrecht.de/hrr/archiv/04-03/index.php3?sz=6 (abgerufen am 21.01.2013).

341 Jakobs, Das Selbstverständnis der Strafrechtswissenschaft vor den Herausforderungen der Gegenwart, in: Eser u. a. (Hrsg.), Die deutsche Strafrechtswissenschaft vor der Jahrtausendwende, S. 47 ff.

342 Jakobs, Das Selbstverständnis der Strafrechtswissenschaft vor den Herausforderungen der Gegenwart, in: Eser u. a. (Hrsg.), Die deutsche Strafrechtswissenschaft vor der Jahrtausendwende, S. 53.

343 Düx, ZRP 2003, 189, 194, mit weiterführender kritischer Auseinandersetzung.

344 Hirsch, Auf dem Weg in den Überwachungsstaat?, in: Huster/Rudolph (Hrsg.), Vom Rechtsstaat zum Präventionsstaat, S. 164, 166.

345 Roellecke, JZ 2006, 265.

346 Roellecke, JZ 2006, 265.

347 Vgl. Menke/Pollmann, Philosophie der Menschenrechte, S. 53.

die Anwendung des Strafrechts auf „Feinde“ und damit auch auf „Terroristen“ gegen rechtsstaatliche Prinzipien verstoße.[348] Dies wird damit begründet, dass zwischen Strafrecht und Kriegsrecht differenziert werden müsse. Während das Kriegsrecht aus dem Fehderecht resultiert (s. o.) und die „Verletzung der Loyalität zum Recht selbst“ ahndet, so zielt das Strafrecht auf die Ahndung des Vertrauensbruchs ab.[349] Ein Vertrauensbruch verlangt nach Strafe, weil er anders nicht sanktioniert werden kann, d. h., eine Rechtsgutsverletzung kann zwar z. B. durch Schadensersatz ausgeglichen werden, aber die Straftat selbst stellt eine Enttäuschung des gesellschaftlichen Grundvertrauens dar.[350]

Depenheuer definiert den Preis, den die staatliche Gemeinschaft für die Selbstbehauptung ihrer politischen Existenzweise zu zahlen bereit ist, über das Maß an Opfer, das die Gesellschaft bereit ist zu geben.[351]

Die aufgezeigte Diskussion um die Frage nach der Einordnung des Terrorismus und seiner Aktivisten zeigt, dass zum Zweck der Eindämmung, Vorbeugung und Bekämpfung des internationalen Terrorismus Einbußen der Rechtsstaatlichkeit kaum zu umgehen sind, soweit Terroristen als Feinde definiert werden. Dann würde die Ausgangsthese Bestätigung finden, denn ein Staat, der Feindstrafrecht anwendet, setzt gewisse Personen „außerhalb des Rechts“ und nimmt damit billigend in Kauf, seine verfassungsrechtlich verbürgten Rechte gegenüber einzelnen Menschen außer Kraft zu setzen. Sicherlich ist es richtig, wenn befürchtet wird, dass gegenüber dem aktuellen Terrorismusphänomen, insbesondere mit Blick auf Selbstmordattentäter, das klassische Strafrecht mit seiner Abschreckung durch Strafandrohung versagt.[352] Die Einführung eines Feindstrafrechts wird aber auch hier nicht zielführend sein, um potenzielle Selbstmordattentäter von ihren Taten abzuhalten. Lediglich die Handhabung im Umgang mit den Tätern, die nunmehr Feinde sind, stellt eine Absage an strafrechtliche und vor allem strafprozessrechtliche Prinzipien dar. Lediglich der Umgang im repressiven Bereich der „inneren Sicherheit“ wird hier behandelt. Folglich ist es bereits generell fraglich, ob mit Blick auf die zu erzielenden Ergebnisse oder Erfolge im Kampf gegen terroristisch geprägte Straftaten die Einführung eines Feindstrafrechts oder entsprechender Elemente davon nicht mehr an Rechtsstaatlichkeit zerstört, als es letztendlich schützen kann. Die partielle Aufgabe rechtsstaatlichen Handelns ist nicht nur ein so hoher Verlust für eine auf der Würde des Menschen aufbauende Verfassung, sondern auch ein Schritt, der eine freiheitlich-demokratische Grundordnung den Zielen terroristischer Aktivitäten unterwirft.

Wenn also *Otto Schily* in seinem Amt als Bundesaußenminister unter dem Titel „Wer den Tod liebt, kann ihn haben“ erklärt, dass die gezielte Tötung von Terroristen und der Vorschlag einer Sicherungshaft für Islamisten zu diskutieren sei, wird deutlich, welche Abwege vom rechtsstaatlichen Pfad man bereit ist zu gehen im „Kampf“

348 Roellecke, JZ 2006, 265.
349 Roellecke, JZ 2006, 265, 266.
350 Roelleke, JZ 2006, 265, 266.
351 Depenheuer, Selbstbehauptung des Rechtsstaates, S. 8.
352 Götz, HStR IV, § 85 Rdn. 14.

gegen terroristische Bedrohungslagen.[353] Begründet wird diese Abwendung von rechtsstaatlichen Grundsätzen damit, dass ein grundlegendes Verfassungsprinzip wie das Rechtsstaatsprinzip selbst bereits in sich die Gewährleistung von „innerer Sicherheit“ begründe.[354] So wird vertreten, „Recht steht für Sicherung des Friedens, Staat steht für „notfalls mit dem Schwert.[355] Fraglich ist folglich mit Blick auf eine vermeintlich neue Differenzierung zwischen Täter und Feind und mit der damit verbundenen Überlegung auf neue Bedrohungsszenarien zu reagieren, inwieweit dies Auswirkungen auf die allgemeinen Sicherheitserwartungen gegenüber dem Staat haben kann.

III. Terrorismus als Auslöser neuer Sicherheitserwartungen? Terrorismus als Legitimation neuer Sicherheitsverheißungen? – Analyse der Theorie der „Versicherheitlichung“

Die hier zu stellende Frage lautet, ob drohende Terroranschläge neue Sicherheitserwartungen seitens der Bürger gegenüber dem Staat auslösen oder ob nicht gerade mehr Sicherheit zu mehr Sicherheitserwartungen führt? Liegt es an den drohenden Risiken und Gefahren, die das Sicherheitsbedürfnis des Bürgers verändern, oder sind es die Maßnahmen zur Gewährleistung von mehr Sicherheit, die eine proportionale Erhöhung der Sicherheitserwartungen auslösen?

Es wird konstatiert, dass man an einem Wendepunkt der Ereignisse stehe: Insbesondere unvorhersehbare Terroranschläge, ein unklares Feindbild, willkürliche Opfer, die Verwunderung darüber, überhaupt wieder Feinde zu haben, gleichzeitig Teil einer maßlos fortschreitenden Globalisierung zu werden und auf eine unkontrollierte Vernetzung im Datensystem zuzutreiben, projizierten ein neues Bild von Freiheit und Sicherheit in die Köpfe von Bürgern und Staat. Die Medien tun ihr Übriges, indem sie mit den unterschiedlichsten Eindrücken zu neuen Bedrohungen die Bevölkerung überfluten, sodass die Bedrohung einerseits so unsichtbar bleibt und andererseits so greifbar erscheint. „Sicherheitserwartungen“ stehen in starker Abhängigkeit von „Sicherheitsverheißungen“, die der Staat im Kontext terroristischer Bedrohungslagen ausspricht und umzusetzen versucht. Es ist jedoch die Frage, ob entsprechende Sicherheitserwartungen bestehen und dementsprechend mit dem Versprechen der Gewährleistung dieser Erwartungen auf diese reagiert wird oder ob in umgekehrter Reihenfolge Sicherheitserwartungen erst durch die Thematisierung einer neuen Bedrohungslage in der politischen Diskussion und durch entsprechende Sicherheitsverheißungen belebt werden?

---

353 Vgl. Stark/Mascolo/Neukirch, Wer den Tod liebt, kann ihn haben. Spiegel-Gespräch mit Otto Schily, in: Der Spiegel, 18 – 2004, S. 46.

354 Vgl. Thiel, Die „Entgrenzung der Gefahrenabwehr“, S. 39.

355 Brugger, VVDStRL 2004, S. 101, 110 f.

1. Die Theorie der „Versicherheitlichung" nach der „Kopenhagener Schule"

Die Theorie der Versicherheitlichung *(securitization)* ist aus der Forschungsarbeit der sogenannten „Kopenhagener Schule" entstanden, die von *Barry Buzan* und *Ole Waever* ins Leben gerufen wurde. [356] Die Theorie der *securitization* hat ihren Schwerpunkt auf dem in der Forschung kontrovers diskutierten Begriff der Sicherheit und seiner unklaren Bedeutung und Natur.[357] Für die „Kopenhagener Schule" ist Sicherheit kein objektiver Zustand, sondern das Ergebnis eines sozialen Prozesses.[358] Sicherheitsprobleme sind als Probleme zu definieren, die in der Lage sind, die politische Ordnung zu untergraben, und damit insgesamt die Souveränität einer Einheit, also z. B. eines Staates, bedrohen können, sodass es letztendlich um „das Überleben einer politischen Einheit" geht[359] Konkret beschreibt *Waever* die Theorie der *securitization* wie folgt:

> *What then is security? With the help of language theory, we can regard "security" as a speech act. In this usage, security is not of interest as a sign that refers to something more real; the utterance itself is the act. By saying it, something is done (as in betting, giving a promise, naming a ship. By uttering "security" a state-representative moves a particular development into a specific area, and thereby claims a special right to use whatever means are necessary to block it.*[360]

Das Thema der Untersuchung nach der „Kopenhagener Schule" ist demnach die Frage, auf welche Art und Weise Themen zu Sicherheitsthemen werden. Dies geschieht durch "securitizing speech acts"[361], also die „Benennung von Problemen als Sicherheitsproblemen". Die „Versicherheitlichung" von Themen ist folglich ein Prozess, in dem ein anerkannter Akteur (ein Entscheidungsträger) durch Sprechakte eine existenzielle Bedrohung für eine Gruppe *(referent object)* erklärt und nach Prüfung der Zielgruppe *(audience)* die legitimierte Anwendung außergewöhnlicher, meist repressiver Maßnahmen erwirken kann *(securitization move)*.[362] Durch die Ernennung zum Sicherheitsproblem kann der Akteur, der in dieser Theorie aufgrund der Beibehaltung einer gewissen Staatsfokussierung meist der Staat bzw. eine staatliche Institution ist, besondere Rechte zur Lösung des Problems einfordern, die er meist selbst definiert. Damit besteht auch gleichzeitig immer die Gefahr, dass die Möglichkeit von Eliten genutzt wird, um die Deutungshoheit über bestimmte Themen zu gewinnen. So impliziert nach dieser Theorie Sicherheit als *speech act,* dass bereits die Nennung des Wortes „Sicherheit" selbst die Handlung bzw. den Sprechakt darstellt, wodurch ein Thema bereits in einer bestimmten Richtung positioniert wird und die erwähnten

---

356 Williams, Words, Images, Enemies: Securitization and International Politics, S. 512, http://www.d-scott.com/wp-content/uploads/2013/10/securitization.pdf (eingesehen am 21.11.2014).

357 Williams, Words, Images, Enemies: Securitization and International Politics, S. 512, http://www.d-scott.com/wp-content/uploads/2013/10/securitization.pdf (eingesehen am 21.11.2014).

358 Williams, Words, Images, Enemies: Securitization and International Politics, S. 512, http://www.d-scott.com/wp-content/uploads/2013/10/securitization.pdf (eingesehen am 21.11.2014).

359 Waever, „Securitization and Desecuritization", in: Lipschutz (Hrsg.), On Security, S. 46, 52 f.

360 Waever, „Securitization and Desecuritization", in: Lipschutz (Hrsg.), On Security, S. 46, 55.

361 Vgl. Williams, Words, Images, Enemies: Securitization and International Politics, S. 513, http://www.d-scott.com/wp-content/uploads/2013/10/securitization.pdf (eingesehen am 21.11.2014).

362 Buzan/Waever/de Wilde, Security: A New Framework of Analysis, S. 141 ff.

Rechte eingefordert werden und im schlimmsten Fall in die Position gelangen, eine staatliche Ordnung zu deformieren.[363]

2. Die Praxis der „Versicherheitlichung" am Beispiel der politischen Diskussion zur aktuellen Terrorismusbekämpfung

In einem Interview mit der Süddeutschen Zeitung, das gut einen Monat nach den Anschlägen vom 11. September 2001 in New York und Washington geführt wurde, erklärte der damalige Bundesinnenminister *Otto Schily* auf die Frage, woran die Bürger bei ihm als Innenminister seien und ob er den Rechtsstaat umstürzen wolle:

„(...) Meine Bemühungen gehen dahin, die Sicherheit der Bürgerinnen und Bürger besser zu gewährleisten und nicht dahin, die rechtsstaatlichen Prinzipien über Bord zu werfen. Ich orientiere mich an dem Grundrecht auf Sicherheit. In der Grundrechtscharta der EU steht direkt ein Grundrecht auf Freiheit und Sicherheit. Wer durch Terror und Kriminalität bedroht wird, lebt nicht frei. Das „Grundrecht auf Sicherheit" steht auch, zwar nicht direkt, aber sehr wohl indirekt, im Grundgesetz"[364]. Auch in einem weiteren Interview einige Jahre später betonte er, dass die Aufgabe der „inneren Sicherheit" die möglichst frühzeitige Aufdeckung und Verhinderung von Anschlagsplänen sei.[365]

Sein Nachfolger, Bundesinnenminister a. D. *Wolfgang Schäuble* ging einen Schritt weiter, indem er in einer Rede vor der Justizpressekonferenz aus dem Jahr 2007 erklärte: „Spätestens seit Thomas Hobbes' ‚Leviathan' wird es als Ziel staatlicher Gewalt angesehen, ein Leben in Sicherheit zu ermöglichen. Mit der Errungenschaft einheitlicher staatlicher Machtausübung gelang es, die konfessionellen Bürgerkriege des 16. und 17. Jahrhunderts zu beenden und den Staat als obersten Hüter von Ruhe, Sicherheit und Ordnung zu etablieren. Das staatliche Gewaltmonopol legitimiert sich in der Schutz und Sicherheit gewährenden Funktion des Staates. Wir müssen darauf achten, dass der Staat seine wichtigste Aufgabe, derentwegen er geschaffen wurde, die Gewährleistung von Sicherheit und die Durchsetzung des Rechts, erfüllen kann"[366].

Während Bundesinnenminister a. D. *Thomas de Maizière zurückhaltender* mit Äußerungen zur gegenwärtigen Bedrohung durch terroristische Zellen umgegangen ist, räumte wiederum sein Vorgänger *Hans-Peter Friedrich* der Sicherheit Vorrang vor allen anderen Grundrechten einschließlich der Freiheit ein. „Sicherheit ist ein Supergrundrecht", das im Vergleich mit anderen Rechten herauszuheben sei, erklärte er im

---

363 Waever, „Securitization and Desecuritization", in: Lipschutz (Hrsg.), On Security, S. 54 f.

364 So Otto Schily in einem Interview von Hans Werner Kilz und Heribert Prantl für die Süddeutsche Zeitung mit dem Titel „Otto Schily ist Otto Schily", erschienen in der Ausgabe der Süddeutschen Zeitung vom 29.10.2001.

365 Stark/Mascolo/Neukirch, Wer den Tod liebt, kann ihn haben. Spiegel-Gespräch mit Otto Schily, in: Der Spiegel, 18/2004, S. 46.

366 Rede vom damaligen Bundesinnenminister Dr. Wolfgang Schäuble bei der Justizpressekonferenz am 7. November 2007 in Karlsruhe; vgl. http://www.wolfgang-schaeuble.de/fileadmin/user_upload/PDF/071107justizpressekonferenz.pdf; (abgerufen am 21.08.2012); vgl. auch Schäuble, Dein Staat, dein Freund, dein Helfer, in: „Zeit Online" vom 15.11.2007 (Nr. 47), http://www.zeit.de/2007/47/Schaeuble-Rede (abgerufen am 21.08.2012).

Juli 2013 nach einer Sondersitzung des Parlamentarischen Kontrollgremiums (PKG) des Bundestags zum US-Überwachungsprogramm PRISM.[367]

Diese Aussagen sind nur einige von vielen, die auf politischer Ebene getätigt wurden, aber sie waren prägend nicht nur für die weitere Wegbereitung der Terrorismusbekämpfung, sondern generell für die Diskussion um die Verortung von „innerer Sicherheit" in der Verfassung der Bundesrepublik Deutschland zu rechtfertigen. Doch die ehemaligen Innenminister waren keineswegs in ihrer Argumentation Vorreiter ihrer Zeit. Das von der Innenministerkonferenz 1972 beschlossene und 1974 erneuerte „Programm für die Innere Sicherheit in der Bundesrepublik Deutschland"[368] hatte nicht nur zur Folge, dass die Polizeibefugnisse beim Einschreiten gegen gewalttätige öffentliche Ausschreitungen verstärkt wurden,[369] sondern auch, dass mit diesem Programm der Begriff der „inneren Sicherheit" in die politische Praxis Einzug gehalten hat.[370] Dieser Begriff stößt daher teilweise auf deutlichen Unmut. So bezeichnet *Kniesel* den Begriff der "inneren Sicherheit" als „unjuristisches und politisch weitgehend beliebig auffüllbares Schlagwort"[371]. *Möstl* greift diese Kritik auf und stellt zustimmend fest, dass die genauere Erfassung des Begriffs der „inneren Sicherheit" darunter leide, dass er auch als politischer Begriff verwendet werde, sodass er dadurch eine „schwankende Bedeutung und unterschiedliche Akzentsetzung kennt", und nimmt dabei ebenfalls als Ursprung des Begriffs Bezug auf das „Programm für die Innere Sicherheit in der Bundesrepublik" (s. o.).[372]

3. Die Folgen der „Versicherheitlichung" am Beispiel der Gesetzesreformen zur aktuellen Terrorismusbekämpfung

Es stellen sich unter Berücksichtigung der Theorie der „Versicherheitlichung" zwei entscheidende Fragen: Zunächst ist zu klären, inwieweit die Platzierung politischer Sicherheitsdebatten im Kontext terroristischer Anschläge oder unter Prognose zukünftiger Anschläge die zahlreichen Gesetzesänderungen forciert haben? Zum anderen ist zu hinterfragen, ob im Rahmen der Terrorismusbekämpfungsbestrebungen von staatlicher Seite eine verfassungsrechtlich legitimierte Ermächtigung eingefordert wurde, entsprechende Maßnahmen zur Gewährleistung von Sicherheit zu ergreifen und folglich auch entsprechende Beschneidungen der Freiheitsrechte zu dulden. Dies könnte im negativen Sinne dazu geführt haben, dass die Gesetzesänderungen die Zielrichtung des Gefahrenabwehrrechts, des Straf- und Strafprozessrechts geändert haben. Andererseits könnte damit aber auch im positiven Sinne gerade die Abwehr nicht nur von Gefahren, sondern auch von Risiken an Effizienz gewinnen und damit

367 Bewarder/Jungholt, Friedrich erklärt Sicherheit zum „Supergrundrecht", in: Die Welt Online vom 16.07.2013, vgl. http://www.welt.de/politik/deutschland/article118110002/Friedrich-erklaert-Sicherheit-zum-Supergrundrecht.html (abgerufen am 22.11.2014).

368 Beil. GMBl Nr. 31/1972 und 9/1974

369 Götz, HStR Bd. IV, § 85 Rdn. 3.

370 Götz, HStR Bd. IV, § 85 Rdn. 3.

371 So wörtlich: Kniesel, ZRP 1996, 482, 485.

372 Möstl, Die staatliche Garantie für die öffentliche Sicherheit und Ordnung, S. 126.

Sinn und Zweck ihrer Existenz mehr denn je erfüllen, nämlich praktisches Mittel zur Erfüllung der Aufgaben des Staates als „Sicherheitsgarant" zu sein, soweit diese Aufgabe überhaupt verfassungsrechtlich besteht.

Ausweislich der Entwicklungen in der Bundesrepublik Deutschland in den letzten vier Jahrzehnten ist zunächst festzustellen, dass sich das Bedürfnis nach mehr Sicherheit nicht ausschließlich durch die Eindrücke, die aus den Terroranschlägen im 21. Jahrhundert entstanden sind, sondern im Zeitalter der Globalisierung, wenn auch schleichend, immer weiter verstetigt hat.

Insbesondere mit Blick auf die Theorie der „Versicherheitlichung" ist hervorzuheben, dass nicht nur die Tatsache des bestehenden Terrorismus, sondern gerade die Diskussion selbst um dessen Bekämpfung zu zahlreichen Entwicklungen auf der Ebene der Gefahrenabwehr und des Strafrechts sowie des Strafprozessrechts geführt haben. Das Bedürfnis nach mehr „innerer Sicherheit" ist lediglich dabei, sich aktuell wieder stärker zu etablieren mit der Rechtfertigung, die Abwehr des aktuell drohenden Terrors verlange direkt danach. Verbreitet wird die jüngere Entwicklung des Sicherheitsrechts weniger als „Ergebnis einer Trendwende"[373], sondern als „konsequente Frucht eines Sicherheitsdenkens im Präventionsstaat"[374] interpretiert. Auch die Untersuchungen des vorangegangenen Kapitels lassen diesen Schluss zu (s. o.). Das verstärkte „Sicherheitsdenken" wurde jedoch auch durch die stete Forderung nach mehr präventiver Polizeiarbeit vor allem auf politischer Ebene gefördert.

Kritik an der Entwicklung der „Sicherheitspolitik" der letzten Jahrzehnte findet sich zahlreich in der Literatur. So wird davon gesprochen, dass „seit fast 25 Jahren" in Deutschland ein „systematischer Zersetzungsprozess" verfassungsrechtlich garantierter Freiheitsrechte stattfände, gegen die die Notstandsgesetze am Ende der 1960er-Jahre als harmlos angesehen werden könnten.[375] Seit Jahren befänden wir uns in einer „schleichenden Veränderung zum Überwachungsstaat", wobei der einzige Unterschied zur Terrorismusbekämpfung des letzten Jahrzehnts darin bestehe, dass wir uns bislang auf einer „Rutschbahn" befunden hätten und mittlerweile aber „zum freien Fall" übergehen würden.[376]

Zahlreiche Gesetzesänderungen in den vergangenen Jahrzehnten werden als „innenpolitische Aufrüstung" interpretiert.[377] So wird die Ansicht vertreten, dass gerade die jüngste Zeit aufgezeigt habe, was staatliches Handeln anrichten könne, wenn demokratische Rechte ausgehebelt würden, indem Willkür und Bespitzelung vorherrschten und die Unschuldsvermutung nicht mehr gelte.[378] Jene, die die schlichte Tatsache, dass wir von Terror bedroht seien, immer wieder als „neuartige Erkenntnis"

373 Roggan/Bergemann, NJW 2007, 876, 881.

374 Saurer, NVwZ 2005, 275, 276. Roggan/Bergemann, NJW 2007, 876, 881; vgl. insbes. m. w. Nachw. Denninger, StV 2002, 96; ders., KJ 1988, 1 ff.

375 Düx, ZRP 2003, 189; kritisch dazu: Schoch, VVDStRL 2004, 347, 362.

376 Hirsch, Auf dem Weg in den Überwachungsstaat, in: Huster/Rudolph (Hrsg.), Vom Rechtsstaat zum Präventionsstaat, S. 164, 167.

377 Hirsch, Auf dem Weg in den Überwachungsstaat, in: Huster/Rudolph (Hrsg.), Vom Rechtsstaat zum Präventionsstaat, S. 164, 167.

378 Stegner, Im Zweifel für die Freiheit, in: Huster/Rudolph (Hrsg.), Vom Rechtsstaat zum Präventionsstaat, 151, 153 f.

hervorhöben und durch die Beschwörung atomarer Gefahren noch steigerten, schürten bewusst oder unbewusst Ängste, mit deren Hilfe sie sich die Durchsetzung von Grundrechtseinschränkungen erhofften.[379] Der Bürger hat in dieser Diskussion zum einen den Anspruch an den Staat, dass dieser die Sicherheit gewährleistet. Zum anderen hege er aber auch die Befürchtung, dass durch die zahlreichen Gesetzesreformen eine Entwicklung zu einem Überwachungsstaat drohe oder bereits eingeleitet worden sei.

a) „Versicherheitlichung" auf der Ebene des Straf- und Strafprozessrechts

Bereits im Jahr 1976 wurde ein „Anti-Terrorismus-Gesetz" aufgrund der Aktivitäten der Roten Armee Fraktion (RAF) entwickelt. Es kam zu erheblichen Änderungen, insbesondere in der Strafprozessordnung, und auch im Rahmen der Gefahrenabwehr wollte man neue Wege gehen. Auf der Ebene des Strafprozessrechts wurde u. a. die Anzahl der Wahlverteidiger eines Angeklagten im Strafprozess auf drei Verteidiger beschränkt (vgl. § 137 I S. 2 StPO). Erstmals wurde durch § 138 a StPO die Möglichkeit eingeräumt, einen Verteidiger von der Mitwirkung am Prozess auszuschließen, vorausgesetzt, es liegen dringende Verdachtsmomente vor, dass er entweder an der Tat seines Mandanten beteiligt gewesen ist oder diesbezüglich eine Begünstigung, Strafvereitelung oder Hehlerei begangen hat. Aber auch das Verbot der Mehrfachverteidigung oder die Abschaffung der Gemeinschaftsverteidigung gemäß § 146 StPO waren einschneidende Veränderungen für die Rechte der Organe der Rechtspflege. Auf die Änderungen und Auswirkungen der Gesetzesänderungen im Kontext der Ereignisse des 11. September 2001 auf die Organe der Rechtspflege wird in einem folgenden Kapitel ausführlich eingegangen.

Aufgrund der zunehmenden Hungerstreiks der inhaftierten RAF-Mitglieder, in einem Fall leider auch mit tödlichem Ausgang,[380] wurde § 231 a StPO neu eingeführt, um einer „herbeigeführten Verhandlungsunfähigkeit" entgegenzuwirken. Außerdem hat der Gesetzgeber mit dem „Anti-Terror-Gesetz" vom 18. August 1976 nicht nur die neue Strafvorschrift des § 129 a StGB (Bildung und/oder Mitgliedschaft in einer terroristischen Vereinigung) eingeführt, sondern auch eine Regelung (§ 148 a StPO), die vorschreibt, dass bei Terrorismushäftlingen die Verteidigerpost von einem „Lese-Richter" zu kontrollieren ist, der mit dem eigentlichen Strafverfahren nicht befasst ist (zwecks Verhinderung von Kassibern). Hinzu kam das „Kontaktsperregesetz", mit

379 Stegner, Im Zweifel für die Freiheit, in: Huster/Rudolph (Hrsg.), Vom Rechtsstaat zum Präventionsstaat, 151, 156.

380 So starb Holger Meins an den Folgen des Hungerstreiks am 7.11.1970 in der Justizvollzugsanstalt Wittlich. Meins war Mitglied der RAF seit Oktober 1970. Am 1. Juni 1972 wurde Meins zusammen mit Andreas Baader und Jan-Carl Raspe nach einer Schießerei in Frankfurt am Main verhaftet. Ihm wurde vorgeworfen, sich an Anschlägen auf amerikanische Einrichtungen in Frankfurt am Main und Heidelberg im Zuge der „Mai-Offensive" beteiligt zu haben. Zunächst war Meins in Bochum, später in Koblenz und zuletzt bis zu seinem Tode in Wittlich inhaftiert, vgl. hierzu ausführlich Aust, Der Baader-Meinhof-Komplex, S. 243 f.

dem sich das Bundesverfassungsgericht ebenfalls befassen musste und das es für verfassungskonform befand.[381]

Die „Rasterfahndung“ kam erstmals zum Einsatz, um anhand charakteristischer Rastermerkmale nach den Mitgliedern der RAF zu fahnden. Mit weitaus mäßigerem Erfolg wurde nach den Anschlägen vom 11. September 2001 die Rasterfahndung erneut verwendet, diesmal jedoch im Schwerpunkt rein präventiv, um sogenannte „Schläfer“[382] in Deutschland aufzuspüren.[383]

Heute ist bekannt, dass die Attentäter von New York und Washington sich in sogenannten Terror-Camps ausbilden ließen. Die Mitglieder der RAF suchten ebenfalls Camps der Palästinenser auf, um den bewaffneten Kampf zu erlernen. Mittlerweile sind durch die Einfügung des Gesetzes zur Verfolgung der Vorbereitung von schweren staatsgefährdenden Gewalttaten vom 30. Juli 2009[384] auch die Strafbarkeit der Vorbereitung einer schweren staatsgefährdenden Gewalttat nach § 89 a StGB und die Strafbarkeit der Aufnahme von Beziehungen zur Begehung einer schweren staatsgefährdenden Gewalttat nach § 89 b StGB geregelt worden. Bereits zu Zeiten des Linksterrorismus durch die RAF wurden § 129 a StGB sowie zahlreiche weitere Gesetzesänderungen in die Strafprozessordnung eingeführt, die auch heute noch ihre Gültigkeit besitzen. Deshalb werden, wenn auch Form und Inhalte des Terrorismus andere gewesen sind, Gemeinsamkeiten und Unterschiede zur gegenwärtigen Gesetzeslage sichtbar.

Nachdem die Aktivitäten der RAF nachließen, rückte nunmehr die Thematik der Eindämmung der organisierten Kriminalität zum Ende der 1980er-Jahre in den Blickpunkt der Gewährleistung „innerer Sicherheit“. Es folgte das „Gesetz zur Bekämpfung des Terrorismus“ aus dem Jahr 1986. Die zahlreichen Änderungen durch das Kriminalitätsbekämpfungsgesetz im Jahr 1992 (u. a. zum Menschenhandel, zur Kinderpornografie und zur Umweltkriminalität), aber auch grundlegende Änderungen zum „Kampf gegen die organisierte Kriminalität“ durch das „Verbrechensbekämpfungsgesetz“ von 1994 (u. a. „Gesetz zur Bekämpfung des illegalen Rauschgifthandels“, „Geldwäschegesetz“) deuten darauf hin, dass auch, nachdem zumindest kei-

381 BVerfGE 49, 24; § 31 EGGVG: „Besteht eine gegenwärtige Gefahr für Leben, Leib oder Freiheit einer Person, begründen bestimmte Tatsachen den Verdacht, daß die Gefahr von einer terroristischen Vereinigung ausgeht, und ist es zur Abwehr dieser Gefahr geboten, jedwede Verbindung von Gefangenen untereinander und mit der Außenwelt einschließlich des schriftlichen und mündlichen Verkehrs mit dem Verteidiger zu unterbrechen, so kann eine entsprechende Feststellung getroffen werden. Die Feststellung darf sich nur auf Gefangene beziehen, die wegen einer Straftat nach § 129 a des Strafgesetzbuches oder wegen einer der in dieser Vorschrift bezeichneten Straftaten rechtskräftig verurteilt sind oder gegen die ein Haftbefehl wegen des Verdachts einer solchen Straftat besteht; das gleiche gilt für solche Gefangene, die wegen einer anderen Strafe verurteilt oder die wegen des Verdachts einer anderen Straftat in Haft sind und gegen die der dringende Verdacht besteht, dass sie diese Tat im Zusammenhang mit einer Tat nach § 129 a des Strafgesetzbuches begangen haben. Die Feststellung ist auf bestimmte Gefangene oder Gruppen von Gefangenen zu beschränken, wenn dies zur Abwehr der Gefahr ausreicht. Die Feststellung ist nach pflichtgemäßem Ermessen zu treffen.“

382 Vgl. Kap. C II 3.

383 Vgl. dazu kritisch, insbesondere mit Bezug auf den Verhältnismäßigkeitsgrundsatz: Groß, KJ 2002, 1–17.

384 BGBl. I S. 2437.

ne Gefahr mehr von der RAF auszugehen schien, die „innere Sicherheit" ihren hohen Stellenwert beibehalten hat. Schließlich führten die einzelnen Reformen zu weiteren erheblichen Verschärfungen, gerade im Straf- und Strafprozessrecht. Bereits 1996 bemerkte *Lagodny*, dass sich der Zug der Strafrechtsdogmatik scheinbar in die Richtung einer „umfassenden Pönalisierung"[385] bewege. Aber auch aktuell werden Stimmen laut, die vor einer sich abzeichnenden Wandlung des „Tatstrafrechts" in ein „Täterstrafrecht" warnen.[386] Andererseits wird zum Teil gefordert, ein „Risikostrafrecht" zu schaffen, das sich weg von den Erfolgs- über eine Vielzahl unterschiedlicher „Eignungsdelikten"[387] hin zu einem „Gefährlichkeitsunrecht" bewege.[388] Noch weiter gehen Äußerungen, in denen bereits mit dem Gedanken gespielt wurde, „Terrorverdächtigen" den üblichen Rechtsschutz mittels eines „Feindstrafrechts" zu entziehen.[389] Auf den Begriff des „Feindes" im Kontext des internationalen Terrorismus des 21. Jahrhunderts und das dazugehörige Meinungsbild wurde bereits eingegangen (s. o.).

b) „Versicherheitlichung" auf der Ebene des Gefahrenabwehrrechts seit dem 11. September 2001

Der deutsche Gesetzgeber hat als Reaktion auf die Anschläge vom 11. September 2001 zur Abwehr der terroristischen Gefahr kurzfristig zwei „Anti-Terror-Pakete"[390] verabschiedet und bis heute weitreichende Veränderungen eingeleitet oder bereits vorgenommen.

Das zweite Sicherheitspaket vom 9. Januar 2002 [391] beinhaltete nicht nur Änderungen im Bereich des Ausländerrechts, sondern auch die Aufnahme biometrischer Merkmale in die Ausweispapiere sowie die Verschärfung der Sicherheitsüberprüfung von Beschäftigten in lebens- oder verteidigungswichtigen Aufgaben. Gleichzeitig ist aus diesem Gesetzespaket das Terrorismusbekämpfungsgesetz zutage getreten, wodurch es zu einer Erweiterung der Aufgabenfelder und Befugnisse der Sicherheitsbehörde und gleichzeitig zu einer erheblichen Vereinfachung des Datenaustauschs der Behörden untereinander kam.[392] Das zweite Sicherheitspaket war zunächst auf fünf Jahre beschränkt, wurde jedoch durch das „Gesetz zur Ergänzung des Terrorismusbekämpfungsgesetzes" (TBEG) zum 5. Januar 2007[393] sowohl zeitlich um fünf weitere Jahre verlängert als auch inhaltlich erweitert und verschärft.[394]

385 Lagodny, Strafrecht vor den Schranken der Grundrechte, S. 2.
386 Vgl. Kreuzer, Der Rechtsstaat bröckelt, in: Zeit Online vom 02.10.2007, http://www.zeit.de/online/2007/40/strafrecht (abgerufen am 21.08.2008).
387 Wolter, Objektive und personale Zuordnung, S. 253.
388 Lagodny, Strafrecht vor den Schranken der Grundrechte, 1996, S. 2.
389 Zustimmend: Jakobs, HRRS 2004, 88, 95; ablehnend: Kreuzer, Der Rechtsstaat bröckelt, in: Zeit Online vom 02.10.2007, S. 2 http://www.zeit.de/online/2007/40/strafrecht (abgerufen am 21.08.2012).
390 Gesetz zur Finanzierung der Terrorbekämpfung vom 10.12.2001, BGBl. I, S. 3436; Gesetz zur Bekämpfung des internationalen Terrorismus (Terrorismusbekämpfungsgesetz) vom 09.01.2002, BGBl. I, S. 361.
391 BGBl. 2002/I, S. 361
392 Stubenrauch, Verbunddateien von Polizei und Nachrichtendienst, S. 18 ff.
393 BGBl. 2007/I, S. 2.
394 Vgl. auch Stubenrauch, Verbunddateien von Polizei und Nachrichtendienst, S. 17.

Über die klassischen Bereiche des Straf-, Strafprozess- und Polizeirechts hinaus nehmen bis heute noch immer neue Gesetzesvorhaben Bezug auf Zielsetzungen der Terrorismusbekämpfung, so das neue Telekommunikationsgesetz, das Zuwanderungsgesetz, die Novellierung des Finanzaufsichtsrechts, das Luftsicherheitsgesetz[395], das Geldwäschegesetz, die Novellierung des BKA-Gesetzes oder auch das viel umstrittene Gesetz zur Einrichtung der „Anti-Terror-Datei".

Auffällig ist, dass die umfangreichen gesetzgeberischen Bemühungen im Bereich des nationalen Rechts sich im „Kampf gegen den internationalen Terrorismus" des letzten Jahrzehnts vor allem darauf konzentriert haben, zusätzliche Überwachungs- und Eingriffsbefugnisse sowie umfangreiche Sammlungen und Verknüpfungen von personenbezogenen Daten für Gefahrenabwehr-, Strafverfolgungs- und Nachrichtendienstbehörden nutzbar zu machen.[396] Die Feststellung im „Entwurf eines Gesetzes zur Bekämpfung des internationalen Terrorismus", dass die Bekämpfung terroristischer Gewalt in erster Linie eine polizeiliche Aufgabe sei,[397] kann nicht ganz bestätigt werden, denn auch das Strafrecht als herkömmliches Mittel zur Harmonisierung von Freiheit und Sicherheit wirkt vor allem durch die Glaubwürdigkeit der Strafandrohung.[398] Dem wird natürlich gleichfalls entgegengehalten, dass Selbstmordattentäter sich nicht von einem Strafmaß beeindrucken oder gar abschrecken lassen, sodass an dieser Stelle das herkömmliche Strafrecht zur Ahnung begangener Straftaten versage. Folglich ist die Notwendigkeit der Fokussierung präventiver Maßnahmen nicht von der Hand zu weisen und findet zunächst dadurch auch Eingang in das Verständnis der Bevölkerung hinsichtlich der Erweiterung polizeirechtlicher Maßnahmen.

4. Ein Fazit

Grundsätzlich kann also zunächst festgestellt werden, dass die Thematisierung neuer Gefährdungslagen bzw. Straftaten immer auch entsprechende Gesetzesreformen zur Folge hatte. Dies ist noch kein Beleg dafür, dass das bewusste Einsetzen des Themas Sicherheit auch zwangsläufig Gesetzesänderungen und neue Entwicklungen forciert, die verfassungsrechtlichen Grundsätzen widersprechen. Jedoch ist gerade mit Blick auf die Bemühungen zur Eindämmung terroristischer Aktivitäten zu Zeiten der RAF deutlich geworden, dass die Grundhaltung politischen Handelns darin bestand, nicht erpressbar zu sein. Folglich wurde zur Durchsetzung und Aufrechterhaltung eines „starken Rechtsstaates" an der Verschärfung von Gesetzen gearbeitet, was auch eine deutliche Einschränkung der freiheitlichen Grundrechte zur Folge hatte. Das Bild eines „Machtstaates", der dem Schutz der Grundrechte vor Angriffen und damit der

395 Vgl. zur Analyse im Einzelnen ausführlich: Saurer, NVwZ 2005, 275.

396 Zöller, Terrorismusstrafrecht, S. 1.

397 BT-Drs. 14/7386, S. 35.

398 Griesbaum, Strafverfolgung zur Verhinderung terroristischer Anschläge – Eine Bestandsaufnahme, NStZ 2013, 369, 371, m. V. a. Jescheck/Weigend, Lehrbuch des Strafrechts AT, § 1 II 1, S. 4.

Gewährleistung „innerer Sicherheit" verpflichtet ist und sich gleichzeitig nur der Mittel seines „Schutzarsenals" bedienen kann, herrschte vor.[399]

Der Grund für die Hervorhebung der Begrifflichkeit „innere Sicherheit" im Kontext des eigentlichen Ortes der Entwicklungen, nämlich im Bereich des Gefahrenabwehrrechts, wird darin gesehen, dass „innere Sicherheit" sich verselbstständigt habe und als politisches Versprechen leichter positiv zu besetzen sei als der juristisch neutralere Begriff der „öffentlichen Sicherheit".[400] Politische Handlungsfähigkeit und Entschlossenheit ließen sich besser mit Maßnahmen zur Verbesserung der „inneren Sicherheit" signalisieren, weil hier stets der Eindruck erweckt werden könne, dass es um große und wichtige Dinge gehe."[401] Tatsächlich bedeutet dies auch heute noch, dass „innere Sicherheit" durch das Instrument der Prävention thematisiert und weiterentwickelt wird.[402] Innere Sicherheit und Gefahrenabwehr im Speziellen werden damit als eine „offensive Gestaltungsaufgabe" des Staates suggeriert."[403]

Auf politischer Ebene wird gerade mit Blick auf die gegenwärtige Diskussion um die Frage nach der Gewährleistung „innerer Sicherheit" gegenüber Risiken terroristische Anschläge unterstellt, dass den gegenwärtigen Bedrohungen nicht mehr mit den herkömmlichen Mitteln der Gefahrenabwehr und Strafverfolgung beizukommen sei. Informationen über mögliche Anschlagszenarien auf die Zivilbevölkerung intensivieren ein Gefühl der Unsicherheit. Die mediale Aufbereitung und Prognosen zur Entwicklung terroristischer Bedrohungen auf internationaler Ebene katapultieren mögliche Bedrohungsszenarien auf ein innerstaatliches Territorium. Die Verunsicherung und ein gesteigertes Bedürfnis nach Sicherheitsgewährleistung werden zur Grundlage politischen Handelns und in der Folge zur Änderung, Verschärfung und Ausweitung von Gesetzen, die den neuen Bedrohungen effektiv begegnen sollen. Dem subjektiven Sicherheitsbedürfnis kann die objektive Gewährleistung von Sicherheit nicht nachkommen. Die Theorie der „Versicherheitlichung" präsentiert sich hier in einer beispielhaften Umsetzung in die Praxis. So zeigt insbesondere die Diskussion auf politischer Ebene in dem vergangenen Jahrzehnt, dass die Platzierung des Themas der Gewährleistung „innerer Sicherheit" vor terroristischen Anschlägen oder unter der Prognose zukünftiger Anschläge zahlreiche Gesetzesänderungen forciert, gerechtfertigt und legitimiert hat. Staat, Recht und Politik haben dem Menschen zu dienen und sind traditionell ebenso Hüter menschenrechtlicher Garantien wie auch gemäß der bisherigen geschichtlichen Erfahrung die größten Gefährder. Genau diese Entwicklung ist unter Anwendung der Theorie der „Versicherheitlichung" immer aufs Neue im Rahmen der Konstruktion neuer Sicherheitsverständnisse durch Politik und Gesetzgeber zu überprüfen und zu hinterfragen. Denn auch die Entwicklung der neuen Sicherheitserwartungen des Bürgers und die Sicherheitsverheißungen des Staates korre-

399 Schwarz, Die Dogmatik der Grundrechte, in: Blaschke/Förster u. a. (Hrsg.), Sicherheit statt Freiheit, S. 29, 30.

400 Dietel, Innere Sicherheit, S. 57, 58.

401 Dietel, Innere Sicherheit, S. 57 ff., 58.; dazu ausführlich: Kötter, Pfade des Sicherheitsrechts, S. 174 ff., 176.

402 Dazu ausführlich: Kötter, Pfade des Sicherheitsrechts, S. 174 ff.

403 Kötter, Pfade des Sicherheitsrechts, S. 178.

spondierten gerade im vergangenen Jahrzehnt mit der Theorie der „Versicherheitlichung".

2. Teil

E. Die staatliche Verantwortung und die verfassungsrechtlichen Pflichten zur Gewährleistung „innerer Sicherheit" in der Gegenwart

Primär ist für die Untersuchung im Folgenden die Verfassung der Bundesrepublik Deutschland zu betrachten, um darstellen zu können, in welcher Form die Gewährleistung von „innerer Sicherheit" durch den Staat verfassungsrechtlich Berücksichtigung findet. Fraglich ist, ob das Grundgesetz bereits einen abgeschlossenen Katalog von Staatsaufgaben vorweist und darin z. B. eine ausdrückliche Verankerung einer Staatsaufgabe „Sicherheit" zu finden ist. Kann verfassungsrechtlich belegt oder widerlegt werden, dass der Staat als Sicherheitsgarant zu verstehen ist? Und mit welchen Folgen wäre dann eine bestehende oder fehlende Garantenstellung gerade mit Blick auf die Bestrebungen der aktuellen Terrorismusbekämpfung verbunden? Insbesondere die Entstehungsgeschichte der Verfassung der Bundesrepublik Deutschland soll Aufschluss über die Existenz bzw. Stellung einer Staatsaufgabe „Sicherheit" geben.

Innere Sicherheit wird in der Literatur häufig nicht nur als Staatsaufgabe oder Staatszweck, sondern auch als Staatsziel oder als „objektive Staatsaufgabe" bzw. „Staatsaufgabe mit Verfassungsrang" bezeichnet, bis hin zu einem „Grundrecht auf Sicherheit", sodass eine Konkretisierung des tatsächlichen verfassungsrechtlichen Rangs der Gewährleistung „innerer Sicherheit" geboten erscheint.[404]

Vor allem in der Analyse der Entwicklung der Gesellschaftsvertragstheorien wird Sicherheit als Wert mit Verfassungsrang gekennzeichnet.[405] Sicherheit stellt also generell ein Gut mit hohem Rang dar. Allerdings sind Stellenwert und Verhältnis von „innerer Sicherheit" im Kontext zu den Freiheitsrechten des Bürgers innerhalb der Verfassung unklar. Im Folgenden wird also der These nachgegangen werden müssen, ob Sicherheit ein „Wert mit Verfassungsrang"[406] ist und, wenn ja, in welcher Form und Konstellation er sich in der Verfassung wiederfindet. Anhaltspunkte für den verfassungsrechtlichen Stellenwert der „inneren Sicherheit" können sich nicht nur aus dem Wortlaut der Verfassung der Bundesrepublik Deutschland ergeben, sondern auch aus

---

404 Vgl. insbesondere Isensee, Grundrecht auf Sicherheit, S. 3 ff.; Möstl, Die staatliche Garantie für die öffentliche Sicherheit und Ordnung, S. 84 f.; Gusy, Polizei- und Ordnungsrecht, § Rdn. 72 ff.; Calliess, DVBl 2003, 1096, 1101; Kniesel, ZRP 1996, 482, 485; dazu mit einer nüchternen Analyse: Thiel, Die „Entgrenzung" der Gefahrenabwehr, S. 140 f.

405 Thiel, Die „Entgrenzung" des Gefahrenbegriffs, S. 140.

406 Vgl. ausführlich dazu: Thiel, Die „Entgrenzung" der Gefahrenabwehr, S. 140 f.

der Betrachtung des Verständnisses zur Gewährleistung „innerer Sicherheit“ auf europäischer Ebene sowie mittels einer Analyse der Aussagen des Parlamentarischen Rates und den maßgeblichen Entscheidungen des Bundesverfassungsgerichts, das sich ebenfalls in mehrfacher Hinsicht mit dem Thema befasst hat.

I. Das Verständnis zur Gewährleistung „innerer Sicherheit“ auf europäischer Ebene

Im Vertrag über die Europäische Union ist der Wille der Mitgliedsstaaten deutlich zu erkennen, eine gemeinsame Sicherheitspolitik zu betreiben. Für sie sind Freiheit und Sicherheit miteinander verbunden und schließen sich nicht gegenseitig aus.[407] In Art. 2 EUV (Vertrag über die Europäische Union) sind die Werte, auf die sich die Europäische Union gründet, benannt. Hierzu gehört die Achtung der Menschenwürde, Freiheit, Demokratie, Gleichheit und Rechtsstaatlichkeit sowie die Wahrung der Menschenrechte einschließlich der Rechte der Personen, die Minderheiten angehören. Gemäß Art. 3 Abs. 2 EUV „bietet die Union ihren Bürgerinnen und Bürgern einen Raum der Freiheit, der Sicherheit und des Rechts [...], in dem [...] die Verhütung und Bekämpfung der Kriminalität [...] gewährleistet ist".

In Art. 5 Abs. 1 EMRK (Europäische Menschenrechtskonvention) taucht der Begriff der *security* auf. In der Literatur wird behauptet, dass das Recht auf Sicherheit, welches unserer Verfassung immanent sei, seine Entsprechung in Art. 5 Abs. 1 EMRK gefunden habe.[408] Bereits nach dem Wortlaut „habe jeder Mensch ein Recht auf Freiheit und Sicherheit“.

Diese Begrifflichkeit erscheint jedoch nicht, wie auf den ersten Blick zu vermuten wäre, als „innere Sicherheitsgewährleistung durch den Staat“ bzw. durch die Europäische Union. Es ist vielmehr der Sicherheitsbegriff gemeint, wie ihn die Philosophen der Aufklärung verstanden haben wollten, nämlich als „die persönliche Sicherheit des Menschen vor staatlicher Willkür“ und damit generell „vor“ staatlichen Eingriffen.[409] Art. 5 Abs. 1 EMRK gewährleistet die „persönliche Freiheit“ und schützt vor willkürlicher Freiheitsentziehung und Haft (vgl. Art. 5 Abs. 1 S. 2, Abs. 2–4 EMRK. Der Wortlaut nennt neben der Freiheit auch das Recht auf Sicherheit. Dieses hat aber in der Praxis kaum eine selbstständige Bedeutung. Der Begriff der „Sicherheit“ wird hier nur im Zusammenhang mit der Freiheit bzw. dem „Schutz vor staatlicher Freiheitsentziehung“ verstanden. Auch Art. 6 GRCh (Charta der Grundrechte der Europäischen Union) meint mit der Formulierung das Recht jeder Person „auf Freiheit und Sicherheit“, und zwar dies im Sinne des Art. 5 Abs. 1 EMRK. Eine Interpretation dahin gehend, dass auch ein Recht auf Sicherheit durch den Staat darin juristisch begründet werden könnte, ist bislang nicht ersichtlich.

---

407 Denninger, Prävention und Freiheit, in: Huster/Rudolph (Hrsg.), Vom Rechtsstaat zum Präventionsstaat, S. 85.

408 Möllers, Öffentliche Sicherheit und Gesellschaft, JBÖS, SB 9, S. 46.

409 Tettinger, in: Tettinger/Stern, Art. 5, Rdn. 4 ff.; Albrecht, Sicherheit vor Freiheit?, S. 45.

II. Sicherheitsverständnis und Sicherheitsgewährleistung im Kontext verfassungsrechtlicher Grundpflichten der Verfassung der Bundesrepublik Deutschland

Die Stellung der inneren Sicherheit in der Verfassung ist nur im unmittelbaren Zusammenhang mit dem Verständnis von Freiheit auszuloten. Unstreitig gestellt werden kann bereits jetzt, dass zumindest Freiheit einen Wert mit Verfassungsrang darstellt. Denn die Freiheit „gründet letztendlich in der Menschenwürdegarantie des Art. 1 Abs. 1 GG, die den Menschen als freies Individuum versteht, das in Ausübung seiner Dignität zur Freiheit berufen ist" und somit „an das oberste Verfassungsprinzip, nämlich an die Menschenwürde, gekoppelt ist und ihren eigenen Verfassungsrang erhält".[410]

Freiheit und Sicherheit werden nicht nur im Rahmen politischer Diskussionen in einem komplexen Verhältnis zueinander beschrieben und in ihrer Existenz begründet, sondern auch auf rechtswissenschaftlicher Ebene in einer verfassungsrechtlichen Abhängigkeit skizziert. Ihre Ausprägung haben die Pflicht auf Gewährleistung und das Recht auf Ausübung von Freiheit in den speziellen Freiheitsrechten gefunden sowie in der allgemeinen Handlungs- und Verhaltensfreiheit, die vom BVerfG in ständiger Rechtsprechung aus Art. 2 Abs. 1 GG abgeleitet wird.[411] Grundsätzlich sind die freiheitlich orientierten Grundrechte lediglich durch die Rechte anderer begrenzt.

Eine „Staatsaufgabe Sicherheit" wird hingegen angenommen, meist jedoch ohne empirischen Nachweis.[412] Es wird unterstellt, dass der Staat sich schon von je her um die Sicherheit zu kümmern habe.[413] Es wird nicht daran gezweifelt, dass es zu den „vornehmsten Aufgaben" des Staates gehöre, seinen Bürgern den „Freiheitsgenuss durch Gewährleistung innerer und äußerer Sicherheit zu ermöglichen" bzw. zu erleichtern.[414]

Erste Verfassungen wie die Bill of Rights der Vereinigten Staaten von Amerika sowie die Verfassung der Französischen Republik haben einen „Staatszweck Sicherheit" explizit im Wortlaut der Verfassung reflektiert, indem sie die Sicherheit neben Gleichheit, Freiheit und Eigentum ausdrücklich in ihre Gewährleistungen mit aufnahmen.[415]

So heißt es in der Präambel der Verfassung Frankreichs vom 13. Oktober 1946, es sei das Ziel der Französischen Union, „[...] ihre Zivilisation zu entwickeln, ihren Wohlstand zu mehren und ihre Sicherheit zu gewährleisten". Auch Art. 5 Abs. 1 der Verfassung Polens vom 2. April 1997 erklärt: „Die Republik schützt [...] die Sicherheit der Staatsbürger." Der überwiegende Teil der Verfassungen in Europa haben die Sicherheit im Verständnis des Art. 5 Abs. 1 EMRK aufgenommen als Sicherheit vor

410 Thiel, Die „Entgrenzung" der Gefahrenabwehr, S. 138.
411 Vgl. BVerfGE 6, 32 ff.; 80, 137 f.
412 Voßkuhle, Andreas, Verwaltungsdogmatik und Rechtstatsachenforschung. Eine Problemskizze, VerwArch, Bd. 85 (1994), S. 567 ff.; Baer, § 11 Verwaltungsaufgaben, S. 784.
413 Baer, § 11 Verwaltungsaufgaben, S. 784.
414 Tettinger, Freiheit in Sicherheit, S. 281, 283.
415 Götz, HStR IV, § 85, Rdn. 20.

staatlichen Eingriffen in die persönliche Freiheit, welche ihrerseits auf die französische Rechtstradition und vor allem auf die Erklärung der Menschen- und Bürgerrechte von 1789 zurückverweist.[416] Dort sind in Art. 2 als Ziel jeder politischen Vereinigung neben der Freiheit und dem Eigentum auch die Sicherheit *(sûreté)* und der Widerstand gegen Unterdrückung als natürliche und unveräußerliche Menschenrechte genannt.[417] Im Unterschied z. B. zur französischen Erklärung der Menschen- und Bürgerrechte sowie der Polnischen Verfassung ist in einer ersten Textanalyse der Verfassung der Bundesrepublik keine vergleichbare Formulierung zu finden.

Es wäre zu einfach, jetzt bereits durch den gesuchten und nicht vorhandenen konkreten Wortlaut zu unterstellen, dass im Grundgesetz der Bundesrepublik Deutschland tatsächliche keine Staatsaufgabe „Sicherheit" vorgesehen wäre. Vielmehr spricht bereits in einer ersten groben Gesamtbetrachtung des Grundgesetzes für die tatsächliche Existenz dieser Staatsaufgabe, dass die dort verankerten Schutz- und Gemeinschaftsgüter eines tatsächlichen Schutzes bedürfen. Gleichzeitig kann vorab festgestellt werden, dass zwar keine explizite Festschreibung einer verfassungsrechtlichen Sicherheitsaufgabe zu finden ist, aber der Kern eines Anspruchs der grundsätzlichen Sicherheitsgewährleistung dennoch bestehen muss. Folglich ist die Sicherheitsgewährleistung der Verfassung immanent. Denn trotz des Schweigens des Grundgesetzes ergibt sich eine Pflicht des Staates, für die Sicherheit seiner Bürgerinnen und Bürger zu sorgen, aus dem Gesamtsinn der Verfassung, insbesondere aus dem in ihr verankerten Rechtsstaatsprinzip und dem Recht auf Leben und körperliche Unversehrtheit.[418] Art und Umfang erschließen sich hieraus jedoch noch nicht. Das Grundgesetz hat eine Staatsaufgabe der Gewährleistung innerer Sicherheit nicht in einer „komplexen Formel" und an „hervorgehobener Stelle", etwa an der Seite des Staatsziels der Sozialstaatlichkeit in den Artikeln 20 und 28 GG, hervorgehoben.[419] Dies soll mit der folgenden Untersuchung der Entstehung der Verfassung, mit Blick auf die Arbeit der Verfassungsgeber im Rahmen des Parlamentarischen Rates und die Auslegung des Grundgesetzes sowie die Rechtsprechung des Bundesverfassungsgerichts herausgearbeitet werden.

1. Aussagen des Parlamentarischen Rates

Um Status und Gewicht der inneren Sicherheit in der Verfassung der Bundesrepublik Deutschland benennen zu können, ist es methodisch zwingend, auf die Entstehung des Grundgesetzes zurückzublicken. Das Staatsverständnis des Parlamentarischen Rates könnte dabei Aufschluss darüber geben, welche Stellung die „innere Sicherheit"

416 „Der Zweck jeder politischen Vereinigung ist die Erhaltung der natürlichen und unantastbaren Menschenrechte. Diese sind das Recht auf Freiheit, das Recht auf Eigentum, das Recht auf Sicherheit und das Recht auf Widerstand gegen Unterdrückung." Einzusehen unter: http://www.verfassungen.eu/f/ferklaerung89.htm (eingesehen am 22.11.2014). Vgl. dazu Denninger, Prävention und Freiheit, in: Huster/Rudolph (Hrsg.), Vom Rechtsstaat zum Präventionsstaat, S. 85, 86.

417 Dazu: Denninger, Prävention und Freiheit, in: Huster/Rudolph (Hrsg.), Vom Rechtsstaat zum Präventionsstaat, S. 85, 86.

418 Limbach, AnwBl. 2002, 454.

419 Götz, Innere Sicherheit, HStR IV, § 85,{oder ohne Komma?} Rdn. 21.

in der Verfassung erhalten sollte und welchen Verfassungsrang sie letztendlich durch diesen verfassungsgebenden Prozess eingenommen hat.

Bereits in der ersten Grundsatzdebatte des Plenums des Parlamentarischen Rates hatte sich abgezeichnet, dass die Mehrheit der Ratsmitglieder für eine Verankerung von Grundrechten eintrat und diese sich auf die individuellen Freiheitsrechte beschränken sollten.[420] Bei den Mitgliedern des Parlamentarischen Rates wurde bei der Konstruktion der Grundrechte eine Motivation deutlich, die der damalige CDU-Abgeordnete *Dr. Hermann von Mangoldt* so zum Ausdruck brachte:

„Nach einer Zeit fortgesetzter Bedrückung und schwerster Missachtung der Menschenwürde musste es als unerlässlich erscheinen, die Achtung vor der Menschenwürde und als eine der notwendigsten Grundlagen dafür die alten Freiheitsrechte zu sichern. In den Grundrechten sollte also das Verhältnis des einzelnen zum Staate geregelt werden, der Allmacht des Staates Schranken gesetzt werden, damit der Mensch in seiner Würde wieder anerkannt werde."[421]

Deutlich ist der Gedanke zu erkennen, dass freiheitliche Werte den Kern der neuen Verfassung bilden sollten und generell die Intention zum Ausdruck kommen sollte, dass der Schutz der Freiheit des Individuums, aus seiner Menschenwürde resultierend, oberstes Ziel der Verfassungsgeber in ihrer Arbeit darstellte. Nach dem Ende des Zweiten Weltkrieges und am Beginn der Entwicklung in Deutschland dominierte noch das stark präsente Gefühl der Befreiung von der Unterdrückung durch einen Unrechtsstaat.[422] Somit wurden die Mitglieder des Parlamentarischen Rates bei der Verankerung der individuellen Freiheitsrechte von der Achtung der Menschenwürde nach deren Missachtung in der NS-Zeit geleitet.[423] Durch das Grundgesetz sollte eine Ordnung geschaffen werden, „die jedem einzelnen Deutschen die Freiheitsrechte schützt, ohne die ein Leben in Würde und Selbstachtung nicht möglich ist", aber zugleich „soll sich jener nicht auf die Grundrechte berufen dürfen, der von ihnen Gebrauch machen will zum Kampf gegen die Demokratie und die freiheitliche Grundordnung".[424]

Die wieder gewonnene Autonomie und Selbstbestimmung im Sinne einer möglichen Verwirklichung der je eigenen Identität als Kern der Freiheitsidee wurde allerdings im Laufe der Jahre immer stärker verdrängt von einem vor allem ökonomischen Verständnis der Freiheit.[425] Dennoch hat der Kern der Freiheitsidee auch die Entscheidungen der „Väter und Mütter" der Verfassung der Bundesrepublik Deutschland maßgeblich in ihrer Auffassung und Entscheidung geprägt. Folglich sollen durch die Durchsicht der entsprechenden Protokolle entsprechende Anhaltspunkte gefun-

420 Otto, Das Staatsverständnis des Parlamentarischen Rates, S. 68.
421 PR Drucks. 850, S. 5.
422 Schmitt Glaeser, Über Tendenzen zur Unterwanderung unserer Verfassung, in: JöR NF 2009, S. 39, 48.
423 Otto, Das Staatsverständnis des Parlamentarischen Rates, S. 75.
424 Otto, Das Staatsverständnis des Parlamentarischen Rates, S. 75.
425 Zitiert nach Schmitt Glaeser, Über Tendenzen zur Unterwanderung unserer Verfassung, in: JöR NF 2009, S. 39, 48.

den werden, die helfen können, die Frage zu beantworten wie die Mitglieder des Parlamentarischen Rates „innere Sicherheit" im Kontext der Verfassung verorten wollten.

In der 32. Sitzung des Parlamentarischen Rates am 11. Januar 1949 wurde die Frage diskutiert, welche Bedeutung der Sicherheit im Kontext des Art. 2 GG zukommen sollte.[426] Einig war man sich zumindest darüber, dass Art. 2 GG die Generalklausel für alle Grundrechte darstelle, aber darüber stehe die Menschenwürde, dann komme allgemeine Freiheit, die alles in sich schließe.[427] Die folgenden Art. 3, 4 und 5 GG seien dagegen allesamt Freiheiten, die aus dieser allgemeinen Freiheit fließen und eine Spezialisierung dieser allgemeinen Freiheit darstellen würden.[428] So kam es zu folgender Diskussion zwischen *Mangoldt, Süsterhenn, Heuss* und *Eberhard,* die die oben beschriebene Intention der Beteiligten zur Thematik Sicherheit und Freiheit in der Verfassung wiedergibt. Diesem hier im Folgenden zitierten Austausch ist die dazugehörige Fassung des Art. 2 GG[429] voranzustellen, die Anlass für dieses Gespräch war:

(1) Jeder hat das Recht auf Leben und körperliche Unversehrtheit, auf persönliche Freiheit und Sicherheit.
(2) Jeder hat das Recht auf die freie Entfaltung seiner Persönlichkeit, soweit er nicht die Rechte anderer verletzt und nicht gegen die verfassungsmäßige Ordnung oder das Sittengesetz verstößt.
(3) [...]

Auszug aus dem Protokoll der 32. Sitzung des Parlamentarischen Rates, vom 11. Januar 1949[430]:

> *Dr. Heuss*: „In dem Vorschlag von Dr. von Mangoldt ist mir eines nicht klar: Kann das Recht auf Sicherheit die Rechte Dritter verletzen?"
> *(Vors.) Dr. von Mangoldt:* „Durchaus. Man kann die Sicherheit übertreiben, man kann z. B. einen Weg nachts sperren, weil er die Sicherheit des eigenen Grundstücks beeinträchtigt. Dann kann der Nachbar nicht zu seinem Grundstück."
> *Dr. Süsterhenn:* „Das Recht auf Sicherheit ist zu verstehen insbesondere als das Recht der Sicherheit vor ungerechtfertigter Verhaftung, also ein absolutes Schutzrecht, während das Recht auf freie Entfaltung der Persönlichkeit ein gewisses Aktivitätsrecht ist, ein Recht, sich auszuwirken im Sinne der Persönlichkeitsentfaltung. Da kann ich in den Rechtsbereich anderer eindringen, dagegen mit dem Sicherheitsrecht nicht."
> *(Vors.) Dr. von Mangoldt:* „Dieses Recht auf Sicherheit geht weiter. [...] es ist die allgemeine Sicherheit des Lebens des Einzelnen."
> *Dr. Süsterhenn:* „Es ist ein Schutzrecht, ein negatives Recht, während das Recht auf freie Entfaltung der Persönlichkeit ein aktives Recht ist, durch das in andere

426 Mangoldt, JöR NF 1951, S. 62.
427 Mangoldt, JöR NF 1951, S. 62.
428 Mangoldt, JöR NF 1951, S. 62.
429 Fassung v. 20.01.1949, Drs. 751.
430 Zitiert aus Pikart/Werner (Bearb.), Der Parlamentarische Rat 1948-1949, Akten und Protokolle, Bd. 5/II, S. 925.

Rechtsbereiche eingedrungen werden kann. Das Recht auf Sicherheit dagegen befindet sich in Ruhe."
(Vors.) Dr. von Mangoldt: „Das Recht auf freie Entfaltung der Persönlichkeit ist das Recht auf persönliche Freiheit."
Dr. Süsterhenn: „Ich stimme Herrn *Dr. Heuss* zu, dass die Sicherheit hier nicht hineinpasst. [...]"
Dr. Süsterhenn: „Das Recht auf Sicherheit ist ein Recht auf Schutz gegen Eingriffe anderer. Sicherheit ist nichts, was von meiner Person ausgeht und in andere Rechtsbereiche hineingreift, sondern sie ist nur die Wahrung meines Rechtsbereiches. [...]"

Letztendlich wurde dann auch die Formulierung geändert und in der endgültigen Fassung ging der Begriff der Sicherheit verloren (vgl. Art. 2 GG).

Die Streichung und die vorangegangene Diskussion sind dem freiheitsrechtlichen Denken der Mitglieder des Parlamentarischen Rates geschuldet. Es ging in dem Gespräch primär um den Schutz des Individuums in der Ausübung seines allgemeinen Persönlichkeitsrechts. Die verfassungsrechtliche Stoßrichtung war die Erarbeitung einer freiheitlichen Grundordnung unter bewusst betonter Vermeidung einer Akzentuierung von Sicherheitsgewährleistungskompetenzen auf staatlicher Seite. Es ging, wie aus dem Dialog ebenfalls ersichtlich ist, um die Sicherheit „vor" dem Staat. Die Hervorhebung der Gewährleistung von Sicherheit vor willkürlicher Inhaftierung spiegelt sich auch in Art. 5 Abs. 1 EMRK wider, wie bereits im oberen Abschnitt angesprochen.

2. Aussagen des Grundgesetzes

Zum Allgemeingut in Staatstheorie und Staatsrecht gehört es, dass der Staat für den Schutz und die Sicherheit der Rechtsordnung und der Rechtsgüter zuständig und verantwortlich ist.[431] So wird die Gewährung von Schutz nach außen und innen als die „Existenz- und Legitimitätsgrundlage" des Staates gesehen.[432] Der bereits hier vorangestellte kurze ideengeschichtliche Abriss zur Entwicklung der Staatlichkeit bestätigt diesen Funktionsgedanken. Allein aus der Tatsache, dass es sich bei einem abgesteckten Territorialgebiet um einen Staat handelt, kann jedoch nicht geschlossen werden, dass damit zwangsläufig die Legitimation staatlichen Handelns verbunden ist. Die Legitimation staatlichen Handelns ergibt sich für die Bundesrepublik Deutschland seit Inkrafttreten des Grundgesetzes ausschließlich aus diesem selbst und aus dem daraus resultierenden verfassungskonformen Gesetzesrecht.[433]

Diese klare Linie mag vielleicht erstaunen, insbesondere wenn in der politischen und juristischen Sicherheitsdebatte des letzten Jahrzehnts immer wieder als Argument für die Legitimation von mehr Sicherheit durch den Staat zu lesen ist, dass der Staat sich doch spätestens seit Hobbes' Leviathan nur durch die Gewährleistung von

431 Gusy, Polizei- und Ordnungsrecht, § 3 Rz. 71.
432 Gusy, Polizei- und Ordnungsrecht, § 3 Rz. 71.
433 Gusy, Polizei- und Ordnungsrecht, § 3 Rz. 71.

Sicherheit gegenüber seinen Bürgern legitimiere. Der Bürger habe sich dem „Leviathan“ unterworfen und damit einen Teil seiner Freiheit freiwillig aufgegeben, um friedlich in einer Gesellschaft leben zu können, über die der Staat schützend seine Hand halte, indem ihm allein das Gewaltmonopol zugesprochen werde. Die ideengeschichtliche Begründung, dass der Staat die Aufgabe habe, Sicherheit zu gewährleisten, resultiert aus der primären Frage in der Staatslehre, nämlich nach dem Zweck des Staates.[434] Insbesondere die Lehre vom Staats- bzw. Herrschaftsvertrag gibt darauf die gewünschte Antwort, nämlich dass der Staat aus der Gewährleistung von Sicherheit seine Existenzberechtigung herleitet. Gleichzeitig wird zudem legitimiert, dass der Staat über ein alleiniges Gewaltmonopol verfüge. Wenn dies auch Grundlage aller Staatstheorie ist, so muss dennoch festgehalten werden, dass das Grundgesetz der Bundesrepublik Deutschland diesen Grundgedanken um ein vielfältigstes konkretisiert, ausgestaltet und variiert hat. Zur Begründung der Sicherheit als Staatszweck werden in der Literatur immer wieder die Vertragstheorien nach Hobbes und Locke als Grundlage herausgestellt. Eine solche Herleitung aus vorrechtlichen Gesichtspunkten muss, wie eingangs angeführt, jedoch ausscheiden, da die Frage, wie viel Staat und wie viel Gewaltmonopol in der Bundesrepublik existieren dürfen, seit Inkrafttreten des Grundgesetzes aus diesem selbst und aus dem verfassungskonformen Gesetzesrecht folgen muss.[435]

Auf die Kernfrage nach der Stellung der „inneren Sicherheit“ im Grundgesetz geht bereits *Dietlein* in seiner Arbeit über die grundrechtlichen Schutzpflichten ein.[436] So stellt er dazu fest, dass die staatstheoretische Begründung des korrespondierenden Verhältnisses von bürgerlicher Friedenspflicht und staatlichem Gewaltmonopol einerseits und der Pflicht des Staates, die Sicherheit seiner Bürger zu gewährleisten, andererseits nur dann positiv-rechtlich verfassungsrechtliche Verbindlichkeit für sich in Anspruch nehmen darf, wenn der entsprechende Gedanke dem Text des Grundgesetzes entweder unmittelbar oder zumindest als immanent vorausgesetztes Prinzip entnommen werden kann.[437] Folglich muss in der Tat zunächst dem Anspruch nachgegangen werden, inwiefern eine Verankerung einer „Garantenstellung“ des Staates zur Gewährleistung „innerer Sicherheit“ aus der Verfassung zu begründen ist. Die Frage ist also zunächst, ob „innere Sicherheit“ als Staatszweck, Staatsaufgabe, Staatsziel oder als verfassungsrechtliche Garantie gewertet werden kann und woraus sich dies verfassungsrechtlich begründen lässt.

Die Bejahung einer verfassungsrechtlichen Garantenstellung des Staates könnte die Ausweitung neuer komplexer rechtlicher Sicherheitsstrukturen, auch zulasten der Freiheitsrechte des Einzelnen, legitimieren. Andererseits würde aber die Verneinung der Garantenstellung das Bestreben nach weiter gehenden Sicherheitsmaßnahmen in ihre Schranken verweisen.

---

434 Vgl. auch Krings, Grund und Grenzen grundrechtlicher Schutzansprüche, S. 28.

435 Gusy, Polizei- und Ordnungsrecht, § 3 Rz. 71.

436 Dietlein, Die Lehre von den grundrechtlichen Schutzpflichten, S. 26.

437 Dietlein, Die Lehre von den grundrechtlichen Schutzpflichten, S. 26.

In der Literatur wird die Auffassung vertreten, dass sich eine Definition der „Staatsaufgabe" an sich zunächst schwierig gestalte, denn sie sei nicht abschließend zu bestimmen, da sie einem permanentem Wandel politischer Entscheidungen des Staates selbst unterworfen wäre.[438] Die Entscheidung darüber, welche Aufgaben letztendlich Staatsaufgaben darstellen, könne somit nicht anhand des Begriffs des Staates oder der Staatlichkeit ermittelt werden.[439] Staatsaufgaben erfassten dementsprechend alle Sachbereiche, welche sich der Staat zulässigerweise zu eigen mache.[440] Somit lasse sich durch den steten Wandel pauschal nicht festlegen, welche Aufgaben sich der Staat im Einzelnen aufgebe, sondern dies sei immer davon abhängig, welche Aufgaben sich der Staat zu einem bestimmten Zeitpunkt selbst zugewiesen habe.[441] Dabei ist es aber nicht zu belassen, denn jedenfalls die Aufgaben, welche dem Staat nach dem Grundgesetz rechtsverbindlich zugewiesen sind, werden als sogenannte „notwendige Staatsaufgaben" qualifiziert und anerkannt.[442]

Da es keine klare Aussage zu einer Staatsaufgabe „Sicherheit" gibt, muss auf punktuelle Angaben in der Verfassung geachtet werden. Diese sind jedoch ebenfalls sehr sparsam gesät. Lediglich in Art. 13 Abs. 4 und Abs. 7 GG sowie Art. 24 Abs. 2, Art. 35 Abs. 2, Art. 73 Nr 10 b, Art. 87 Abs. 1 und Art. 91 GG lassen sich Anhaltspunkte finden.

Insbesondere aus Art. 73 Nr. 10 GG erschließt sich ein verfassungsrechtlich manifestierter Bereich der „inneren Sicherheit". So wird in der Verfassungsentwicklung seit 1949 teilweise eine „Verfassungsentscheidung für die innere Sicherheit"[443] gesehen, die in der geltenden Fassung des Art. 73 Nr. 10 GG zum Ausdruck komme.[444] Aus ihm folgt, dass Verbrechensbekämpfung sowie Staats- und Verfassungsschutz Aufgaben der „inneren Sicherheit" sind. Gemäß Art. 73 Nr. 10 lit. c GG wird der Auftrag der Verfassungsschutzbehörde auf die Beobachtung der in Deutschland agierenden Gruppen ausgeweitet, die die Sicherheit fremder Staaten und Gesellschaften durch Gewalt bedrohen und auf diese Weise auch das Schutzgut der „auswärtigen Belange der Bundesrepublik Deutschland" gefährden.[445] Das Grundgesetz definiert den Verfassungsschutz als „Schutz der freiheitlichen demokratischen Grundordnung, des Bestandes und der Sicherheit des Bundes oder eines Landes" (vgl. Art 73 Nr. 10 lit. b GG).[446]

Eine Staatszielbestimmung, wie sie nachträglich noch dem Umweltschutz und Tierschutz gemäß Art. 20 a GG zugekommen ist, findet sich hingegen nicht. Es wird

438 Gusy, DöV 1996, 573, 574; Nitschke, Die materielle Polizeipflicht im Sinne einer Gefahrenabwehrpflicht als verfassungsrechtliche Grundpflicht, S. 42.

439 Gusy, DÖV 1996, 573, 574; Nitschke, Die materielle Polizeipflicht im Sinne einer Gefahrenabwehrpflicht als verfassungsrechtliche Grundpfllicht, S. 42.

440 BVerfGE 12, 205, 243; Maunz/Dürig, zit. Korioth, GG, Art. 30 Rdn. 9.

441 Nitschke, Die materielle Polizeipflicht im Sinne einer Gefahrenabwehrpflicht als verfassungsrechtliche Grundpflicht, S. 43.

442 Gusy, DÖV 1996, 573, 574.

443 Werthebach/Droste, in: Bonner Kommentar zum GG (Lfg. Februar 1999), Art. 73 Nr. 10, Rdn. 52.

444 Götz, HStR IV, § 85, Rdn. 2.

445 Götz, HStR IV, § 85 Rdn. 17.

446 Dazu ausführlich: Götz, HStR IV, § 85, Rdn. 2.

lediglich deutlich, dass der Schutz der Individualgrundrechte durch staatliche Gewalt gewährleistet werden soll. Innere Sicherheit wird andererseits aber auch gerade als Voraussetzung zur Erfüllung der sozial-, wirtschafts- und umweltpolitischen Staatsziele interpretiert.[447] Eine exponierte Stellung, die wie häufig angemerkt wird, bereits darin bestehe, dass Sicherheit der einzige Grund für die Legitimation staatlicher Herrschaft sei, hat sich in der Verfassung selbst in so deutlicher Form aber gerade nicht niedergeschlagen. Dies ist aber, wie bereits oben erörtert, mithin auch der Intention der Verfassungsgeber geschuldet.

a) Freiheit und Sicherheit als komplementäre Bedingungen einer demokratischen Verfassung

Die verfassungstheoretische Aussage, dass es zwischen Sicherheit und Freiheit keinen Vorrang gebe,[448] impliziert, dass Freiheit und Sicherheit vielfach nur begrenzt miteinander vereinbar seien,[449], auch wenn es sich um unverzichtbare komplementäre Bedingungen des demokratischen Verfassungsstaates handle[450]. Folglich ist zunächst die Frage nach dem Rangverhältnis beider Verfassungswerte zu beantworten, um klären zu können, ob Freiheit und Sicherheit letztendlich als „komplementäre Bedingungen einer demokratischen Verfassung" verstanden werden können.[451] Diejenigen, die ein objektiv-rechtliches Verständnis von Sicherheit haben, erkennen diese auch als Verfassungswert an. So hat das BVerfG in seiner Entscheidung zur sogenannten „Kontaktsperre" Sicherheit als „Verfassungswert" bezeichnet.[452] Der grundrechtliche Rang wird jedoch nicht überall so gesehen.[453] Die Beziehung zwischen Freiheit und Sicherheit wird somit unterschiedlich beurteilt. So wird vertreten, dass zwischen Sicherheit und Freiheit und Verfassungszielen wie Sozialstaatlichkeit, Kultur und europäischer Einigung keine Rangordnung bestünde.[454] Dem wird entgegengehalten, dass Sicherheit „Verfassungsinhalt" sei.[455] Diese Auffassung kann dahin gehend interpretiert werden, dass die Freiheit des einen nur der Freiheit des anderen als Rechtsgut gegenüberzustellen ist, aber nicht Freiheit gegenüber Sicherheit; somit sei auch keine Abwägung zwischen beiden Werten durchführbar.[456] Sicherheit stelle nach dieser Ansicht kein Rechtsgut innerhalb der Verfassung dar, sondern bezeichne lediglich einen Zustand, in welchem sich Rechtsgüter befinden könnten, nämlich den der relativen Abwesenheit von „Gefahren".[457] Wenn im Rahmen dieser Argumentation unterstellt

447 Götz, HStR IV, § 85, Rdn. 2.
448 Park, Wandel des klassischen Polizeirechts zum neuen Sicherheitsrecht, S. 116.
449 Waechter, JZ 2002, 854.
450 Nolte, DVBl 2002, 573.
451 Park, Wandel des klassischen Polizeirechts zum neuen Sicherheitsrecht, S. 116.
452 BVerfGE 49, 24, 56; zurückhaltend bis ablehnend dazu: Denninger, KJ 2002, 467, 469; Denninger StV 2002, 83, 101; Albrecht, Die vergessene Freiheit, S. 9 ff.
453 Zurückhaltend bis ablehnend zu Sicherheit als Verfassungswert: Denninger, KJ 2002, 467, 469; Denninger StV 2002, 83, 101; Albrecht, Die vergessene Freiheit, S. 9 ff.
454 Ress, VVDStRL 48, 1990, 56, 118.
455 Gusy, VVDStRL 63, 2004, 153, 154.
456 Park, Wandel des klassischen Polizeirechts zum neuen Sicherheitsrecht, S. 119.
457 Gusy, VVDStRL 63,2004, 153, 186.; Park, Wandel des klassischen Polizeirechts zum neuen Sicherheitsrecht, mit weiteren Nachweisen, S. 118 f., Fn. 666 f.

wird, dass Sicherheit kein „Selbstzweck" sei, so ist damit gemeint, dass Freiheit sowohl sicher als auch unsicher sein könne, wohingegen Sicherheit als solche in diesem Sinne – nämlich wie man in seiner Freiheit sicher geschützt sein kann – nicht konkret abschätzbar sei.[458] Aus diesem Grund habe sich Sicherheit auch nicht als konkretes Rechtsgut in der Verfassung etablieren können.[459] Das „Tatbestandsmerkmal der öffentlichen Sicherheit als Schutzgut des Polizeirechts" verweise lediglich auf die Rechtsgüter, deren Unversehrtheit gegen drohenden Schaden sichergestellt werden sollen.[460]

In der Literatur wird aber auch die Auffassung vertreten, dass Sicherheit gerade nicht im Gegensatz zur grundrechtlichen Freiheit stehe.[461] Zum einen wird darauf verwiesen, dass die Grundrechtsdogmatik nur dadurch „in Balance" komme, dass sie das einfache Recht nicht nur als Freiheitsschranke, sondern auch als Freiheitsvoraussetzung anerkenne.[462] Zum anderen wird zwischen Freiheit und Sicherheit auch kein Gegensatz gesehen, weil „Freiheit und Sicherheit" gleichbedeutend seien, und zwar nicht nur in dem vordergründigen Sinne.[463] Eine „vernünftige Ordnung" ist nicht nur selbstverständliche Voraussetzung und damit auch Grenze jeglicher Freiheit, sondern vor allem auch Gewährleistung und Bestätigung menschlicher Freiheit, d. h., dass kraft einer inneren Sachgesetzlichkeit „die beste denkbare Ordnung der menschlichen Dinge erwachse".[464]

Mit *Montesquieu* gesprochen ist die Freiheit das Recht, alles tun zu dürfen, was die Gesetze erlauben.[465] Um freien Menschen, die anderen gegenüber ihre Freiheit ausüben wollen, ihre Autonomie zu ermöglichen, ist eine gewisse Sicherheit eine grundlegende Voraussetzung.[466] Dennoch kann die Gewährleistung von „innerer Sicherheit" eine übermäßige Beeinträchtigung der Handlungsfreiheit und damit eine Autonomiebeschränkung darstellen.[467] In der Folge könnte man sagen, dass Sicherheit „unverträglich der Freiheit gegenüber tritt" und sogar mit dem Rechtsstaat in Konflikt stünde.[468] So schließen „die an Freiheit und Autonomie des Einzelnen orientierte Funktionslogik des liberalen Rechtsstaates und die an Sicherheit und Effizienz orientierte Logik des Sicherheits- und Präventionsstaates" einander aus.[469]

---

458 Gusy, Polizeirecht, S. 38.
459 Gusy, Polizeirecht, S. 38.
460 Park, Wandel des klassischen Polizeirechts zum neuen Sicherheitsrecht, S. 119.
461 Isensee, Das Grundrecht als Abwehrrecht und als staatliche Schutzpflicht, in: Isensee/Kirchhof (Hrsg.), HdbStR, Bd. V, § 111 Rdn. 85; Herzog, Vorbehalte und Grenzen der Staatlichkeit, in: Isensee/Kirchhof (Hrsg.), HdbStR Bd. III, § 58, Rdn. 82.
462 Isensee, Das Grundrecht als Abwehrrecht und als staatliche Schutzpflicht, in Isensee/Kirchhof (Hrsg.): HdbStR Bd. V, § 111 Rdn. 85.
463 Herzog, Vorbehalte und Grenzen der Staatlichkeit, in: Isensee/Kirchhof (Hrsg.), HdbStR Bd. III, § 58, Rdn. 82.
464 Herzog, Vorbehalte und Grenzen der Staatlichkeit, in: Isensee/Kirchhof (Hrsg.), HdbStR Bd. III, § 58, Rdn. 82.
465 Böckenförde, Recht, Staat, Freiheit, S. 56.
466 Schlink, Der Staat 1986, S. 233, 243; Kötter, Pfade des Sicherheitsrechts, S. 12.
467 Park, Wandel des klassischen Polizeirechts zum neuen Sicherheitsrecht, S. 116 f.
468 Maier, „Linksliberal", S. 88 f.
469 Maier, „Linksliberal", S. 88 f.

b) Gefahrenabwehr als Staatsaufgabe mit Verfassungsrang

Wie bereits gezeigt, hat sich die Gefahrenabwehr in der Vergangenheit zum wesentlichen Kern des Polizei- und Ordnungsrechts entwickelt. Die Gefahrenabwehr trägt damit, unter Wahrung des Grundsatzes der Verhältnismäßigkeit, wesentlich zur Verwirklichung des materiellen Polizeirechts bei. Fraglich ist jedoch, welche verfassungsrechtliche Stellung das Gefahrenabwehrrecht im Kontext neuer terroristischer Bedrohungslagen eingenommen hat, bzw. inwiefern Gefahrenabwehr als Staatsaufgabe bereits zu sehen ist oder sich zumindest dahin gehend verfassungsrechtlich manifestiert hat.[470] Es wird vertreten, dass es sich nicht empfehle, im Verfassungsrecht anstelle des Begriffs der „inneren Sicherheit" das polizeirechtliche Begriffspaar der „öffentlichen Sicherheit und Ordnung" zu verwenden,[471] auch wenn der Umgang mit den Begrifflichkeiten in der Literatur durchaus vertreten wird, indem von einer Differenzierung beider Begrifflichkeiten Abstand genommen wird.[472]

Die Gefahrenabwehr stellt eine verfassungsrechtliche Grundpflicht dar[473] und hat sich unter Wahrung des Grundsatzes der Verhältnismäßigkeit im Laufe der Zeit bis heute zum zentralen Zweck des Polizei- und Ordnungsrechts herauskristallisiert.[474]

Gefahrenabwehr ist danach dann als eine Staatsaufgabe zu werten, wenn sie kraft Verfassung dem Staat explizit zugewiesen worden ist.[475] Grundsätzlich umfasst die Gefahrenabwehr alle Tätigkeiten, die zur Abwehr einer Gefahr für die öffentliche Sicherheit und Ordnung ausgeübt werden.[476] Entsprechende Formulierung oder sinngleiche Inhalte, die eine Gefahrenabwehrpflicht des Staates wenigstens allgemein aus dem Wortlaut herleiten lassen, findet man jedoch in der Verfassung der Bundesrepublik Deutschland ebenfalls nicht. Nur vereinzelt lassen sich in ihr verfassungsrechtliche Normen finden, die sich mit der Gefahrenabwehr befassen. So heißt es in Art. 13 Abs. 4 S. 1 GG, dass zur Abwehr dringender Gefahren für die öffentliche Sicherheit, insbesondere einer gemeinen Gefahr oder einer Lebensgefahr, technische Mittel zur Überwachung von Wohnungen nur aufgrund richterlicher Anordnung eingesetzt werden dürfen. Art. 73 Abs. 1 Nr. 9a GG regelt Fälle der Zuständigkeit des Bundes bei der Abwehr von Gefahren des internationalen Terrorismus durch das Bundeskriminalpolizeiamt. Zu Recht wird aus der mangelnden ausdrücklichen Verankerung der

470 Hierzu umfassend: Nitschke, Andreas, Die materielle Polizeipflicht im Sinne einer Gefahrenabwehrpflicht als verfassungsrechtliche Grundpflicht, Frankfurt 2013.

471 Götz, HdBStR Bd. IV, § 85, Rdn. 3.

472 So Möstl, Die staatliche Garantie für die öffentliche Sicherheit und Ordnung, S. 126. Möstl begründet eine „gegenständliche Deckungsgleichheit der verfassungsrechtlichen und der polizeilichen Schutzgüter und die Austauschbarkeit der Begriffe ‚Öffentliche' und ‚Innere' Sicherheit".

473 Dazu insbesondere ausführlich: Nitschke, Die materielle Polizeipflicht im Sinne einer Gefahrenabwehrpflicht als verfassungsrechtliche Grundpflicht, Frankfurt 2013.

474 Nitschke, Die materielle Polizeipflicht im Sinne einer Gefahrenabwehrpflicht als verfassungsrechtliche Grundpflicht, S. 42.

475 Nitschke, Die materielle Polizeipflicht im Sinne einer Gefahrenabwehrpflicht als verfassungsrechtliche Grundpflicht, S. 44.

476 Nitschke, Die materielle Polizeipflicht im Sinne einer Gefahrenabwehrpflicht als verfassungsrechtliche Grundpflicht, S. 44.

Gefahrenabwehr in der Verfassung geschlossen, dass partielle Hinweise in einigen Normen nicht ausreichen können, um darin bereits ein Fundament für die Staatsaufgabe der Gefahrenabwehr im Allgemeinen begründen zu können.[477] Es wird daraus jedoch zumindest weiter gehend geschlossen, dass es eine im Grundgesetz ausdrücklich normierte „Staatsaufgabe Sicherheit" nicht gebe und dass die wenigen im Grundgesetz diesbezüglich geregelten Fälle auch nicht als Ausdruck eines allgemeinen Prinzips angesehen werden könnten.

Kritisch ist hier zu sehen, dass „Gefahrenabwehrpflicht" und „innere Sicherheit" nicht mehr differenziert werden, insbesondere weil die Gefahrenabwehr lediglich als Teilaspekt der Gewährleistung innerer Sicherheit neben z. B. der repressiven Strafverfolgung zu sehen ist.

Nach einer Ansicht werden aber innere Sicherheit und Gefahrenabwehr in ein Verhältnis gesetzt, durch das die „Gefahrenabwehr zur Gewährleistung bzw. Wiederherstellung der „inneren Sicherheit" bereits eine Staatsaufgabe darstelle", dies sei „trotz der fehlenden ausdrücklichen Klarstellung im Grundgesetz" heute allgemein anerkannt.[478] Allerdings wird auch hier in der Literatur nicht explizit von der Gefahrenabwehrpflicht gesprochen, sondern von dem ganzheitlichen Begriff der „inneren Sicherheit", der weitaus mehr als die reine präventive Gefahrenabwehrpflicht umfasst, die sich aus dem materiellen Polizeirecht herausgebildet hat. Die „polizeirechtliche Begrifflichkeit" könnte zu einem Missverständnis führen, dass es sich bei „innerer Sicherheit" ausschließlich oder überwiegend um eine Polizeiangelegenheit handle, denn Kernaufgabe der Gewährleistung „innerer Sicherheit" ist die Bekämpfung von Kriminalität.[479] Daraus folgernd gehören zur „inneren Sicherheit" mehrere entscheidende Komponenten: zum einen die unter dem Begriff der „Verbrechensbekämpfung" zusammengefasste „Verbrechensverhütung" und „Strafverfolgung" durch Polizei und Justiz,[480] zum anderen die in der deutschen Rechtsentwicklung als sicherheitspolizeilich eingestuften Aufgaben des Melde-, Pass-, Ausländer-, Vereins- und Versammlungswesens sowie sämtliche vollzugspolizeilichen Aufgaben. Die Aufgaben des Verfassungsschutzes, der Nachrichtendienste und des Katastrophenschutzes werden ebenfalls der Gewährleistung „innerer Sicherheit" zugeordnet.[481] Folglich ist bei einer abschließenden Feststellung, welchen Rang „innere Sicherheit" im verfassungsrechtlichen Gefüge der Bundesrepublik eingenommen hat, die Gefahrenabwehrpflicht lediglich als ein spezielles Element, eine Art Baustein zur Gewährleistung innerer Sicherheit in ihrer Ganzheitlichkeit, gesehen werden.

Abschließend kann also festgestellt werden, dass das Grundgesetz weder eine eindeutig bezeichnete Staatsaufgabe noch ein bestimmtes Staatsziel der Sicherheitsgewährleistung vorweist. Eine ausdrückliche Verankerung der Staatsaufgabe „Sicherheit" fehlt. Dennoch wird immer wieder von der Staatsaufgabe Sicherheit gesprochen. Dem Staat obliege danach die verfassungsrechtliche Pflicht, die Sicherheit der grund-

477 Gusy, DöV 1996, 573, 577.
478 Korioth, in: Maunz/Dürig GG, Art. 30 Rdn. 12.
479 Götz, HStR IV, § 85, Rdn. 3.
480 Götz, HStR IV, § 85, Rdn. 3.
481 Götz, HStR IV, § 85, Rdn. 5.

rechtlichen Schutzgüter vor Übergriffen Privater mit rechtsstaatlichen Mitteln wirksam zu gewährleisten.

Insbesondere bestehe die Staatsaufgabe darin, einerseits den objektiven Schutzbedarf der Grundrechte zu erfüllen und Sicherheit als Gesamtzustand des Gemeinwesens zu wahren und andererseits den subjektiven Schutzbedürfnissen der Grundrechtsträger gerecht zu werden. Es entstehe also ein „Doppelcharakter der Grundrechte“[482]. So bieten die Grundrechte einerseits dem Staat Einhalt, unmittelbar selbst in die grundrechtlich geschützten Rechtsgüter des Einzelnen einzugreifen, und gebieten andererseits den verfassungsrechtlich legitimierten staatlichen Organen, ebendiese Güter auch vor Verletzungen durch andere bzw. nicht staatliche Dritte zu bewahren.

Trotz des Schweigens des Grundgesetzes ergibt sich eine Pflicht des Staates, für die Sicherheit seiner Bürger und Bürgerinnen zu sorgen, aus dem Gesamtsinn der Verfassung, vornan aus dem Rechtsstaatsprinzip und dem Recht auf Leben und körperliche Unversehrtheit.[483]

Verfassungsrechtlich verbürgt ist die Gewährleistung der Grundrechte, Art. 19 Abs. 1 bis 4 GG. Darin beinhaltet ist der Schutz vor staatlichen Eingriffen. Soweit diese Grundrechte gefährdet sind oder verletzt wurden, ist es Aufgabe des liberalen Rechtsstaates, diese Rechte vor den Eingriffen Dritter zu schützen. Dies ist jedoch nur in dem gesetzlichen Rahmen und immer nur unter der Prämisse des Gedankens möglich, dass der Staat nur mit entsprechender gesetzlicher Eingriffsermächtigung legitimiert ist.

III. Die verfassungsrechtliche Pflicht zur Gewährleistung „innerer Sicherheit“ in der Rechtsprechung des BVerfG und das Instrument der „grundrechtlichen Schutzpflichten“

Es ist dem zuzustimmen, wenn behauptet wird, dass mit der Anerkennung der Figur der „grundrechtlichen Schutzpflichten“ sicherlich auch ein Paradigmenwechsel in der Dogmatik der Freiheitsgrundrechte des Grundgesetzes verbunden bzw. zu erkennen gewesen ist.[484] Grundrechte sind Elemente einer objektiven Werteordnung. Sie enthalten nicht nur subjektive Abwehrrechte des Einzelnen gegen den Staat, sondern verkörpern zugleich eine objektive (Werte-)Ordnung, die als verfassungsrechtliche Grundentscheidung für alle Bereiche des Rechts gilt und Richtlinien und Impulse für Gesetzgebung, Verwaltung und Rechtsprechung gibt.[485] Die Grundrechte müssen mithilfe der Rechtsordnung umgesetzt werden, was zur Lehre von den grundrechtlichen Schutzpflichten geführt hat.[486] Die Grundlage der Lehre von den grundrechtli-

482 Wabl/Masing, JZ 1990, S. 553, 558.
483 Limbach, AnwBl 2002, S. 454.
484 Krings, Grund und Grenzen grundrechtlicher Schutzpflichten, S. 17.
485 BVerfGE 7, 198, 205; 39, 1, 41.
486 Zippelius/Würtenberger, Deut. Staatsrecht, § 17 Rz. 29.

chen Schutzpflichten liegt in der Aufgabe des modernen Staates, Freiheit und Sicherheit angemessen zu schützen.[487] Der Staat wird also durch den objektiven Gehalt der Grundrechte verpflichtet, die grundrechtliche Freiheit zu schützen und zu sichern.[488] Er schützt den Bürger, in dessen Grundrechte durch Mitbürger eingegriffen wird. Dementsprechend ist hier nicht der Schutz der Freiheit des Bürgers „vor" Eingriffen des Staates gemeint, sondern tatsächlich der Schutz der Freiheit des Bürgers „durch" den Staat. Dem Staat wird die Aufgabe zuteil, den Einzelnen vor Übergriffen Dritter in seinen grundrechtlich gewährleisteten Bereich zu bewahren.[489] Die dualistische Konzeption einer „verstärkten Geltungskraft der Grundrechte"[490] durch Anerkennung weiterer, über die staatsabwehrende Funktion hinausgehender Rechtswirkungen der Grundrechte ist das Ergebnis einer jahrzehntelangen intensiven Diskussion und Interpretation der Grundrechte und der gesamten Verfassung.[491]

Dennoch darf trotz dieses Entwicklungsprozesses hin zur Konstruktion und Anerkennung der grundrechtlichen Schutzpflichten nicht in Vergessenheit geraten, dass die Grundrechte des deutschen Grundgesetzes nach dem bis heute vorherrschenden, an der geistesgeschichtlichen Tradition des liberalen Rechtsstaates orientierten Verfassungsverständnisses primär subjektive, gegen staatliche Machtausübung gerichtete Abwehrrechte darstellen und gerade auch vor dem Hintergrund des nationalsozialistischen Unrechtsstaates das Ergebnis historischer Konflikte und Ausdruck der Bändigung staatlicher Macht sind.[492] Weil dies so ist und dieser Gedanke die bundesdeutsche Verfassung prägend durchzieht, bedarf eine Ableitung über die „abwehrrechtliche Urfunktion" hinausgehender Rechtswirkungen der Grundrechte einer ausgiebigen Begründung.[493] Denn so geben die Art. 2 Abs. 2 S. 1 GG und Art. 14 Abs. 1 GG, welche die körperliche Unversehrtheit, das Leben und das Eigentum eines jeden Bürgers schützen, als Grundrechte primär ein Abwehrrecht gegen den Staat. Aus der Verfassung geht kein allgemeiner und ausdrücklicher Leistungsanspruch des Bürgers gegenüber dem Staat hervor, der diesen verpflichten würde, seine Rechtsgüter tatsächlich und aktiv zu schützen.

Nur wenige Grundrechte sind explizit als Leistungsrechte ausgestaltet. Ein Beispiel ist Art. 6 Abs. 4 GG, wonach jeder Mutter der Schutz und die Fürsorge der Gemeinschaft zustehen. Hinzu kommen die Gleichheits- und Teilhaberechte, wie z. B. das gemäß Art. 38 Abs. 1 S. 1 GG gewährte Recht auf Teilhabe an den Bundestagswahlen. Lediglich in ausdrücklich geregelten Fällen, wie z. B. in Art. 6 Abs. 1 GG, ist der Staat zum Schutz der konkret grundrechtlich geschützten Rechtsgüter gegenüber Angriffen Dritter sowohl berechtigt als auch verpflichtet.

487 Vgl. Zippelius/Würtenberger, Deut. Staatsrecht, § 17 Rz. 29.
488 Zippelius/Würtenberger, Deut. Staatsrecht, § 17 Rz. 29.
489 Zippelius/Würtenberger, Deut. Staatsrecht, § 17 Rz. 29.
490 Vgl. Stern, Staatsrecht III, Bd. 1, S. 897 ff.; Dietlein, Die Lehre von den grundrechtlichen Schutzpflichten, S. 51.
491 Dietlein, Die Lehre von den grundrechtlichen Schutzpflichten, S. 51, mit Verweis auf die Ausführungen von Stern, Staatsrecht III, Bd. 1, S. 897 ff.
492 Dietlein, Die Lehre von den grundrechtlichen Schutzpflichten, S. 52, mit Verweis u. a. auf Isensee, Das Grundrecht auf Sicherheit, S. 27.
493 Vgl. dazu ausführlich: Dietlein, Die grundrechtlichen Schutzpflichten, S. 52 ff.

1. Tripolare Konstellation als Voraussetzung für die Konzeption grundrechtlicher Schutzpflichten

Nach der Lehre von den grundrechtlichen Schutzpflichten stellen die grundrechtlichen Verbürgungen zugleich objektiv rechtliche Wertentscheidungen dar, die für alle Bereiche der Rechtsordnung gelten und Richtlinien für Gesetzgebung, Verwaltung und Rechtsprechung geben.[494]

Fraglich ist im Kern bei dieser Auseinandersetzung mit den grundrechtlichen Schutzpflichten nicht nur, inwieweit aus den klassischen Freiheitsgrundrechten eine tatsächliche Berechtigung des Staates resultiert, den Bürger vor Eingriffen Dritter zu schützen, sondern auch, ob der Bürger ein reales Leistungsrecht gegenüber dem Staat aus seinen Freiheitsrechten ableiten könnte. Ließe man diesen Gedanken verfassungsrechtlich zu, wäre die Folge, dass der Staat seine Eingriffe in die Freiheitsrechte des Bürgers zu deren Sicherheit schon aus der Leistungspflicht heraus rechtfertigen könnte. Die Konsequenz daraus wäre auch, dass der Staat nicht mehr das Risiko eingehen dürfte, mögliche Sicherheitslücken zulasten der Freiheitsrechte der Bürger ungeschlossen zu lassen, ohne einem Haftungsanspruch des auf Unversehrtheit von Körper und Eigentum leistungsberechtigten Bürgers ausgesetzt zu sein.

Das Bundesverfassungsgericht hat über Jahrzehnte hinweg eine „Dogmatik der Grundrechte“ entwickelt, nach der diese auch als Schutznormen in Anspruch genommen werden können.[495] Dieser Entwicklungsprozess begann mit der sogenannten „Lüth-Entscheidung“[496] des Bundesverfassungsgerichts in den 1950-Jahren, wobei es streitgegenständlich um eine zivilrechtliche Auseinandersetzung um den Boykott eines Filmes ging. Hier wurde festgestellt, dass die Freiheitsgrundrechte auch objektivrechtliche Werteentscheidungen der Verfassungsordnung darstellen.[497] Konkreter und juristisch weitaus folgenreicher war dann im Jahr 1975 die Entscheidung des BVerfG zum Schwangerschaftsabbruch.[498] Hier wurde festgestellt, dass die Schutzpflicht des Staates umfassend sei.[499] Sie verbiete nicht nur unmittelbare staatliche Eingriffe in das sich entwickelnde Leben, sondern gebiete dem Staat auch, sich schützend und fördernd vor dieses Leben zu stellen, das heiße vor allem, es auch vor rechtswidrigen Eingriffen seitens anderer zu bewahren (insbesondere auch seitens der Mutter).[500]

In der Literatur wird dieses Urteil häufig als „bahnbrechend“ oder gar als „juristischer Paukenschlag“ bezeichnet, da das Recht auf Leben kraft der Schutzpflicht, die es auslöst, zum Eingriffstitel gegenüber dem privaten Dritten werde.[501] Eine weitere Konkretisierung fanden die grundrechtlichen Schutzpflichten in den 1970er-Jahren

494 BVerfGE 59, 1, 41 f.
495 Kühling, Die Rechtsprechung des Bundesverfassungsgerichts und das Recht der Inneren Sicherheit, in: Friedrich-Ebert-Stiftung (Hrsg.), Sicherheit vor Freiheit?, S. 53.
496 BVerfGE 7, 198 ff.
497 Vgl. BVerfGE 7, 198, 205.
498 BVerfGE 39, 1.
499 BVerfGE 39, 1, 42.
500 Vgl. BVerfGE 39, 1, 42.
501 Vgl. Isensee, Das Grundrecht auf Sicherheit, S. 27.

im Kontext des in dieser Zeit vorherrschenden Terrorismus der RAF. So hat das BVerfG hinsichtlich der Frage der Rechtmäßigkeit einer umfassenden „Kontaktsperre" festgestellt, dass die Einbuße an grundrechtlicher Freiheit aufgewogen werde durch die Wahrung anderer Rechtsgüter der Verfassung.[502] Grundlage für den Beschluss war die Frage nach der verfassungsrechtlichen Rechtfertigung einer Maßnahme zur Abwehr terroristischer Handlungen. Das zu diesem Zweck eingeführte Kontaktsperregesetz ermächtigt die Unterbrechung jeglicher Verbindung der Gefangenen untereinander und mit der Außenwelt, insbesondere einschließlich des mündlichen und schriftlichen Verkehrs mit dem eigenen Strafverteidiger und der Einführung einer Trennscheibe bei Kontakt von Rechtsanwalt und Gefangenem. So führte das Gericht aus, dass es eine „Sinnverkehrung des Grundgesetzes" wäre, wolle man dem Staat verbieten, terroristischen Bestrebungen, die erklärtermaßen die Zerstörung der freiheitlichen demokratischen Grundordnung zum Ziel haben und die planmäßige Vernichtung von Menschenleben als Mittel zur Verwirklichung dieses Vorhabens einsetzen, mit den erforderlichen rechtsstaatlichen Mitteln wirksam entgegenzutreten.[503]

In der Folge kam es zu der Entscheidung in der Entführungssache des damaligen Arbeitgeberpräsidenten *Hanns Martin Schleyer*[504]. Es war vom BVerfG zu entscheiden, ob die Bundesregierung verpflichtet sei, den Forderungen der Entführer von *Schleyer* nachzukommen, um die drohende und gegenwärtige Gefahr für das Leben des Entführten abzuwenden. Das BVerfG kam zu dem Ergebnis, dass die staatlichen Organe selbst in Eigenverantwortung ihrer Verpflichtung zu einem effektiven Schutz des Lebens nachkommen dürfen.[505] Es verweist in seiner Entscheidung ebenfalls auf Art. 2 Abs. 2 S. 1 i. V. m. Art. 1 Abs. 1 S. 2 GG, der den Staat verpflichte, jedes menschliche Leben zu schützen. Ein effektiver Lebensschutz sei mit den entsprechenden Mitteln zu erreichen. Vorliegend sei aber ein solcher Fall nicht gegeben gewesen, da die Eigenart des Schutzes gegen lebensbedrohende terroristische Erpressungen dadurch gekennzeichnet sei, dass die gebotenen Maßnahmen der Vielfalt singulärer Lagen angepasst sein müssten.[506] Sie könnten weder generell im Voraus normiert noch aus einem Individualgrundrecht als Norm hergeleitet werden.[507] Das Grundgesetz begründe eine Schutzpflicht nicht nur gegenüber dem Einzelnen, sondern auch gegenüber der Gesamtheit der Bürger.[508]

Mit den folgenden Entscheidungen Ende der 1970er-Jahre zu den Genehmigungen für die Kernkraftwerke Kalkar[509] und Mülheim-Kärlich[510] hat das BVerfG zu der Frage nach einem grundrechtlichen Schutz vor den Risiken der Kernkraftenergie ebenfalls Stellung bezogen. Das BVerfG stellte fest, dass angesichts der Art und

502 BVerfGE 49, 24; vgl. dazu Isensee, Das Grundrecht auf Sicherheit, S. 29 f.
503 BVerfGE 49, 24, 56 f.
504 BVerfGE 46, 160, 164 (siehe auch ausführlich Kap. D II. 2.).
505 BVerfGE 46, 160, 164.
506 BVerfGE, 46, 160, 164.
507 BVerfGE, 46, 160, 164.
508 BVerfGE, 46, 160, 164.
509 BVerfGE 49, 89.
510 BVerfGE 53, 30.

Schwere der Schäden, die aus der Kernenergie folgen könnten, bereits eine entfernte Wahrscheinlichkeit eines Schadenseintritts genügen müsse, um die verfassungsrechtliche Schutzpflicht des Gesetzgebers konkret auszulösen.[511] Mit der „Fluglärmentscheidung" Anfang der 1980er-Jahre rückten dann auch gesundheitsgefährdende Auswirkungen in den Vordergrund und begründeten eine Pflicht des Gesetzgebers, diese zu bekämpfen und damit neben der körperlichen Unversehrtheit auch die nicht körperliche Einwirkung, die dem körperlichen Eingriff gleichzusetzen ist, zu schützen.[512]

Zusammenfassend kann mit den Worten des BVerfG gesagt werden, dass in seiner Rechtsprechung seit vier Jahrzehnten zur Rechtfertigung von Maßnahmen, die der Gewährleistung innerer Sicherheit dienen, konstatiert wird, dass der Bestand des Bundes und eines Landes sowie Leib, Leben und Freiheit einer Person, die vor Gefahren geschützt werden sollen, Schutzgüter von hohem verfassungsrechtlichem Gewicht sind und die Sicherheit des Staates als „verfasster Friedens- und Ordnungsmacht" und die von ihm - unter Achtung von Würde und Eigenwert des Einzelnen - zu gewährleistende Sicherheit der Bevölkerung Verfassungswerte sind, die mit anderen hochwertigen im gleichen Rang stehen.[513]

Mit Recht kann auf dogmatischer Ebene festgehalten werden, dass die grundrechtliche Schutzpflicht dann an Brisanz gewinnt, wenn eine „tripolare Konstellation" mit zwei Grundrechtsträgern, nämlich einem Schutzbedürftigen auf der einen Seite und einem Gefahrenverursacher (Störer) auf der anderen Seite, und dem zum Schutz verpflichteten Staat vorliegt.[514] Fraglich ist jedoch, wie bzw. ob sich das Konzept der grundrechtlichen Schutzpflichten auf die Konstellation des Gefahrenabwehrrechts auswirkt, und zwar auf die Situation, in der der vermeintliche Gefahrenverursacher noch nicht bekannt ist und erst ermittelt werden muss, aber auch das Ausmaß der möglichen Gefahr noch eine Unbekannte ist.

2. Bipolare Konstellation als Ausschluss der Konzeption der grundrechtlichen Schutzpflichten

Setzt man eine „tripolare Konstellation", wie sie die grundrechtlichen Schutzpflichten darstellen, in Bezug zur aktuellen Terrorismusbekämpfung, insbesondere mit Blick auf den präventiven Schwerpunkt der Tätigkeiten, wird deutlich, dass jene nicht greift. Der potenzielle „Störer" und die befürchtete Gefahr sind im Rahmen der präventiven Terrorismusbekämpfung tatsächlich noch nicht bekannt. Maßnahmen zur Sicherheitsgewährleistung, insbesondere solche, die der Gefahrenvorsorge dienen, betreffen eine unbestimmte Gruppe von Unbeteiligten, die eigentlich eher „bipolare" als „tripolare" Grundrechtsträger darstellen. Denn Störer und Unbeteiligter können hier zusammenfallen, sodass der Staat zum Schutz der Grundrechte einer Person gleichzeitig in deren Rechte eingreifen kann, um überhaupt den potenziellen Störer am En-

511 BVerfGE, 49, 89, 142.

512 BVerfGE 56, 54, 73 ff.

513 Calliess, DVBl, 2001, S. 1725, 1732 ff.

514 Schwarz, Die Dogmatik der Grundrechte, in: Blaschke/Förster u. a. (Hrsg.), Sicherheit statt Freiheit, S. 29, 42.; zustimmend: Alexy, Theorie der Grundrechte, S. 410 f.

de ermitteln zu können. Unter dem Vorsorgekonzept begegnet der Bürger dem Rechtsstaat mit zwei verschiedenen Gesichtern innerhalb einer Maßnahme: Er wird als Adressat hoheitlicher Sicherheitsmaßnahmen überwacht, d. h. in seiner „informationellen Freiheit" aus Art. 2 Abs. 1 i. V. m. 1 Abs. 1 GG beschränkt, und zugleich in seinen Grundrechten auf Leben, körperliche Unversehrtheit und Freiheit aus Art. 2 Abs. 2 GG geschützt"[515].

Die grundrechtlichen Schutzpflichten greifen also tatsächlich nur dann, wenn wirklich eine „tripolare Konstellation"[516] vorliegt. Fehlt der eigentliche Störer und ist die Gefahr noch nicht zu benennen, gehen die Schutzpflichten ins Leere.

Vorkehrungen, die seitens des Gesetzgebers eingeleitet worden sind, um terroristischen Bedrohungen im Vorfeld entgegenwirken zu können, sei es u. a. mithilfe präventiver Telekommunikationsüberwachung[517], präventiver Rasterfahndung[518] oder mit einer Legitimation des Abschusses entführter Flugzeuge[519], sind in den entsprechenden Entscheidungen des BVerfG begrenzt worden.

Unter den Autoren, die ein „Grundrecht auf Sicherheit" begründen oder im Kontext der Terrorismusbekämpfung des 21. Jahrhunderts neu aufbereitet haben, werden die grundrechtlichen Schutzpflichten als „Herzstück" der staatlichen Sicherheitsgarantie und als Basis für die Herleitung und Rechtfertigung eines Staates als Sicherheitsgarant herangezogen.[520] Im Kontext der Diskussion um die verfassungsrechtliche Stellung der Gewährleistung von „innerer Sicherheit" ist also dennoch immer wieder die Rede von den „grundrechtlichen Schutzpflichten". Keiner der im Folgenden genannten Vertreter, die im Staat einen Sicherheitsgaranten sehen oder ein „Grundrecht auf Sicherheit" für der Verfassung immanent halten, kommen in ihrer Argumentation ohne die Figur der „grundrechtlichen Schutzpflichten" aus. Sowohl die Arbeiten von *Isensee* als auch *Robbers* oder *Möstl* sind letztendlich jede für sich Werke zur Legitimation des Staates als „Sicherheitsgarant" auf Grundlage der Konstruktion der grundrechtlichen Schutzpflichten.

Diese Argumentationskette soll im Folgenden aufgezeigt und bewertet werden. Vor allem ist bereits festgestellt worden, dass die grundrechtlichen Schutzpflichten in einem „bipolaren Verhältnis" eben nicht greifen können.

515 Middel, Innere Sicherheit und präventive Terrorismusbekämpfung, S. 341.

516 Schwarz, Die Dogmatik der Grundrechte, in: Blaschke/Förster u. a. (Hrsg.), Sicherheit statt Freiheit, S. 29, 42; dazu ebenfalls zustimmend: Alexy, Theorie der Grundrechte, S. 410 f.

517 BVerfGE 110, 33.

518 BVerfGE 115, 320.

519 BVerfGE 115, 118; BVerfGE 132,1.

520 Bull, Wie weit reicht das Sicherheitsversprechen des Staates gegenüber seinen Bürgern?, in: Graulich/Simon (Hrsg.), Terrorismus und Rechtsstaatlichkeit, S. 303, 306, mit Verweis auf Möstl, Die staatliche Garantie für die Öffentliche Sicherheit und Ordnung, S. 25; vgl. auch Isensee, Das Grundrecht auf Sicherheit, S. 27 ff.; Robbers, Menschenrecht auf Sicherheit, S. 129 ff.

IV. Die Konstruktion eines „Grundrechts auf Sicherheit" zur Legitimation eines neuen Sicherheitsverständnisses?

Nachdem in einer Gesamtbetrachtung die Auswirkungen des Strebens nach einer effizienteren „Sicherheitsarchitektur" skizziert wurden,[521] sowohl im repressiven als auch im präventiven Bereich der Terrorabwehr, bleibt noch eine weitere entscheidende Frage zu beantworten, nämlich ob das „Grundrecht auf Sicherheit" den genannten Entwicklungen und den daraus resultierenden Problemen Unterstützung leisten kann und die rechtlich zahlreichen Gesetzesänderungen legitimiert. Ist die Konstruktion eines „Grundrechts auf Sicherheit" lediglich eine „politische Kunstfigur"[522] oder doch tatsächlich ein „Staatsziel mit Verfassungsrang"[523], legitimiert durch die anerkannten grundrechtlichen Schutzpflichten? Dabei darf in dieser Diskussion dennoch das Gebot nicht außer Acht gelassen werden, dass die Bekämpfung der Terrorismusgefahr die Grundlagen rechtsstaatlichen Verhaltens, d. h. auch das die Menschenrechte achtende Verhalten, nicht verlieren darf. Ist es nicht unzulässig, im „Kampf um die Werte", die man verteidigen will und muss, ebendiese Werte zu opfern, oder besteht auch bei Anerkennung eines „Grundrechts auf Sicherheit" diese Gefahr überhaupt nicht? Wäre dieses Opfer nicht gar unnötig, weil im Rahmen des Rechts ausreichende Gegenmaßnahmen zur Verfügung stehen, oder darf es wirklich hingenommen werden, dass weiter gehende Maßnahmen zur Terrorismusbekämpfung, die von unserem Rechtsstaat nicht gedeckt wären, trotzdem zum Zuge kämen?

1. Die Vorstufe: Ein Recht auf „Freiheit von Furcht"

Im Rahmen der politischen Debatte um die Frage nach der effizienten Bekämpfung des internationalen Terrorismus sind die Empfindungen der Gesellschaft häufig erster Rechtfertigungsgrund für die Einführung neuer Terrorabwehrmaßnahmen und damit für die Gewährleistung von mehr Sicherheit. Die Presse bringt es auch hier wieder auf den Punkt, wenn sie im Kontext der aktuellen Bedrohung durch den globalen Terrorismus schreibt: „Der Terror hat eine doppelte Wirkung, unmittelbar nimmt er Leben, überraschend und zufällig, indirekt verbreitet er Angst, die die Gesellschaft lähmen kann."[524] Die Überschrift des Artikels, in dem sich dieser hier zitierte Satz findet, ist ein Sinnbild für ein Paradigma, welches vor allem die Anschläge vom 11. September 2001 in den Köpfen der Menschen der westlichen demokratischen Staaten ausgelöst haben, wenn sie da lautet: „Wenn sich die Freiheit fürchtet"[525]. Die Frage nach mehr innerer Sicherheit, insbesondere mit Bezug auf die Bekämpfung des internationalen Terrorismus, beschäftigt sich vordergründig mit der tatsächlichen Handhabe sowohl im präventiven Bereich der öffentlichen Sicherheit als auch im repressiven Bereich der Strafverfolgung, hintergründig aber auch mit dem sicherheits-

521 Kritisch zur „effizienten Sicherheitsarchitektur": Roggan/Bergemann, NJW 2007, 876-881.
522 Albrecht, Die vergessene Freiheit, S. 45.
523 Möstl, Die staatliche Garantie für die Öffentliche Sicherheit und Ordnung, S. 18 f.
524 Prantl, Ein Staat mit Tausend Augen, in: Süddeutsche Zeitung, Ausgabe vom 02.01.2004, S. 4.
525 Prantl, Ein Staat mit Tausend Augen, in: Süddeutsche Zeitung, Ausgabe vom 02.01.2004, S. 4

rechtlichen Umgang mit der neuen Angst in der Gesellschaft und wie der Staat ihr gerecht wird. Die Frage ist allerdings, ob er ihr überhaupt gerecht werden muss? Zumindest konnte bereits festgestellt werden, dass der Wandlungsprozess im Sicherheitsdenken maßgebend nicht nur von potenziellen Gefährdungslagen gelenkt, sondern dass bereits durch ein potenzielles „Unsicherheitsempfinden" die Sicherheitspolitik beeinflusst wird. Folglich erscheint es zumindest notwendig, gedanklich den Weg zum ureigenen Auslöser eines veränderten Sicherheitsdenkens zu gehen, nämlich der Furcht bzw. Angst vor möglichen Gefährdungslagen des Individuums.

Bereits im Naturrecht der Aufklärung wird konstatiert, dass es Sache des Staates sei, die innere Ruhe ohne „Furcht vor Unrecht oder Rechtsverletzung" sowie die Sicherheit ohne „Furcht vor äußerer Gewalt" zu gewährleisten.[526] Auch in der Literatur der Gegenwart findet man vereinzelte Stimmen, die eine Art „Grundrecht auf Freiheit vor Angst" oder „ein Recht auf Freisein von Furcht" aus der Verfassung ableiten.[527] So ist nach Auffassung dieser Autoren die Sicherheit als „Freisein von Furcht" gegenüber dem Staat „geradezu als Mutterrecht der Abwehrrechte" zu bezeichnen, dies werde durch die Präambel der „Allgemeinen Erklärung der Menschenrechte" bestätigt. Darin heißt es u. a.: "Whereas disregard and contempt for human rights have resulted in barbarous acts which have outraged the conscience of mankind, and the advent of a world in which human beings shall enjoy freedom of speech and belief and freedom from fear and want has been proclaimed as the highest aspiration of the common people […]." Aber mit Blick auf die Verfassung der Bundesrepublik Deutschland stellt sich dogmatisch dennoch die Frage, aus welcher verfassungsrechtlichen Norm ein solches Recht begründet sein sollte. Gerade mit Blick auf die „Erklärung der Menschenrechte" käme hier nur eine Verortung in der in Art. 1 Abs. 1 GG verankerten Menschenwürde i. V. m Art. 2 Abs. 1 GG in Betracht. Auch die Befürworter dieses „Rechts auf Freisein von Furcht" oder des „Grundrechts auf Freiheit von Angst" führen diese Konstruktion heran oder sehen eine Verortung in Art. 2 Abs. 2 S. 2 GG als ureigene Ausformung der Freiheitsgewährleistung.

Dem ist jedoch entgegenzuhalten, dass Angst lediglich eine dem Individuum immanente und rein subjektive Empfindung darstellt und als solche keinen tauglichen Gegenstand für eine grundrechtliche Gewährleistung begründet. Der Staat ist nicht in der Lage, die Furcht vor Gefahren zu lindern, sondern er kann lediglich durch geeignete Maßnahmen drohende Gefahren abwehren, auf die sich die Furcht konzentriert. So ist von der rechtlichen Gewährleistung von Sicherheit die Gewährleistung einer angstfreien Existenz abzugrenzen. Denn das „Recht auf Sicherheit" kann nur unter dem Vorbehalt des Möglichen existieren.[528] Nur „objektive Sicherheit", die zumindest eine ungeschriebene Existenzvoraussetzung des demokratischen Rechtsstaates darstellt, ist geschützt, nicht aber das „subjektive Sicherheitsgefühl" des Einzelnen, hierzu finden sich keine Anhaltspunkte.

---

526 Vgl. dazu Merten, Grundrechtliche Schutzpflichten und Untermaßverbot, in: Stern (Hrsg.), Gedächtnisschrift für Joachim Burmeister, 227 f.

527 Robbers, Menschenrecht auf Sicherheit, S. 277.

528 Pieroth/Schlink, Staatsrecht I, S. 205.

In unserem heutigen Verständnis von Freiheit und Sicherheit kann zumindest festgestellt werden, dass es keine Freiheit ohne Sicherheit, zumindest nicht auf Dauer, geben wird. Kritisch sollten aber Thesen behandelt werden, die Sicherheit so verstehen: „Nur der in einer Gesellschaft befindliche Mensch, der ohne Angst um sein Leben, um seine Familie, sein Eigentum und sein Lebensumfeld existieren kann, kann auch in Freiheit leben, denn ein Leben in Angst kann kein Leben in Freiheit sein."[529] Dem wird mit Recht entgegengehalten, dass der Mensch sich in seiner Lebensführung erheblich einschränken müsste, wenn er sich dem Diktat größtmöglicher Sicherheit unterwerfe, da er für übersteigerte Sicherheit mit weniger Lebensqualität bezahle und letztendlich das zu Tode schütze, was er eigentlich bewahren wolle, nämlich seine Freiheit.[530] Zu differenzieren ist hier auch und vor allem, ob von tatsächlicher Sicherheitsgewährleistung die Rede ist oder ob es um die Gewährleistung eines Lebens frei von Furcht geht. Denn es ist entscheidend, was genau der Staat garantieren soll und kann. Geht es um die Frage, ob sich der Bürger in der staatlichen Ordnung „sicher fühlen" kann, oder geht es um die Abwehr tatsächlich greifbarer Gefahren, die ein „sicher Sein" des Bürgers gewährleisten?

Isensee als Verfechter der Konstruktion des „Grundrechts auf Sicherheit", auf das gleich noch einzugehen ist, verneint ebenfalls ein der Verfassung immanentes Recht auf „Freiheit von Angst", sieht aber gleichzeitig aus dieser Argumentation heraus einen Weg, der unweigerlich zur Rechtfertigung eines „Grundrechts auf Sicherheit" führt.[531] So könne der Staat zwar nicht die Furcht bannen, sondern nur die Gefahr, auf die sich die Furcht richtet, aber genau aus diesem Grund gewähre der Staat in der Schutzpflicht auch nicht ein „Grundrecht auf Freiheit von Furcht", sondern das „Grundrecht auf Sicherheit".

2. Ideengeber und Verfechter eines „Grundrechts auf Sicherheit" in der Literatur

a) Der Ideengeber

Die Konstruktion eines Grundrechts auf Sicherheit ist auf einen gleichlautenden Vortrag des Staatsrechtlehrers und Staatsphilosophen *Josef Isensee* zurückzuführen, welchen er am 24. November 1982 vor der Berliner Juristischen Gesellschaft gehalten hat und ein Jahr später auch veröffentlichte.[532] Nach dem Verständnis des Autors bildet die Gesamtheit der grundrechtlichen Schutzpflichten ein sogenanntes „Grundrecht auf Sicherheit". *Isensee* versteht als Basis für seine zunächst erstaunlich anmutende Theorie ganz unspektakulär Sicherheit in seiner Wortbedeutung als den Schutz des Bürgers vor dem Übergriff anderer.[533] Gleichzeitig stellt er fest, dass Sicherheit und Freiheit lediglich verschiedene staatsrechtliche Aspekte derselben Sache seien. So be-

529 Bosbach, Der Rechtsstaat in Zeiten des Terrors, 137, 140f., in: Huster/Rudolph (Hrsg.), Vom Rechtsstaat zum Präventionsstaat.
530 Stegner, Im Zweifel für die Freiheit, in: Huster/Rudolph (Hrsg.), Vom Rechtsstaat zum Präventionsstaat, 151, 155.
531 Isensee, Das Grundrecht auf Sicherheit, S. 21
532 Isensee, Das Grundrecht auf Sicherheit.
533 Isensee, Das Grundrecht auf Sicherheit, S. 21.

zeichne einerseits Sicherheit die Unversehrtheit der Rechtsgüter zu Privaten und andererseits Freiheit die Unversehrtheit der Rechtsgüter zur öffentlichen Gewalt. Auf dieser *„Fundamentalebene Sicherheit"*[534] nimmt *Isensee* zunächst eine ausführliche Differenzierung zwischen dem sogenannten *„status negativus"* und dem *„status positivus"* dar. Definiert wird der *„status negativus"* als eine durch rechtliche Barrieren eingegrenzte Wirksamkeit des Staates mit dem Zweck, dem Bürger eine ungehinderte Entfaltung zu gewährleisten.[535] Freiheit in diesem Sinne bedeutet also die Abwesenheit von staatlichem Zwang.[536] Andererseits vermittelt die staatliche Schutzpflicht den *„status positivus"*, nachdem der Staat die Unversehrtheit der grundrechtlichen Güter zwischen Privaten, also Sicherheit in den privaten Beziehungen, zu garantieren hat.[537] Gleichzeitig steht die Definition des *„status positivus"* für *Isensee* für den Begriff des Grundrechts auf Sicherheit. Zur Gewährleistung des *„status positivus"* bzw. des damit bezeichneten Grundrechts auf Sicherheit wird die Staatsgewalt geradezu gefordert in Gesetzgebung, Verwaltung und Rechtsprechung.[538]

Das Grundrecht auf Sicherheit leitet *Isensee* vor allem aus der Gesamtheit der grundrechtlichen Schutzpflichten des Staates ab.[539] *Isensee* geht jedoch nicht so weit, dass er die Konstruktion wörtlich nähme und das „Grundrecht auf Sicherheit" als ein tatsächliches Grundrecht der Verfassung qualifizieren will. Er geht hier einen vermittelnden Weg, indem er klar stellt, dass die Qualifikation als Grundrecht nur *cum grano salis* erfolge.[540] Dies bedeutet also, dass das Gesagte möglicherweise nicht in jeder Hinsicht wörtlich zu nehmen ist, sondern vermutlich in Teilen übertrieben formuliert ist und daher nur mit Abstrichen ernst genommen werden soll. Ein „Grundrecht auf Sicherheit" soll also nach Isensee nur in Teilen beim Wort genommen werden.

b) Die Anhänger dieser Theorie

aa) Sicherheit als Menschenrecht

Nach *Robbers* bedeutet das Grundrecht auf Sicherheit unter der heutigen Verfassungsrechtlage das Recht des Einzelnen gegenüber dem Staat, dass dieser die Integrität seiner Rechtsgüter auch vor Beeinträchtigungen von nicht staatlicher Seite bewahrt.[541] Das Kernproblem der Diskussion um ein Grundrecht auf Sicherheit ist für *Robbers* die Frage, ob und inwieweit der Einzelne ein subjektives Recht auf die Erfüllung der staatlichen Schutzpflichten besitzt.[542] In dieser Aussage wird bereits deutlich, dass Robbers sich hinsichtlich des Ursprungs eines Grundrechts auf Sicherheit den Argumenten *Isensee*s anschließt und die Konstruktion den grundrechtlichen Schutz-

534 Isensee, Das Grundrecht auf Sicherheit, S. 21.
535 Isensee, HStR Bd. V, § 111 Rdn. 2.
536 Isensee, HStR Bd. V, § 111 Rdn. 2.
537 Isensee, HStR Bd. V, § 111 Rdn. 3.
538 Isensee, HStR Bd. V, § 111 Rdn. 3.
539 Isensee, Das Grundrecht auf Sicherheit, S. 33.
540 Isensee, Das Grundrecht auf Sicherheit, S. 34.
541 Robbers, Menschrecht auf Sicherheit, S. 121.
542 Robbers, Menschrecht auf Sicherheit, S. 13.

pflichten zuschreibt. Richtig erkennt Robbers bereits in der Einleitung zu seiner Arbeit mit dem Thema „Menschenrecht auf Sicherheit", dass die Antwort auf die Frage nach der Existenz eines Grundrechts auf Sicherheit, egal, wie sie ausfallen mag, auf jeden Fall paradigmatische Bedeutung für die Beziehung zwischen Einzelnem und Staat in der Ordnung des Grundgesetzes einnehmen wird.[543] Robbers weist immer wieder darauf hin, dass in der von ihm verfolgten Diskussion der apodiktischen Bejahung eines solchen Grundrechts auf Sicherheit bzw. Rechts auf Schutz die ebenso apodiktische Verneinung eines solchen Rechts entgegensteht. So sehr der Autor auch die Konstruktion eines „Menschenrechts auf Sicherheit" in seiner Arbeit verteidigt und dafür argumentiert, so sehr macht er gleichzeitig auch deutlich, dass damit kein dem Wortlaut des Grundgesetzes fremdes, neues Grundrecht erfunden werden soll.[544] Dieser Anspruch findet sich auch bereits in der Arbeit von *Isensee*, wobei *Isensee* davon ausgeht, dass ein Grundrecht auf Sicherheit der Verfassung schon immer immanent gewesen sei. *Isensee* erklärt aber auch, wie bereits oben angesprochen, dass trotz aller Argumentation für ein verfassungsrechtlich legitimiertes Grundrecht auf Sicherheit die Qualifikation als Grundrecht nur *cum grano salis* erfolgen könne.[545] Robbers differenziert, indem er davon ausgeht, dass die konkreten Gehalte, die mit der Idee eines Grundrechts auf Sicherheit unter der Ordnung des Grundgesetzes verbunden sein können, durch die Auswertung der einzelnen Grundrechte zu finden sind, sodass erst die Gemeinsamkeiten, die sich dabei zeigen, sinnvoll den Inhalt eines Grundrechts auf Sicherheit darstellen würden.[546] Interessant ist, dass *Robbers* diese Überlegung dahin gehend ergänzt bzw. einschränkt, dass, soweit die verfassungsdogmatische Problematik dadurch berührt werde, es sich um nichts anderes mehr handle als den Nachweis einer bestimmten Funktion des bestehenden Grundrechts und gerade nicht um ein neben oder außer diesem stehendes Recht.[547] Wenn hier eine zurückhaltende Tendenz zu einem der Verfassung generell immanenten Grundrecht auf Sicherheit deutlich wird, überrascht es andererseits, dass Robbers in seinen weiteren Ausführungen doch weitaus mehr dieser Konstruktion zuschreibt, als anfangs zu vermuten gewesen wäre. Dies zeige sich in der These, dass ein „Menschenrecht auf Sicherheit" als individuelles Leistungsrecht und nicht lediglich als ein Abwehrrecht des Einzelnen gegen den Staat fungieren solle,[548] verbunden mit der Einschränkung, dass das „Recht auf Schutz" und Leistungsrechte zwar nicht identisch, aber dennoch teilidentisch seien, da das Recht auf Sicherheit in der Vielfalt seiner Funktionen zwischen Freiheitsrechten, Teilhabe-, Organisations- und sozialen Rechten stünde.[549]

---

543 Vgl. Robbers, Menschenrecht auf Sicherheit, S. 13.
544 Vgl. Robbers, Menschenrecht auf Sicherheit, S. 15.
545 Isensee, Das Grundrecht auf Sicherheit, S. 34.
546 Robbers, Sicherheit als Menschenrecht, S. 15.
547 Vgl. Robbers, Sicherheit als Menschenrecht, S. 15.
548 Vgl. Robbers, Sicherheit als Menschenrecht, S. 31 f.
549 Vgl. Robbers, Sicherheit als Menschenrecht, S. 126.

bb) Sicherheit als staatliche Garantie für die öffentliche Sicherheit und Ordnung

Möstl setzt sich in seiner Habilitationsschrift aus dem Jahr 2002 ebenfalls mit der Frage nach der Legitimation eines Grundrechts auf Sicherheit in der Verfassung der Bundesrepublik Deutschland auseinander, greift in seiner Argumentation die von Isensee aufgestellten Thesen auf und widmet dieser Analyse ein umfängliches Kapitel.[550] Interessant ist die Beurteilung dieser Ausführungen mit Blick auf die Veröffentlichung dieser Arbeit, denn sie ist bereits, zumindest in Teilen, auch unter dem Aspekt des neuen Phänomens des internationalen Terrorismus abgeschlossen worden. Insbesondere geht er mit Blick auf die vorangegangenen Ereignisse, insbesondere die Anschläge vom 11. September 2001, davon aus, dass zwar kein „Paradigmenwechsel" notwendig sei, um aktuell „innere Sicherheit" zu gewährleisten, aber zumindest die Notwendigkeit einer Ergänzung der klassischen Gefahrenabwehr bestehe, um etwa im Vorfeld ansetzende Informationseingriffe und sonstige risikomindernde Maßnahmen ergreifen zu können.[551] Auch Möstl verortet die Konstruktion eines Grundrechts auf Sicherheit in den grundrechtlichen Schutzpflichten.[552] Dies wird in einem ersten Schritt damit begründet, dass die „Garantie der Sicherheit" den „Charakter" einer „Staatsaufgabe mit Verfassungsrang" habe sowie im zweiten Schritt die „Bindungskraft einer Staatszielbestimmung" vorweise und letztendlich eine „grundrechtliche Gewährleistung" darstelle, die mit dem Begriff „Grundrecht auf Sicherheit" von Isensee zutreffend umschrieben werde.[553] In einem weiteren Gedankenschritt wird die materielle Reichweite des „Grundrechts auf Sicherheit" zwecks Ermittlung der schutzrechtlichen Grundrechtsprüfung skizziert.[554]

Möstl erkennt, dass bei der Verwendung des Begriffs der „inneren Sicherheit" zunächst die Frage geklärt werden muss, auf welche Schutzgüter der Begriff verweist bzw. welche Schutzgüter hiervon erfasst werden.[555] Er kommt zu dem Ergebnis, dass „die Staatsaufgabe Sicherheit ohnehin nicht als eine kompakte Gewährleistung normiert, sondern es im Gegenteil ja einzelne Verfassungsgüter, namentlich die grundrechtlichen Schutzgüter, aber auch Gemeinschaftsgüter waren, aus denen erst diejenigen Aufträge des Rechtsgüterschutzes abgeleitet werden konnten, die in ihrer Summe ‚das Herzstück der Staatsaufgabe Sicherheit' unter dem Grundgesetz ausmachen"[556]. An diesem Punkt seiner Feststellung geht er jedoch noch einen Schritt weiter und begründet eine „gegenständliche Deckungsgleichheit der verfassungsrechtlichen und der polizeilichen Schutzgüter und die Austauschbarkeit der Begriffe ‚Öffentliche' und ‚Innere' Sicherheit"[557].

---

550 Möstl, Die staatliche Garantie für die öffentliche Sicherheit und Ordnung, S. 84 ff.

551 Möstl, Die staatliche Garantie für die öffentliche Sicherheit und Ordnung, S. 32; vgl. dazu auch Müller-Franken, Die Polizei 2004, 345, 346, mit Verweis auf Calliess,DVBl 2003, 1096, 1098 ff.

552 Möstl, Die staatliche Garantie für die öffentliche Sicherheit und Ordnung, S. 84.

553 Möstl, Die staatliche Garantie für die öffentliche Sicherheit und Ordnung, S. 84 f.

554 Möstl, Die staatliche Garantie für die öffentliche Sicherheit und Ordnung, S, 90 f.

555 Möstl, Die staatliche Garantie für die Öffentliche Sicherheit und Ordnung, S. 126.

556 Möstl, Die staatliche Garantie für die Öffentliche Sicherheit und Ordnung, S. 126.

557 Möstl, Die staatliche Garantie für die Öffentliche Sicherheit und Ordnung, S. 126.

Dementsprechend erfährt *Möstl* in der Literatur gerade deshalb Kritik, weil er das Schutzgut der „Garantie der Sicherheit" mit den staatsrechtlichen Begriffen „innere Sicherheit" und „innerer Frieden" sowie mit dem einfachrechtlichen Begriff der „Öffentlichen Sicherheit und Ordnung" gleichsetzt.[558] Eine Gleichsetzung der „inneren Sicherheit" im Verständnis einer verfassungsrechtlichen Aufgabe kann jedoch nicht mit einem „fachgesetzlichen Begriff" der „öffentlichen" Sicherheit aus dem Polizeirecht gleichgesetzt werden.[559]

V. Ein Fazit

Sowohl der Ideengeber als auch die Anhänger der Theorie sind sich einig darüber, dass ein „Grundrecht auf Sicherheit" unserer Verfassung immanent sei, wenn es auch nicht ausdrücklich seinen Platz im Grundgesetz gefunden habe. Aus der Verfassung selbst können sie trotz umfänglicher Argumentation diese Ansicht nicht belegen. Die Autoren sind grundsätzlich von der Konstruktion der „grundrechtlichen Schutzpflichten" in ihrer Begründung eines „Grundrechts auf Sicherheit" abhängig. Die maßgeblichen Entscheidungen des BVerfG, die den Weg zur Akzeptanz „grundrechtlicher Schutzpflichten" geebnet haben, dienen als Haltepunkte einer Argumentationskette, die schlussendlich in letzter Konsequenz „innere Sicherheit" zu einem „Staatsziel mit Verfassungsrang" an die Spitze der Verfassung katapultiert habe. Neben der Gegenargumentation, dass „innere Sicherheit" in der Verfassung nicht explizit benannt wurde, ist auch in einer historischen und teleologischen Betrachtung zunächst kein Anhaltspunkt für die exponierte Stellung der „inneren Sicherheit" oder gar der Begründung eines „Grundrechts auf Sicherheit" zusehen.

So wurde gezeigt, dass die Verfassungsgeber, geprägt durch die Eindrücke der Vergangenheit, ganz bewusst einer Verfassung Existenz verschaffen wollten, deren Aufgabe es ist, dem Einzelnen ein Leben in Würde und Freiheit zu gewährleisten, gesichert durch Demokratie und Rechtsstaatlichkeit. Dies wird nicht nur durch den geschichtlichen Hintergrund deutlich, sondern auch durch die Überlegungen, die dieser Verfassung vorausgingen. Wenn über „Sicherheit" in der Arbeit an der Verfassung von den Mitgliedern des Parlamentarischen Rates gesprochen wurde, so ging es letztendlich immer um die Frage nach der Sicherheit „vor" dem Staat, insbesondere also um den Schutz vor willkürlicher Verhaftung und Rechtsmissbrauch.

Auf der Ebene der Argumentationskette zu den „grundrechtlichen Schutzpflichten" als verfassungsrechtlicher Legitimation des „Grundrechts auf Sicherheit" ist den Befürwortern zuzustimmen, dass durch die entsprechenden Entscheidungen des BVerfG sich eine Aufgabe der Gewährleistung „innerer Sicherheit" durch den Staat im verfassungsrechtlichen Verständnis der Wissenschaft entwickelt und manifestiert hat. Dem ist jedoch kritisch entgegenzuhalten, dass sich im Rahmen der aktuellen

558 Vgl. die Ausführungen von Möstl, Die staatliche Garantie für die öffentliche Sicherheit und Ordnung, S. 119 f. Kritisch dazu u. a.: Götz, HStR, Bd. IV, § 85, Rdn. 3.

559 So auch Middel, Innere Sicherheit und präventive Terrorismusbekämpfung, S. 27.

Terrorismusbekämpfung erhebliche Probleme stellen, insbesondere durch eine Fehlinterpretation der grundrechtlichen Schutzpflichten als Legitimation des Staates als Sicherheitsgarant.

Das Besondere an der Terrorismusbedrohung ist, dass keine konkreten Gefährder bzw. Täter ausgemacht werden können. Es geht vielmehr darum, durch neue Gefahrenabwehrmaßnahmen im Vorfeld möglicher Anschläge und zur Vermeidung dieser, die Personen auszumachen, die in Zukunft womöglich zu Tätern werden. Eine Staatsaufgabe Sicherheit muss in diesem Kontext aber auch die Rechte der „Opfer“ dieser präventiven bzw. vorpräventiven Maßnahmen im Blick haben. Der „liberal-abwehrrechtliche-Ansatz“[560] weist von vornherein dem Staat für seine Aufgabe „Sicherheit“ eine prinzipielle Rechtfertigungspflicht zu,[561] sodass für jeden staatlichen Eingriff konkrete gesetzliche Ermächtigungsgrundlagen erforderlich sind.[562] Daraus ergibt sich nach einer Ansicht das Problem, dass sich die Abwehrrechte des liberalen Rechtsstaates nur gegen „einen“ Verursacher der Grundrechtsstörung richten würden, nämlich gegen den Staat.[563] Ein Eingriff habe zur Folge, dass ein Unterlassen der Beeinträchtigung gefordert werden könne, und unterstreiche ein „bipolares Bürger-Staat-Verhältnis“.[564] Damit stelle sich das Problem des Umgangs mit Verletzungs- und Beeinträchtigungsmöglichkeiten durch den „nichtstaatlichen dritten Akteur“ in diesem bipolaren Verhältnis, da die Bedrohung der Freiheit nunmehr nicht mehr vom Staat, sondern von Personen oder Personengruppen aus der Gesellschaft ausgehe.[565] Genau hier wird dann in der Argumentation mit dem Bild einer „Balance“ zwischen Freiheit und Sicherheit wieder angesetzt, da beide gleichwertige Elemente seien und der Staat im Rahmen einer Austarierung nicht nur dazu verpflichtet sei, die abwehrrechtliche Position, sondern auch die Position und Rechtsgüter „Dritter“ (meist der „Opfer“) zu berücksichtigen.[566] Vermittelnd wird daran festgehalten, dass der Staat einen „rechtspolitischen Gestaltungsspielraum“ habe; und damit könne er „Freiheitsgarantie“ und „Sicherheitsvorbehalt“ austarieren, da beide Elemente gleichwertige Rechtsgüter mit Verfassungsrang seien.[567] Dem ist aber entgegenzuhalten, dass diese Argumentation nur insoweit passt, als sie von der anerkannten Figur der „grundrechtlichen Schutzpflichten“ umfasst ist. Dies ist nur in der Konstellation der Fall, in der es zu einer Konkretisierung des potenziellen Schädigers oder Störers von Grundrechten anderer kommt. Genau hier gehen die überwiegenden Diskussionen zu der Frage des Umfangs der Gewährleistung „innerer Sicherheit“ durch den Staat im Kontext terroristischer Bedrohungslagen fehl. Die Entscheidungen des BVerfG, die ent-

560 Baer, Der Bürger im Verwaltungsrecht, S. 112 f.

561 Limbach, AnwBl. 2002, S. 454, 455; siehe auch Möstl, Die staatliche Garantie für die öffentliche Sicherheit und Ordnung, S. 15; Park, Wandel des klassischen Polizeirechts{so?} zum neuen Sicherheitsrecht, S. 121, Rdn. 678.

562 Park, Wandel des klassischen Polizeirechts zum neuen Sicherheitsrecht, S. 121, Rdn. 678.

563 Möstl, Die staatliche Garantie für die öffentliche Sicherheit und Ordnung, S. 121.

564 Möstl, Die staatliche Garantie für die öffentliche Sicherheit und Ordnung, S. 121; Arendt, Victa activa, S. 331.

565 Schwarz, Die Dogmatik der Grundrechte, S. 29.

566 Park, Wandel des klassischen Polizeirechts zum neuen Sicherheitsrecht, S. 122.

567 Park, Wandel des klassischen Polizeirechts zum neuen Sicherheitsrecht, S. 122.

sprechend in ihrer Argumentation die Grundlage für die Anerkennung „grundrechtlicher Schutzpflichten" aus den abwehrrechtlich geprägten Freiheitsrechten gebildet haben, sind in einem konkreten Dreiecksverhältnis entstanden, indem bereits einen Rechtsgutsverletzung unmittelbar drohte oder bereits bestand. Mit Blick auf die präventiven Maßnahmen, die insbesondere auf Risikovorsorge und vorpräventives Handeln abzielen, sind die Maßstäbe und Argumentationslinien der „grundrechtlichen Schutzpflichten" nicht anwendbar. Eine Begründung dafür, dass der Staat Sicherheitsgarant sei, lässt sich zumindest nicht aus dieser Argumentationskette ableiten, wie es die Vertreter eines „Grundrechts auf Sicherheit" behaupten.

Der Staat ist insoweit als Sicherheitsgarant zu sehen, als er im Rahmen der freiheitlichen Grundrechte objektive Sicherheit gewährleisten kann. Die Gewährleistung objektiver Sicherheit umfasst jedoch nicht die Ausschaltung von Risiken durch vorpräventive Maßnahmen. Umgekehrt gesprochen beinhaltet die objektive Sicherheitsgewährleistung die Begrenzung der Sicherheitstätigkeit auf das Mögliche im Rahmen der Abwehrrechte des Grundgesetzes und unter dem Vorbehalt des Möglichen unter Aussparung von Risiken. Nur „objektive" Sicherheit ist geschützt und zumindest ungeschriebene Existenzvoraussetzung des demokratischen Rechtsstaates[568], nicht aber die Wahrung eines „subjektiven Sicherheitsgefühls" des Individuums. Auch die Grundrechte haben lediglich einen objektiven Charakter, sodass sie vor möglichem Missbrauch, auch zugunsten der Sicherheit, geschützt sind.

Erst die aus dem Gefühl der subjektiven Sicherheit resultierenden Sicherheitsbedürfnisse und Sicherheitserwartungen des Bürgers und die entsprechenden Sicherheitsverheißungen des Staates führen zu einer Überschreitung der Kompetenzen des Staates. Um genau dieser Überschreitung vorzubeugen, ist eine rechtsstaatliche Einschränkung der staatlichen Sicherheitstätigkeit erforderlich. Die Gewährleistung von Rechtsstaatlichkeit ist das alleinige geeignete Mittel zur Aufrechterhaltung der freiheitlichen Werteordnung, die Intention und Schwerpunkt der Verfassung der Bundesrepublik Deutschland geworden ist.

F. Die praktischen Auswirkungen des neuen Sicherheitsverständnisses am Beispiel von Anwaltschaft und Justiz

In einem letzten Schritt sollen die Auswirkungen auf den Rechtsstaat aufgezeigt werden, die sich aus dem vorherrschenden Streben nach einer verfassungsrechtlichen Legitimation eines „Staates als Sicherheitsgarant" ergeben. Es ist fraglich, wie sich das neue Sicherheitsverständnis in der Praxis darstellt und auf die Grundsätze rechtsstaatlichen Handelns letztendlich auch auswirkt.

568 Gusy, VVDStRL 2004, S. 153, 159 f.

Auch bei Anwaltschaft und Justiz hat die Neujustierung des Sicherheitsverständnisses im Kontext der aktuellen Terrorismusbekämpfung ihre Spuren hinterlassen. Im Folgenden soll aufgezeigt und ausgewertet werden, wie sich die Erhöhung des Stellenwerts von innerer Sicherheit, insbesondere unter dem Argument, dem Anspruch eines „Grundrechts auf Sicherheit“ oder eines staatlichen Sicherheitsgaranten mit zahlreichen Gesetzesreformen nachkommen zu müssen, auf die Arbeit der Organe der Rechtspflege und damit auf die entscheidenden Vertreter der Rechtsstaatlichkeit auswirkt.

I. Freiheit der Advokatur

1. Der Rechtsanwalt als Hüter des Rechtsstaates

Gemäß § 1 I BORA[569] übt der Rechtsanwalt seinen Beruf frei, selbstbestimmt und unreglementiert aus. In § 1 II BORA wird klar normiert, dass gerade die Freiheitsrechte des Rechtsanwalts die Teilhabe des Bürgers am Recht gewähren und die Tätigkeit des Anwalts der Verwirklichung des Rechtsstaates dient. Durch § 1 III BORA erreicht die Intention der in dieser Norm erklärten „Freiheit der Advokatur“ ihren Höhepunkt, indem sie den Rechtsanwalt gerade dazu beruft, seinen Mandanten u. a. vor Fehlentscheidungen durch Gerichte und Behörden zu bewahren und gegen verfassungswidrige Beeinträchtigungen und staatliche Machtüberschreitungen zu sichern.

Der Rechtsanwalt, welcher sich nicht nur als Vertreter seines Mandanten, sondern auch als Organ der Rechtspflege zu verstehen hat, sieht sich derzeit vielleicht häufiger nicht mehr in der Lage, seine ihm verbürgte Freiheit der Advokatur unbelastet auszuüben. Durch zahlreiche Gesetzesänderungen wird nunmehr womöglich diese Freiheit beschnitten. Die Folge aus dieser drohenden Beschädigung der Freiheit der Advokatur wäre, dass der Rechtsanwalt sich nicht mehr in der Position befände, seine Tätigkeit unbehelligt im Interesse des Mandanten wahrzunehmen. Die Verteidigung der Rechtsstaatlichkeit und die der Freiheitsrechte des Bürgers würden geschwächt werden. Es wird angeprangert, dass durch die Gesetzesreformen bereits die „Erosion des Rechtsstaates“ drohe.[570] Wenn dem auch teilweise nicht zuzustimmen ist, so müsste man doch spätestens mit der durch die neuen Gesetze und Reformen erzeugte Beschneidung des § 1 BORA infrage stellen, ob die immer mehr gesetzlich tangierte Tätigkeit des Rechtsanwalts überhaupt noch der Verwirklichung des Rechtsstaates dienen kann. So stellt auch die Intention des § 1 III BORA sicher, dass der Rechtsanwalt nicht nur die Interessen der Mandantschaft wahrnimmt, sondern auch als Teil eines rechtstaatlichen Uhrwerks fungiert, indem er als eines von vielen Zahnrädern dafür einzustehen hat, wenn Fehlentscheidungen durch Gerichte, verfassungswidrige Beeinträchtigungen und staatliche Machtüberschreitungen entstehen. Er soll also gerade auch gegenüber dem Richter, der ebenfalls das Uhrwerk der Rechtsstaatlichkeit

569 Berufsordnung für Rechtsanwälte.
570 Albrecht, Die Vergessene Freiheit, S. 2

am Laufen hält und dessen Unabhängigkeit in § 25 DRIG[571] verbürgt ist, dieses System bewachen und mit dafür Sorge tragen, dass es nicht aus dem Takt kommt. Aber ist dies im Kontext der aktuellen Gesetzeslage überhaupt noch möglich, ohne nicht selbst persönlich in berufliche Bedrängnis zu geraten? Dies soll im Folgenden analysiert werden.

2. Der Rechtsanwalt als Berater und Vertrauensperson des Mandanten

Wie bereits angesprochen, ist der Rechtsanwalt „Organ der Rechtspflege" (vgl. § 1 BRAO[572]) und dazu berufen, das Interesse seiner Mandanten zu vertreten.[573] Dies bedeutet, dass der Anwalt nicht nur seinem Mandanten, sondern auch der Rechtsordnung verpflichtet ist.[574]

Dem Rechtsanwalt als berufenem unabhängigem Berater und Beistand obliegt es, im Rahmen seiner freien und von Art. 12 I S. 1 GG geschützten Berufsausübung seinem Mandanten umfassend beizustehen, wobei zur Erfüllung dieser Aufgabe ein Vertrauensverhältnis zwischen Rechtsanwalt und Mandant vorauszusetzen ist.[575] Der Mandant macht den Rechtsanwalt zum Mitwisser von Angelegenheiten seines privaten Lebensbereichs.[576] Mit der Begründung oder Zerstörung dieses höchst schützenswerten Vertrauensverhältnisses steht und fällt also auch die Mandatierung des Rechtsbeistands.

Die objektiv-rechtliche Bedeutung der anwaltlichen Tätigkeit, wie sie bereits im vorangegangenen Abschnitt dargestellt wurde, sowie das rechtlich geschützte Vertrauensverhältnis zwischen Mandant und Rechtsanwalt dürfen folglich nicht durch neue Gesetze oder Gesetzesreformen zur Wahrung der inneren Sicherheit auf Kosten der Freiheit des Einzelnen berührt werden. Ansonsten droht tatsächlich der Rechtsstaat der Bundesrepublik Deutschland bedrohlich ins Wanken zu geraten.

II. Die rechtlichen Grundlagen und ihre Entwicklung im Kontext von Sicherheit und Freiheit

Die Stimmen der Anwaltschaft werden immer lauter, wenn es um die Frage nach ihrer aktuellen rechtlichen Stellung im Ermittlungsverfahren im Rahmen der Strafprozessordnung, aber auch der Strafgesetze, insbesondere des Straftatbestands der Geldwäsche, und drohender Telekommunikationsüberwachung geht. Im Zentrum der aktuellen Diskussion steht die fortwährende Verschärfung der Sicherheits- und

571 Deutsches Richtergesetz.
572 Bundesrechtsanwaltsordnung.
573 BVerfGE 113, 29 (49) = NJW 2005, 1917, mit Verweis auf BVerfGE 10, 185 (198) = NJW 1960, 139.
574 Weichert, NJW 2009, 550 (551).
575 BVerfGE 113, 29 (49) = NJW 2005, 1917, mit Verweis auf BVerfGE 110, 226 (252) = NJW 2004, 1305.
576 BVerfGE 33, 367 (377) = NJW 1972, 2214.

Strafgesetze.[577] Auf der Seite der Anwaltschaft versteht man sich in dieser Lage als Verteidiger der Freiheit, wobei hingegen seitens der Regierung in diesem Kontext der Diskussion wiederum gemahnt wird, komplexe Sicherheitsprobleme nicht mit dem Begriffspaar Überwachungsstaat oder Bürgerfreiheit zu bewältigen.[578]

1. Die Stellung der Anwaltschaft in der Strafprozessordnung

Die Rechtsordnung hat die Tätigkeit des Rechtsanwalts mit bestimmten Pflichten und Rechten versehen, um dem durch ein höchstpersönliches Vertrauensverhältnis geprägten Berufsbild Rechnung tragen zu können.[579] So greifen die §§ 53 I Nr. 3, 97 I und 148 StPO in einer Zusammenschau das Vertrauensverhältnis gewisser Berufsgeheimnisträger auf und begrenzen relevante Eingriffsbefugnisse.[580] Der Strafverteidiger im Speziellen und der Rechtsanwalt im Allgemeinen stehen unter dem Schirm dieser Normen und werden vor staatlichen Ermittlungsmaßnahmen geschützt.

So weit die Grundlagen im Strafprozessrecht. Diese hatten sich jedoch mit dem am 11. September 2007 im Bundestag verabschiedeten und am 1. Januar 2008 in Kraft getretenen Gesetz zur Neuregelung der Telekommunikationsüberwachung und anderer verdeckter Ermittlungsmaßnahmen sowie zur Umsetzung der Richtlinie 2006/24/EG drastisch geändert. So wurde § 160 a StPO in die Strafprozessordnung eingefügt. Dabei ist anzumerken, dass die Norm bereits zwei Jahre später wieder geändert wurde.[581] Doch zunächst soll hier auf die ursprüngliche Fassung des § 160 a StPO und dessen Konsequenzen eingegangen werden, da sie drastisch die Auswirkungen des neuen Sicherheitsdenkens veranschaulichen und den Grund für die spätere Änderung aufzeigen.

Die damals neue Norm stellte zwar einerseits erstmals eine einheitliche Schutzvorschrift für alle Berufsgeheimnisträger vor staatlichen Ermittlungsmaßnahmen dar, andererseits aber wurden nur Verteidiger, Geistliche und Abgeordnete vor Ermittlungsmaßnahmen absolut geschützt.[582]

Für alle anderen Berufsgeheimnisträger, also auch die Rechtsanwälte, wurde der Schutz lediglich im Rahmen einer Verhältnismäßigkeitsprüfung vorgenommen, wobei das Strafverfolgungsinteresse nur bei Ermittlungen in Verfahren über Straftaten von erheblicher Bedeutung überwog.[583] Wenn man der Neuerung auch zugutehalten konnte, dass erstmals eine einheitliche Schutzvorschrift für Berufsgeheimnisträger in der Strafprozessordnung geschaffen wurde, so muss es dennoch kritisch betrachtet werden, dass der Rechtsanwalt, im Gegensatz zum Strafverteidiger, nur noch in Abhängigkeit von dem Ausgang einer Verhältnismäßigkeitsprüfung in den Genuss die-

577 Demandt, SVR 2008, 400 (400).
578 Demandt, SVR 2008, 400.
579 Ignor, NJW 2007, 3403.
580 BVerfGE 113, 29, 48 = NJW 2005, 1917.
581 Vgl. BGBl I, 2010, 2261.
582 Vgl. Fahr, DStR 2008, 375 (376).
583 Vgl. Fahr, DStR 2008, 375 (376), mit der Anmerkung darin (Fn. 7): „Diese Formulierung wurde auf die Beschlussempfehlung des Bundestages in das Gesetz aufgenommen“, BT Drs. 16/6979, S. 67.

ses Schutzes gekommen ist. Ansonsten sah er sich in Zukunft staatlichen Überwachungsmaßnahmen ausgesetzt. Diese Abhängigkeit brachte damit auch unmittelbare Gefahren für den Mandanten mit sich, die auf den ersten Blick für ihn selbst als rechtlichen Laien nicht erkennbar waren. Meist konsultiert der Mandant nicht erst wegen eines gegen ihn eingeleiteten Ermittlungsverfahrens einen Rechtsanwalt, sondern hat sich mithin über Jahre in all seinen rechtlichen Problemen an den Rechtsbeistand seines Vertrauens gewandt. Der Rechtsanwalt hat in der Regel nicht nur einmal mit einem Mandanten zu tun. Er begleitet ihn häufig über ganze Lebensphasen. In der Praxis weiht der Mandant den Rechtsanwalt auch in alle strafrechtlich relevanten Sachverhalte ein, ohne ihn jedoch bereits ausdrücklich als Strafverteidiger in Anspruch genommen zu haben.

Die Differenzierung zwischen Strafverteidigern und Anwälten entsprach in keiner Weise dem Berufsbild des Rechtsanwalts.[584] Vielleicht ist in manchen Fällen der stets konsultierte Rechtsbeistand nicht im Strafrecht tätig und es kommt nach einigen vertraulichen informatorischen Gesprächen zu einer Verweisung an einen Fachanwalt. Somit kam gerade der Rechtsanwalt, der keine Verteidigung übernahm, nicht mehr in den Genuss des absoluten Schutzes des § 160 a StPO a. F., denn er war nun einmal nicht Strafverteidiger in der Sache. Der Mandant konnte sich nicht mehr sicher sein, dass seine vertraulichen Informationen Dritten nicht zur Kenntnis gelangten. Wenn der Mandant über die Wirkung des § 160 a StPO a. F. umfassend informiert gewesen wäre, hätte er sicherlich nicht mehr unbelastet nach rechtlichem Beistand gesucht und mit seinem Rechtsanwalt all seine Belange erörtert, sondern vielleicht sogar auf die rechtliche Meinung des Anwalts gänzlich verzichtet, um zu verhindern, dass Vertrauliches an Dritte gelangt. Damit wäre jedoch ein Mandatsverhältnis von Anfang an mit Unsicherheiten hinsichtlich seiner Vertraulichkeit belastet.[585] Der Schutz der anwaltlichen Berufsausübung vor staatlicher Kontrolle und Bevormundung liegt dabei nicht allein im individuellen Interesse des einzelnen Rechtsanwalts oder des einzelnen Rechtssuchenden, sondern auch im Interesse der Allgemeinheit an einer wirksamen und rechtsstaatlich geordneten Rechtspflege.[586] Mit dem Ausmaß der potenziellen Kenntnis staatlicher Organe von vertraulichen Äußerungen wächst die Gefahr, dass sich auch Unverdächtige nicht mehr den Berufsgeheimnisträgern zur Durchsetzung ihrer Interessen anvertrauen.[587] Erschwerend kommt hinzu, dass der Rechtsanwalt, der sich solch einer Ermittlungsmaßnahme ausgesetzt sieht, auch Mandanten verlieren kann, weil diese ihre dem Rechtsanwalt anvertrauten Angelegenheiten nicht mehr vor staatlichen Eingriffen geschützt sehen.

Die Auswirkungen auf das Vertrauensverhältnis zwischen Bürger und Berufsgeheimnisträger konterkarieren letztlich die mit den besseren Strafverfolgungsmaßnah-

---

584 Stellungnahme der Bundesrechtsanwaltskammer zum BKAG-E, Nr. 29/2008, S. 8, http://www.brak.de/seiten/pdf/Stellungnahmen/2008/Stn29.pdf (eingesehen am 20.04.2011).

585 BVerfGE 113, 29 (49) = NJW 2005, 1917.

586 Stellungnahme der Bundesrechtsanwaltskammer zum BKAG-E, Nr. 29/2008, S. 7, http://www.brak.de/seiten/pdf/Stellungnahmen/2008/Stn29.pdf (eingesehen am 20.04.2011), mit Verweis auf BVerfG, Beschluss vom 15.03.2007 – 1 BvR 1887/06, Rdn. 19 = NJW 2007, 2317 ff.

587 -BVerfGE 113, 29 (49) = NJW 2005, 1917.

men bezweckte Sicherung der Freiheit des Einzelnen, weil die grundsätzlich keine Offenbarung duldende Vertrauensbeziehung zwischen Berufsgeheimnisträger und Bürger in ihrer Basis massiv gestört wird.[588]

Die Anwaltschaft geriet damit in ein Dilemma. Das Vertrauen des Mandanten konnte sie nur unter der Prämisse bewahren, dass Vertrauliches auch vertraulich bleibt. Dies vermag die Anwaltschaft aber nicht mehr uneingeschränkt zu leisten, wenn der verfassungsrechtlich gewährleistete Schutz des Vertrauensverhältnisses per Gesetz relativiert wird. Wie bereits einleitend erklärt, wurde das Dilemma vom Gesetzgeber ebenfalls erkannt und Abhilfe geschaffen. Mit dem Gesetz zur Stärkung des Schutzes von Vertrauensverhältnissen zu Rechtsanwälten im Strafprozess vom 22. Dezember 2010 wurde der Berufsgeheimnisträgerschutz auf alle Rechtsanwälte ausgeweitet und die bisherige Unterscheidung zwischen Strafverteidigern und sonstigen Rechtsanwälten aufgegeben.[589] Hinsichtlich der entsprechenden Vorschriften im BKAG kam es bisweilen jedoch zu keinen Änderungen, sodass hier die aufgezeigte Problematik keinesfalls an Aktualität verloren hat.

2. Die Bekämpfung der Geldwäsche und die tragische Rolle der Anwaltschaft

Weitere Probleme ergeben sich für die Anwaltschaft im Bereich des Strafrechts. Selbstverständlich kann sich der Rechtsanwalt und Verteidiger der Geldwäsche gemäß § 261 II Nr. 1 StGB genauso strafbar machen wie jeder andere Bürger. Fraglich ist jedoch, wo die Schwelle anzusetzen ist, an der sich insbesondere der Rechtsanwalt in seiner Eigenschaft als Strafverteidiger bei Entgegennahme seines Honorars wirklich strafbar macht. Zudem ist er in seiner Stellung als Rechtsanwalt nach dem am 15. August 2002 in Kraft getretenen Geldwäschebekämpfungsgesetz[590] selbst verpflichtet, seine Mandanten verdachtsunabhängig zu identifizieren und bei dem Verdacht einer Geldwäsche eine Anzeige dementsprechend weiterzuleiten.

Auch hier ist fraglich, wo diese Pflicht ansetzt und inwieweit sie vor allem das zwischen Mandant und Rechtsanwalt geschützte Vertrauensverhältnis tangiert. Vor allem stellt sich die Frage, wie die Anwaltschaft sich in Zukunft gegenüber ihrem Mandanten zu verhalten hat und ob der Rechtsanwalt bzw. Verteidiger überhaupt noch seiner Rolle als umfassender Beistand seines Mandanten gerecht werden kann, wenn er gleichzeitig dem Staat gegenüber verpflichtet wird, womöglich das Vertrauensverhältnis zu seinem Mandanten offenbaren zu müssen.

a) Die Strafbarkeit der Geldwäsche gemäß § 261 II Nr. 1 StGB und der Status des Strafverteidigers

Da die als Allgemeindelikt ausgestaltete Strafnorm nach ihrem Wortlaut jedermann verbietet, sich Geld zu verschaffen, das aus einer Katalog-Tat stammt, kommt auch der Strafverteidiger als tauglicher Täter einer Geldwäsche in Betracht. Die Entgegen-

588 Fahr, DStR 2008, 375 (380).
589 BGBl I, 2010, 2261.
590 Vgl. BGBl I, 2002, Nr. 57, 3105-3110, im Folgenden als GwG bezeichnet.

nahme von Honorar kann bereits die Tathandlung des „Sich-Verschaffens“ verwirklichen, sodass bei Übergabe des Honorars und seiner Annahme durch den Strafverteidiger ohne Weiteres diese Handlungsalternative erfüllt ist.[591]

Das BVerfG hat mit seinem Urteil vom 30. März 2004 festgestellt, dass § 261 II Nr. 1 StGB zwar mit dem Grundgesetz vereinbar ist, aber es stellt dennoch im Weiteren klar, dass Strafverteidiger nur dann mit Strafe bedroht werden, wenn sie im Zeitpunkt der Annahme ihres Honorars sichere Kenntnis von dessen Herkunft hatten. Es hebt weiterhin hervor, dass Strafverfolgungsbehörden und Gerichte bei der Anwendung des § 261 II Nr. 1 StGB verpflichtet seien, auf die besondere Stellung des Strafverteidigers schon ab dem Ermittlungsverfahren angemessen Rücksicht zu nehmen.[592] Das BVerfG hat sich damit schützend vor den Strafverteidiger gestellt, da § 261 II Nr. 1 StGB einen Eingriff in sein Grundrecht auf freie Berufsausübung aus Art. 12 I S. 1 GG darstellt. Gleichzeitig werden auch die Rechte des Beschuldigten gegenüber der Justiz mit dieser Entscheidung deutlich zum Ausdruck gebracht. So wird das Recht des Beschuldigten, sich von einem Anwalt seiner Wahl und seines Vertrauens verteidigen zu lassen, nicht nur durch § 137 StPO und Art. 6 III lit. c EMRK gesetzlich garantiert, sondern ist zugleich durch Art. 2 I GG in Verbindung mit dem Rechtsstaatsprinzip des Grundgesetzes verfassungsrechtlich verbürgt.[593]

In der Gesamtbetrachtung ist also festzustellen, dass das BVerfG mit seiner Entscheidung mit Nachdruck zum Ausdruck gebracht hat, welcher Status der Advokatur in einem Rechtsstaat im Kontext von Sicherheit und Freiheit zusteht und dementsprechend auch bewahrt werden muss. Mit dieser Entscheidung wird der Justiz mahnend vor Augen geführt, dass der Rechtsanwalt immer noch ein unabhängiges Organ der Rechtspflege ist und damit auch einer Reihe von besonderen Berufspflichten unterliegt. Dies reicht weit über das Maß an Rechtstreue hinaus, die von jedermann erwartet wird, sodass insbesondere Treuepflichten, das Zulassungsverfahren und die Überwachung durch spezielle Anwaltsgerichte eine erhöhte Gewähr dafür bieten, dass der Rechtsanwalt ein Berufsethos entwickelt und sich rechtstreu verhält.[594]

Letztendlich ist also zu der Frage nach dem Verhalten von Rechtsanwaltschaft und Justiz im Kontext von Sicherheit und Freiheit teilweise zu konstatieren, dass es nicht nur um die Angst vor dem Verlust des Vertrauensverhältnisses von Mandant und Rechtsanwalt geht, sondern vor allem auch um die Frage, ob ein gesteigertes Sicherheitsdenken nicht über kurz oder lang das entscheidende Vertrauensverhältnis zwischen den einzelnen Organen der Rechtspflege, insbesondere im Verhältnis zur Anwaltschaft, zerstört.

591 BVerfGE 110, 226, 249 = NJW 2004, 1305.

592 BVerfGE 110, 226, 268 = NJW 2004, 1305.

593 BVerfGE 110, 226, 253 = NJW 2004, 1305, mit Verweis auf BVerfGE 26, 66, 71; BVerfGE 34, 293, 302; BVerfGE 38, 105, 111; BVerfGE 39, 156, 163; BVerfGE 66, 313, 318 f.

594 BVerfGE 110, 226, 264 = NJW 2004, 1305.

b) Die Anzeigepflicht der Rechtsanwaltschaft im Rahmen des Gesetzes zur Bekämpfung der Geldwäsche

So trifft auch das seit nunmehr fast sieben Jahren in Kraft befindliche Geldwäschegesetz den Kern des anwaltlichen Berufsbildes.[595] Durch diese Regelung kann man durchaus von einem für den Rechtsanwalt gesetzlich legitimierten Verrat am Mandanten reden,[596] der jedoch teilweise dilettantisch umgesetzt erscheint.

So dient das Gesetz dem Aufspüren von Gewinnen aus schweren Straftaten. Der Rechtsanwalt wird nunmehr angehalten, gemäß der in § 3 I Nr. 1 GwG aufgelisteten Tätigkeiten einer in § 2 GwG normierten verdachtsunabhängigen „Identifizierungspflicht" hinsichtlich seiner Mandanten nachzukommen. Darüber hinaus besteht eine Pflicht zur Identifizierung des Mandanten gemäß § 6 I GwG bei Verdacht der Geldwäsche oder der Finanzierung einer terroristischen Vereinigung.[597] Der Rechtsanwalt ist also, wenn er den Verdacht hegt, dass sein Mandant Geldwäsche betreibt oder die Finanzierung einer terroristischen Vereinigung unterhält, dazu angehalten, seinen Mandanten anzuzeigen. Gemäß § 17 GwG droht bei Verstoß gegen die Identifizierungspflicht eine Geldbuße von bis zu 100.000 €. Es bleibt allerdings die Frage, wie Verstöße gegen § 17 GwG angesichts der Verschwiegenheitspflicht ermittelt werden sollen - vielleicht durch Anzeige des unzufriedenen Mandanten, der sich beschwert, dass der Anwalt ihn nicht ordnungsgemäß identifiziert habe?[598]

Folglich erscheinen einige Regelungen dem Verständnis der Freiheit der Advokatur entgegenzulaufen und sind damit letztendlich für die Anwaltschaft kaum praktikabel. Den Rechtsanwalt in die tatsächliche Bekämpfung der Terrorismusfinanzierung zu involvieren, übersteigt zudem seine beruflichen Kapazitäten, da auch für ihn sicherlich nicht einfach zu erkennen ist, wann er den Anfangsverdacht einer Geldwäsche bei seinem Mandanten bejahen kann. Der Rechtsanwalt wird dazu verleitet, sich in die Denkprozesse eines Staatsanwaltes einzufinden, und dies auch noch zulasten seines Mandanten. Ein solches Verhalten ist nicht Aufgabe des Rechtsanwaltes und stört seine eigentliche Tätigkeit, nämlich seinem Mandanten in allen rechtlichen Belangen beizustehen.

3. Präventive Sicherheitsarchitektur – Die BKA-Gesetzesnovelle und ihre Auswirkungen

Mit Gesetz vom 25. Dezember 2008 hat das Bundeskriminalamt die Aufgabe der Abwehr von Gefahren des internationalen Terrorismus erhalten.[599] Die Eingriffs- und Zielrichtung des neuen BKAG soll im Folgenden hervorgehoben analysiert werden,

595 Galen, NJW 2003, 117.

596 Der Präsident der Rechtsanwaltskammer Köln ging in seiner Kritik noch weiter, indem er in einem Schreiben an die Bundesrechtsanwaltskammer vom 27.02.2002 von einer „Perversion des anwaltlichen Berufsbildes" spricht, vgl. S. 156, http://www.rak-koeln.de/index.php?index=22&download=1&id=263 (eingesehen am 20.04.2011), vgl. auch Galen, NJW 2003, 117.

597 Galen, NJW 2003, 117.

598 Galen, NJW 2003, 117.

599 § 4a, eingef. m. W. v. 01.01.2009 durch G v. 25.12. 2008 (BGBl. I, 2008, S. 3083). Vgl. BT-Drs. 16/9588, S. 14.

um feststellen zu können, inwieweit insbesondere Rechtsanwaltschaft und Justiz von dieser Reform tangiert werden und wie sie darauf zu reagieren haben.

Vor allem der Schutz des Kernbereichs privater Lebensgestaltung, der Schutz zeugnisverweigerungsberechtigter Personen und die aus diesem Gesetz am meisten herausragende Neuerung, nämlich die „Online-Durchsuchung", sind Kern der aktuellen Debatte um diese Neuerungen gewesen. Die neue Fassung des BKAG verkörpert die rechtspolitischen Bemühungen, mehr Sicherheit im Staat zu gewährleisten, und ist ein Beleg für alle Kritiker des neuen gesteigerten Sicherheitsdenkens, dass die verfassungsrechtlich verbürgte Freiheit schneller als befürchtet in den Hintergrund gedrängt werden kann.

Mit der Novelle des Bundeskriminalamtgesetzes wurde das Vorhaben der Relativierung der Zeugnisverweigerungsrechte fortgesetzt, indem sie z. B. im Rahmen des § 20 u BKAG[600] die Zeugnisverweigerungsberechtigten in zwei Klassen einteilt, sodass – wie auch schon im Rahmen von § 160 a II StPO a. F. – Abgeordnete, Strafverteidiger und Geistliche zu den absolut geschützten Personen (vgl. § 20 u I BKAG) gehören und zeugnisverweigerungsberechtigte Personen nach § 53 I S. 1 Nr. 3-3b und 5 StPO nur unter dem Vorbehalt der Verhältnismäßigkeit geschützt werden, wobei das öffentliche Interesse an der von dieser Person wahrgenommenen Aufgabe und das Interesse an der Geheimhaltung der Informationen in die Abwägung einfließen (vgl. § 20 u II S. 1 BKAG).[601] Mittels § 20 u IV BKAG, welcher eine „Rückausnahme" darstellt, wird das geschützte Vertrauensverhältnis wiederum für heimliche Zugriffe geöffnet.[602] Darin heißt es, dass heimliche Ermittlungsmaßnahmen auch gegen die in § 53 StPO genannten Personen zulässig sind, sofern Tatsachen die Annahme rechtfertigen, dass die Zeugnisverweigerungsberechtigte Person für die Gefahr verantwortlich ist. In dem Gesetzesentwurf vom 17. Juni 2008 wird zu § 20 u IV BKAG erörtert: „Absatz 4 beinhaltet die sogenannte Verstrickungsregelung. Dies bedeutet, dass der von den Absätzen 1 bis 3 gewährleistete besondere Schutz des Verhältnisses zu einem Berufsgeheimnisträger nach Absatz 4 dann endet, wenn der Berufsgeheimnisträger selbst für die Gefahr verantwortlich ist, welche mit der in Rede stehenden Maßnahme abgewehrt werden soll. Denn der Schutz der betroffenen Vertrauensverhältnisse oder der Institutionen an sich soll nicht zur Begründung von Geheimbereichen führen, in denen die Verursachung von Gefahren einer staatlichen Aufklärung schlechthin entzogen ist."[603] Der Gesetzgeber sieht also neuerdings eine Bedrohung der Sicherheit in dem verfassungsrechtlich geschützten Vertrauensverhältnis zwischen Strafverteidiger bzw. Rechtsanwalt und Mandant. Dies erstaunt und widerspricht einem rechtsstaatlich gebotenen Grundvertrauen in die Organe der Rechtspflege. Nur wer sich ohne Furcht vor Überwachung rückhaltlos einem zur Verschwiegenheit verpflichteten Be-

600 § 20 u BKAG normiert den „Schutz zeugnisverweigerungsberechtigter Personen".

601 Baum/Schantz, ZRP 2008, 137 (139).

602 Stellungnahme des Deutschen Anwaltvereins Nr. 49/08, S. 15, http://anwaltverein.de/downloads/Stellungnahmen-08/SN49.pdf?PHPSESSID=a234812720b87493a1e3b291a4e80ab4 (eingesehen am: 20.04.2011)

603 BT-Drs. 16/9588, S. 33 f.

rufsgeheimnisträger anvertrauen kann, ist einer auf Bewahrung oder Wiederherstellung von Recht und Frieden abzielenden Beratung zugänglich.[604]

Während zahlreiche Polizeigesetze der Länder an die einfachgesetzlichen Bestimmungen der §§ 203 StGB, 53 f StPO anknüpfen und das ausdrückliche Verbot eines Eingriffes mittels heimlicher Ermittlungsmethoden in ein geschütztes Vertrauensverhältnis statuieren[605] und teilweise sogar ausdrücklich normieren, dass Berufsgeheimnisträger nicht zu den Kontakt- und Begleitpersonen zählen, soweit das gesetzliche Vertrauensverhältnis reicht,[606] verzichtet die Novelle des BKAG auf solche Regelungen.[607] Ausreichend wäre es gewesen, die „Rückausnahme" nur in den Fällen zuzulassen, in denen für die zeugnisverweigerungsberechtigte Person gesetzliche Handlungspflichten gemäß §§ 138, 139 StGB bestehen.[608] Zusätzlich stellen sich die bereits in § 160 a StPO a. F. erörterten Probleme für Rechtsanwälte und Mandanten.

Erschwerend tritt hier noch hinzu, dass die Reform des BKA-Gesetzes weitreichende Signale zum Stellenwert von Sicherheit im Kontext zur Freiheit des Bürgers aussendet. Durch dieses Gesetz wird die bewährte Kompetenzverteilung zwischen Bund und Ländern gefährdet, ohne dass dies einen nachweisbaren Sicherheitsgewinn verspricht.[609] Tatsächlich sind mit der Beauftragung des BKA mit originären gefahrenabwehrrechtlichen Aufgaben Kompetenzprobleme verbunden, die von der Frage der Gesetzgebungskompetenz über zu vermeidenden Parallelzuständigkeiten von Bundes- und Landesbehörden bis hin zum Verhältnis von polizeilicher und justizieller Verfahrensherrschaft reichen.[610] Es ist dem zuzustimmen, wenn behauptet wird, dass das Bundeskriminalamt mit dieser Novelle zu einer Polizeibehörde eigener Art geworden sei.[611]

Auch der Richter verliert mit der Reform des BKA-Gesetzes an Kompetenzen. Zwar wird im Falle einer Telekommunikationsüberwachung oder einer Überwachung einer Wohnung über die Verwertbarkeit der Inhalte durch einen Richter entschieden, jedoch erfolgt bei der Online-Durchsuchung die Durchsicht der erhobenen Daten auf kernbereichsrelevante Inhalte „unter der Sachleitung" des anordnenden Gerichts durch einen Datenschutzbeauftragten und zwei weitere BKA-Beamte, von denen einer die Befähigung zum Richteramt haben soll. Das zuständige Gericht wird zwar in die Auswertung der erlangten Daten einbezogen, es ist jedoch völlig unklar, was das Gesetz unter dem Begriff der „Sachleitung" in diesem Zusammenhang versteht

604 Stellungnahme der Bundesrechtsanwaltskammer zum BKAG-E, Nr. 29/2008, S. 7.
605 §§ 34 II BremPolG, 39 II SächsPolG, § 28 IV POG RP.
606 § 33a II S. 5 BbgPolG.
607 Vgl. Stellungnahme des Deutschen Anwaltvereins Nr. 49/08, S. 15, http://anwaltverein.de/downloads/Stellungnahmen-08/SN49.pdf?PHPSESSID=a234812720b87493a1e3b291a4e80ab4 (eingesehen am: 20.04.2011).
608 Vgl. Stellungnahme des Deutschen Anwaltvereins Nr. 49/08, S. 15 f., http://anwaltverein.de/downloads/Stellungnahmen-08/SN49.pdf?PHPSESSID=a234812720b87493a1e3b291a4e80ab4 (eingesehen am: 20.04.2011).
609 Baum/ Schantz, ZRP 2008, 137 (137).
610 Roggan, NJW 2009, 257 (257).
611 Roggan, NJW 2009, 257 (262).

(vgl. § 20 k VII S. 3 BKAG).[612] Erstaunlicherweise hat sich der Richterbund hinsichtlich des doch einschneidenden Kompetenzverlusts sehr zurückhaltend geäußert. Das BVerfG hat mit seiner Entscheidung vom 27. Februar 2008 strenge Voraussetzungen an die „Online-Durchsuchung" geknüpft.[613] Richterbund und Polizeigewerkschaft erklärten dazu lediglich, dass die Strafgerichte in Deutschland derzeit überhaupt nicht in der Lage seien, die vom Bundesverfassungsgericht geforderten strengen Kontrollen bei Online-Durchsuchungen zu leisten.[614] Vonseiten der Richter und auch Staatsanwälte muss jedoch in der Praxis mehr erwartet werden.

III. Die Rechtsanwaltschaft als „Instrument" der Staatlichkeit?

Durch die hier aufgezeigte rechtliche Entwicklung im Kampf um mehr Sicherheit drängt sich die Frage auf, ob der Status der Rechtsanwaltschaft nicht mehr oder weniger von staatlicher Seite genutzt wird, um mehr vorpräventive Arbeit leisten zu können. Schließlich verfügt der einzelne Rechtsanwalt über Einblicke in den persönlichen Lebensbereich einer Vielzahl von Menschen. In jeder Kanzlei, in unzähligen Akten stecken die persönlichsten Lebensgeschichten einzelner Mandanten. Auf der anderen Seite besteht mehr und mehr der Drang, von staatlicher Seite in diese Privatsphäre des Bürgers einzudringen, um ihn vor zukünftigen Gefahren effektiver bewahren zu können.

Der schützende Wall zwischen dem Drang der Staatlichkeit nach mehr Kompetenzen und Handlungsspielraum - gerade in der Gefahrenabwehr, aber auch in der Strafverfolgung - und dem Bedürfnis des Bürgers nach Schutz des Kernbereichs seiner privaten Lebensgestaltung ist die Rechtsanwaltschaft. Sie ist Verbindungsglied zwischen Bürger und Staatlichkeit.

Indem der Status der Anwaltschaft aufgeweicht wird, fällt dieser Wall mehr und mehr in sich zusammen. Die Einblicke in den Kernbereich der privaten Lebensgestaltung des Bürgers werden größer. Der Rechtsanwalt muss mit ansehen, wie im Namen der Sicherheit teilweise das Vertrauensverhältnis zu seinem Mandanten preisgegeben wird. Er befindet sich damit als unabhängiges Organ der Rechtspflege in einem Zwiespalt, der verfassungsrechtlich eigentlich nicht vorgesehen ist. Er ist am Ende der Hebel, mit dem in die Freiheiten des Bürgers eingegriffen wird. Findet er sich mit dieser Situation ab, so wird er zu einem Instrument der Staatlichkeit, das er nach seiner Stellung in einem Rechtsstaat nicht sein darf. Folglich muss er sich schützend vor seinen Mandanten stellen im Interesse der Allgemeinheit. Dies mag vielleicht einer Gesellschaft, die ein gesteigertes Sicherheitsbedürfnis fordert, womöglich befremdlich erscheinen, stellt aber den einzigen gangbaren Weg für die Anwaltschaft dar, ihrer Pflicht zur Verteidigung des Rechtsstaates gerecht zu werden.

---

612 Vgl. Baum/Schantz, ZRP 2008, 137 (138); Roggan, NJW 2009, 257 (261).

613 BVerfG, Urteil vom 27.02.2008 – 1 BvR 370/07, 1 BvR 595/07 = NJW 2008, 822 ff.

614 Vgl. o. A., „Überforderte Richter", in: Süddeutsche Zeitung, http://www.sueddeutsche.de/computer/848/434596/text/ (abgerufen am: 20.04.2011).

IV. Verlust der „Waffengleichheit" zwischen Justiz und Anwaltschaft?

Durch den Eingriff in die Rechte und Pflichten der Anwaltschaft kann es zudem zu einem Ungleichgewicht im Verhältnis zu den weiteren Organen der Rechtspflege kommen. Die Staatsanwaltschaft, als Ermittlungsbehörde der Strafverfolgung, hat im Rahmen der neuen Sicherheitsarchitektur weitreichendere Eingriffskompetenzen erlangt, auch auf Kosten der Anwaltschaft. Der Status der Anwaltschaft wird dadurch erheblich herabgesetzt. Eine „Zweiklassengesellschaft" unterschiedlich geschützter Berufsgeheimnisträger fand sich bereits in der Regelung des § 160 a StPO a. F. und findet sich immer noch in § 20 u BKA-Gesetz, wogegen sich die Anwaltschaft bereits in zahlreichen Stellungnahmen zur Wehr gesetzt hat.[615] Zumindest nicht ohne Erfolg, wie sich an der Neufassung des § 160 a StPO[616] zeigt.

Es ist nunmehr vor allem an den Richtern, dieses Ungleichgewicht durch besonnenes Handeln wieder auszugleichen. Dem Richter ist gemäß Art. 92 GG die rechtsprechende Gewalt anvertraut. Er ist unabhängig und nur dem Gesetz unterworfen (Art. 97 I GG). Er kann in seinen Entscheidungen deutlich machen, dass Anwaltschaft und Justiz gemeinsam für einen Rechtsstaat eintreten, und die weitreichenden Eingriffsmöglichkeiten zulasten eines einzelnen Organs der Rechtspflege und damit auch zum Nachteil der Allgemeinheit besonnen und kritisch nach ihrer Erforderlichkeit hinterfragen.

Die Organe der Rechtspflege müssen sich von wirtschaftlichen und rechtspolitischen Erwägungen in angemessener Weise frei machen und lediglich in ihren Handlungen die verfassungsrechtliche Werteordnung verteidigen. Dies heißt jedoch im Umkehrschluss nicht, dass zur Verteidigung der Werte diese kurzfristig aufgegeben werden dürfen. Weil die Achtung jedes Menschen als Subjekt von Freiheitsrechten den Stellenwert einer „unhintergehbaren" Prämisse der Rechtsstaatlichkeit hat, kann sie auch in Krisenzeiten nicht ohne Schaden für das Selbstverständnis des demokratischen Rechtsstaates und die Glaubwürdigkeit rechtsstaatlicher Sicherheitspolitik zur Disposition gestellt werden.[617] Es ist noch nicht abzusehen, wie sich die Justiz in der Mehrheit ihrer Vertreter entscheiden wird und welchen Einfluss die aktuelle Debatte um Sicherheit und Freiheit auf die Urteile von Richtern und die Entscheidungen von Staatsanwälten haben wird. Sicher ist jedoch, dass sie mit ihrem Verhalten in der Justiz Maßstäbe für das Verständnis von Sicherheit und Freiheit in unserem Rechtsstaat setzen können.

Wenn auch abzuwarten bleibt, wie sich die einfachen Gerichte mit der Problematik von Freiheit und Sicherheit auseinandersetzen werden, so ist zumindest in den

615 Stellungnahme des Deutschen Anwaltsvereins Nr. 49/08, S. 15, http://anwaltverein.de/downloads/Stellungnahmen-08/SN49.pdf?PHPSESSID=a234812720b87493a1e3b291a4e80ab4 (eingesehen am: 20.04.2011); Stellungnahme der Bundesrechtsanwaltskammer zum BKAG-E, Nr. 29/2008, S. 7 ff.; Demandt, SVR 2008, 400.

616 BGBl I, 2010, 2261.

617 Bielefeldt, Gefahrenabwehr im demokratischen Rechtsstaat, Essay Nr. 9 des Deutschen Instituts für Menschenrechte (2008), S. 12, mit Verweis auf Müller, Präventive Sicherungshaft? Essay Nr. 4 des Deutschen Instituts für Menschenrechte (2006).

Entscheidungen des Bundesverfassungsgerichts eine deutliche Tendenz zu erkennen. Das Bundesverfassungsgericht hat hinsichtlich der jüngeren Sicherheitsgesetze wiederholt deutliche Korrekturen eingefordert.[618] In mehreren Fällen rügt es unverhältnismäßige Einschränkungen von Grund- und Menschenrechten, die auch durch die sicherheitspolitische Zwecksetzung nicht zu rechtfertigen seien – so etwa in den Entscheidungen zum „Großen Lauschangriff"[619], zu den Regelungen für die „vorbeugende Telefonüberwachung" im niedersächsischen Polizeigesetz[620], zur nordrhein-westfälischen Regelung von „Online-Durchsuchungen"[621] oder zur „automatischen Registrierung von KFZ-Kennzeichen"[622] in Hessen und Schleswig-Holstein.[623] Diese Entscheidungen verdeutlichen, dass Freiheit stets ein gewisses Maß an Unsicherheit voraussetzt.[624] Dies ist Chance und Preis der Freiheit zugleich.[625] Die Justiz muss sich in ihrer Praxis genau damit auseinandersetzen und in ihren Entscheidungen deutlich machen, welchen Preis die Träger der Freiheit - sowohl für diese Chance als auch für mehr Sicherheit - zahlen sollen.[626]

V. Auswertung: Die Bewahrung der Wehrhaftigkeit von Anwaltschaft und Justiz

Es ist ein verfassungsrechtliches Selbstverständnis, den Bürger vor staatlichen Eingriffen, aber auch vor Eingriffen Dritter in seine persönlichen Rechtsgüter zu schützen. Der Ausbau von Sicherheit kann dennoch nur so weit verwirklicht werden, wie ihn die Statik der Freiheit und Rechtsstaatlichkeit auch zu tragen vermag. Ansonsten droht beides gemeinsam in sich zusammenzufallen.

Die Intention des § 1 III BORA stellt sicher, dass der Rechtsanwalt nicht nur die Interessen der Mandantschaft wahrnimmt, sondern auch als Teil eines rechtstaatlichen Uhrwerks fungiert, indem er als eines von vielen Zahnrädern dafür einzustehen hat, wenn Fehlentscheidungen durch Gerichte, verfassungswidrige Beeinträchtigungen und staatliche Machtüberschreitungen entstehen.

Es ist in der Frage nach dem Verhalten von Rechtsanwaltschaft und Justiz im Kontext von Sicherheit und Freiheit teilweise zu konstatieren, dass es nicht nur um die Angst vor dem Verlust des Vertrauensverhältnisses zwischen Mandant und

---

618 Bielefeldt, Gefahrenabwehr im demokratischen Rechtsstaat, Essay Nr. 9 des Deutschen Instituts für Menschenrechte (2008) S. 5.

619 BVerfGE 109, 279 = NJW 2004, 999.

620 BVerfGE 113, 348 = NJW 2005, 2603.

621 BVerfG, Urteil vom 27.02.2008 – 1 BvR 370/07 u. BvR 595/07 = NJW 2008, 822; *BVerfGE* 120, 387 = NJW 2008, 1505.

622 BVerfGE 120, 387 = NJW 2008, 1505; BVerfG, Urteil vom 27.02.2008 – 1 BvR 370/07 u. BvR 595/07 = NJW 2008, 822.

623 Bielefeldt, Gefahrenabwehr im demokratischen Rechtsstaat, Essay Nr. 9 des Deutschen Instituts für Menschenrechte (2008) S. 5.

624 Vgl. Gusy, VVDStRL 63, 153, 180.

625 Gusy, VVDStRL 63, 153, 180.

626 Vgl. m. a. W. Gusy, VVDStRL 63, 153, 180; Eine ähnliche Frage stellt Hoffman-Riem, ZRP 2002, 497 (500). Ergänzend weist Kniesel, ZRP 1996, 482 (487), auf Folgendes hin: „Freiheit und Sicherheit sind nicht gleichzeitig und ohne Abstriche zu haben. Sicherheit gibt es nicht zum Nulltarif."

Rechtsanwalt geht, sondern vor allem auch um die Frage, ob ein gesteigertes Sicherheitsdenken nicht über kurz oder lang das entscheidende Vertrauensverhältnis zwischen den einzelnen Organen der Rechtspflege, insbesondere im Verhältnis zur Anwaltschaft, zerstört.

Den jeweiligen Einflüssen der neuen Sicherheitsarchitektur muss gerade vonseiten der Anwaltschaft und Justiz mit lebhafter Kritik begegnet werden, um die Rechtsstaatlichkeit auf lange Sicht am Leben zu erhalten und immer wieder aufs Neue zu bestreiten.

G. Forschungsergebnis und Ausblick

Im ersten Teil der Arbeit wurde gezeigt, dass sich das Verständnis von Sicherheit mit der Entwicklung der Staatlichkeit in der Neuzeit als wesentlicher Staatszweck herausgebildet hat. Vor dem Ausbau und der Festigung territorialer Herrschaftsgebiete war die Gewährleistung von Sicherheit kaum monopolisiert. Nach Ausbau und Etablierung staatlicher Herrschaftsgebiete wurden „Sicherheit und Frieden“ schlechthin die „Legitimationsgrundlage der Staatlichkeit.“[627] Letztendlich kam es zu einer Weiterentwicklung des staatlichen Verständnisses und damit auch zu einem Wandel der Stellung von Sicherheit im Staatsgefüge. Primär stand der Schutz „vor“ dem Staat im Vordergrund. Mit der Zunahme der Komplexität auf den verschiedensten Ebenen der Lebenswirklichkeit nahmen auch die Aufgaben der Sicherheitsgewährleistung zu. Während in der Vormoderne noch ein „subjektives Gefühl der Sicherheit“ oder des „sich sicher Fühlens“ dominierte und sich erst im Mittelalter und vor allem in der Neuzeit auf die objektive Sicherheit bestimmter Rechtsgüter, wie Eigentum, Leib und Leben fokussierte, sind in der Gegenwart erneut mit Blick auf die Frage des Umfangs der vom Staat gegenüber seinen Bürgern zu gewährleistenden Sicherheit entsprechende subjektive Sicherheitserwartungen und Bedürfnisse in den Vordergrund gerückt und haben dem Staat Anlass dazu gegeben, Sicherheitsverheißungen in größerem Umfang auszusprechen.

Das Grundbedürfnis nach Freiheit und Sicherheit ist und bleibt dennoch zeitlos. Lediglich das Gefüge von Freiheit und Sicherheit im Kontext seiner verfassungsrechtlichen Verankerung wird in letzter Konsequenz vom Diktat der Zeit bestimmt. Dies ist am deutlichsten am Verfassungsgebungsprozess der Bundesrepublik Deutschland zu sehen. Geprägt von der NS-Zeit, sollte die Schaffung einer im Schwerpunkt freiheitlich orientierten Grundordnung oberstes Ziel sein. Das „unbedingte Bekenntnis“ des Grundgesetzes zu den Menschen- und Bürgerrechten ist folglich auch Ausdruck der geschichtlichen Verantwortung, die die Bundesrepublik Deutschland trägt.[628]

Die Unvorhersehbarkeit terroristischer Anschläge und das durch Politik und Medien projizierte Bild eines „Krieges“ mit „Feinden“, „Gotteskriegern“ „Angreifern“,

627 Zitiert nach Götz, Innere Sicherheit, HStR Bd. V (2006), § 85, Rdn. 18.
628 Limbach, ANwBl. 2002, S. 454, 455.

„Opfern“ und einem „Schlachtfeld“, welches in jeder U-Bahn-Station zu finden sein kann und sich in den Köpfen der Menschen als „Achse des Bösen“ manifestieren sollte, haben ihre Wirkung gezeigt. In kürzester Zeit hat sich ein neues Bild von Freiheit und Sicherheit nicht nur in der politischen, sondern auch in der juristischen Diskussion abgezeichnet. Es ist ein subjektives Bedürfnis nach „Freiheit von Furcht“ stimuliert worden, um ihm dann mit einem massiven Aufgebot an präventiven Terrorbekämpfungsmaßnahmen schnellstmöglich entgegengetreten zu können.

Die Konsequenz aus der intensiven Auseinandersetzung mit der Frage nach der effizienten Sicherheitsgewährleistung – mit Fokus auf die Terrorabwehr – ist, dass ein verstärktes Bedürfnis entstanden ist, die verfassungsrechtliche Qualität der Sicherheitsaufgabe neu zu bewerten und zu interpretieren. Dieses Bedürfnis resultiert aus der Notwendigkeit, eine Rechtfertigung für die unter dem Argument einer notwendigen und effizienteren Terrorabwehr errichtete neue Sicherheitsarchitektur stabil zu halten.

Es wurde weiter auf den aktuellen Begriff und damit auch das Verständnis von „innerer Sicherheit“ im verfassungsrechtlichen Kontext eingegangen. Beide hängen von einer entscheidenden Variablen ab, nämlich von der potenziellen Gefahrenlage. Hiermit ist nicht die tatsächlich vorliegende Gefahrenlage in Bezug auf den Terrorismus gemeint, da diese im Alltag kaum wahrnehmbar ist, sondern es ist die durch Medien, Politik und die Folgen der Globalisierung und Datenflut projizierte Schutzlosigkeit vor allgemeinen Risiken gemeint, die permanent präsent, aber nicht greifbar oder gar kalkulierbar erscheinen - und damit gleichzeitig eine große Projektionsfläche für Ängste bieten.

An diesem Punkt setzt auch der Ansatz der *„securitization“* der „Kopenhagener Schule“ an. So ist „Versicherheitlichung“ ein Prozess, in dem ein anerkannter Akteur (Entscheidungsträger) durch Sprechakte eine existenzielle Bedrohung für eine Gruppe *(referent object)* erklärt und nach Prüfung durch die Zielgruppe *(audience)* die legitimierte Anwendung außergewöhnlicher Maßnahmen meist repressiv erwirken kann. „Versicherheitlichung“ wirkt in diesem Fall damit vorwiegend negativ, weil in Abgrenzung vom „Normalzustand“ die Sicherung des Bestands der Werte eines demokratischen Rechtsstaates als Ausnahmezustand konstruiert wird. Letztendlich hat die „Versicherheitlichung“ die gleiche Folge, die Terrorismus durch Anschläge auf die Zivilbevölkerung verursachen will, nämlich die Aufgabe der verfassungsrechtlich verankerten Werte. Indem auf Bedrohungslagen durch politische Diskussionen reagiert und letztendlich auf gesetzgeberischer Ebene der Rechtsstaat durch politische Arbeit zum Handeln bewegt wird, sollen die eigenen Werte weiter gehend gegen neue Bedrohungslagen geschützt werden, und dies auch mit dem Mittel der vermeintlich vorübergehenden und notwendigen Aufgabe der zu schützenden Werteordnung selbst. Anhand der Entwicklung des Gefahrenbegriffs des Polizeirechts wurde deutlich, welcher Überlastung präventive Maßnahmen der Sicherheitsgewährleistung ausgesetzt sind.

Im zweiten Teil der Arbeit wurde festgestellt, dass sowohl auf europäischer Ebene als auch im Rahmen der Verfassungsgebung durch den Parlamentarischen Rat Sicherheit immer nur im Kontext der Freiheitsrechte gemeint ist, d. h. Sicherheit „vor“

dem Staat. Auch das Grundgesetz selbst spiegelt in Wortlaut und Struktur die Intention der Verfassungsgeber wider und verzichtet als liberal orientierter demokratischer Rechtsstaat bewusst auf eine ausdrückliche exponierte Stellung des Staates als Sicherheitsgarant.

Durch permanente Risikobekämpfungstendenzen wird der Blick auf den eigentlichen Problemherd verstellt. Die Bekämpfung des internationalen Terrorismus kann nicht auf dem rechtsstaatlichen Boden der Bundesrepublik Deutschland ausgetragen werden. Insbesondere nicht zulasten einer nur vermeintlich verfassungsrechtlich unterstellten „Balance" zwischen Freiheit und Sicherheit. Eine „Balance" zwischen Freiheit und Sicherheit existiert verfassungsrechtlich nicht. Darüber helfen auch nicht die Verfechter eines „Grundrechts auf Sicherheit" hinweg, indem sie sich auf die anerkannte Figur der grundrechtlichen Schutzpflichten berufen. Diese Argumentation ist schon deshalb zum Scheitern verurteilt, weil es im präventiven Bereich der Terrorismusbekämpfung nicht mehr um die Rechtfertigung gefahrenabwehrrechtlicher Maßnahmen im klassischen Sinne geht, sondern um die Etablierung einer vorsorglichen Risikovermeidung. Auch ist die Intention der Figur der grundrechtlichen Schutzpflichten nicht geeignet, vorsorgliche Eingriffe zur Risikobekämpfung zu legitimieren.

Auf dogmatischer Ebene konnte festgestellt werden, dass die grundrechtliche Schutzpflicht dann an Gewicht gewinnt, wenn eine „tripolare Konstellation" vorliegt. Diese besteht aus zwei Grundrechtsträgern, einem „Schutzbedürftigen" auf der einen Seite und einem „Gefahrenverursacher" (Störer) auf der anderen Seite, und dem zum Schutz verpflichteten Staat. Setzt man jedoch diese These in Bezug zur aktuellen Terrorismusbekämpfung, insbesondere mit Blick auf den präventiven Schwerpunkt der Maßnahmen, wird deutlich, dass genau diese „tripolare" Konstellation nicht mehr greift. Im Gegensatz zum Umweltrecht, wo durchaus die Risikovorsorge legitimes Thema ist, fehlt es im Rahmen der Terrorismusbekämpfung an der Visualisierbarkeit. Der vermeintliche potenzielle Störer muss erst gefunden werden. Unbeteiligte werden involviert oder unter Verdacht gestellt; dies wird bereits am Beispiel der präventiven Rasterfahndung wie auch an der „Online-Durchsuchung" deutlich.

Die Diskussion um die verfassungsrechtliche Legitimation eines „Grundrechts auf Sicherheit" ist damit lediglich ein weiterer Versuch, Eingriffe in die verbürgten Freiheitsgrundrechte des Bürgers zu legitimieren, um in Zukunft einen ungehinderten Ausbau einer an Risikovermeidung orientierten Sicherheitsgewährleistung zu ermöglichen.

Diese Tendenz können auch die grundrechtlichen Schutzpflichten eines Rechtsstaates nicht tragen und in ihren Ausformungen legitimieren, da sie bereits konzeptionell ungeeignet sind, „bipolare" Konstellation zu erfassen und zu rechtfertigen. Dies wird unterlegt durch die zahlreichen Entscheidungen des BVerfG zu den präventiven Maßnahmen zur Bekämpfung terroristischer Bedrohungen, die besonders unter dem Schutz der Menschenwürde und des Persönlichkeitsrechts begrenzt wurden. Der Gehalt der grundrechtlichen Schutzpflichten kann hier nicht greifen. Denn eine Gefahrenlage kann zum Zeitpunkt des Einsatzes der Maßnahme nicht sicher angenommen werden und die Frage der Zurechenbarkeit der die Bedrohungslage begründenden Merkmale zu einer bestimmten Person oder einem bestimmten Personenkreis kann ebenfalls nicht eindeutig beantwortet werden. Im Gegenteil sollen diese beiden „Elemente" erst durch die Maßnahme ermittelt werden.

Der Rückgriff auf die Konstruktion des Vorsorgeprinzips hat zur Folge, dass sich Maßnahmen gegen „Nichtstörer" richten und eine „Abkehr von der Störerdogmatik" erfolgt, was nicht nur verfassungsrechtlich bedenklich ist, sondern der polizeilichen Dogmatik und der Intention der Verfassung der Bundesrepublik Deutschland widerspricht.

Mit der Befugnis zur Durchführung vorpräventiver Maßnahmen wird der Bürger zeitgleich zum „Geschützten" und zum „Überwachten" und damit zum „Adressaten der Maßnahme" gemacht. Freiheitsrechte werden als Abwehrrechte durch die Verfassung gewahrt. Auch Eingriffe, die mit grundrechtlichen Schutzpflichten gerechtfertigt werden, kommen nicht umhin, sich einer ausgeprägten Verhältnismäßigkeitsprüfung zu unterziehen. Der Umgehung dieser Grundsätze muss jedoch der freiheitliche Rechtsstaat entgegenwirken, denn die Auswirkungen für die Praxis sind weitreichend und häufig kaum noch umkehrbar, wie insbesondere am Beispiel der gerichtlichen und anwaltlichen Praxis gezeigt wurde.

Der Ausbau von Sicherheit kann nur so weit verwirklicht werden, wie ihn die Statik der Freiheit und Rechtsstaatlichkeit auch zu tragen vermag. Ansonsten droht beides gemeinsam in sich zusammenzufallen.

Eine Erosion des Rechtsstaates „durch die eigene Hand" ist damit tatsächlich absehbar, wenn durch die Legitimation des Staates als Sicherheitsgarant, der er nicht ist und nach der Verfassung der Bundesrepublik Deutschland auch nie sein sollte, Vorfeldarbeit in exponierte Stellung gerät und das freiheitliche Grunddenken der Verfassung unterwandert wird. Genau dies ist aber letztendlich das Ziel des Terrors: den Staat in seinen eigentlichen Grundideologien von innen zu zerschlagen.

Intensive präventive Sicherheitsmaßnahmen sind notwendig, wenn eine erhöhte Bedrohung durch terroristische Vereinigungen besteht. Allerdings ist dabei zu berücksichtigen, dass diese sich an der freiheitlichen Grundordnung der Verfassung zu orientieren haben. Wenn aber die eigenen Werte verloren gehen oder geopfert werden, um terroristische Bedrohungslagen im Vorfeld zu bekämpfen, spielt man den Zielen terroristischer Gruppierungen in die Hände und gibt die eigenen Werte auf.

Eine Benachteiligung und moralische Deklassierung durch vermeintlich privilegierte Staaten muss bereits auf internationaler Ebene der Nährboden entzogen werden, um letztendlich dem Terrorismus des 21. Jahrhunderts seine ideologische Grundlage zu rauben.

Die Arbeit an einer neuen Sicherheitsarchitektur, insbesondere im präventiven Bereich, im Rahmen der Entwicklung vom Gefahrenabwehrrecht zur Gefahrenvorsorge und schließlich zur Risikovermeidung führt in letzter Konsequenz zur Destabilisierung des rechtsstaatlichen Gefüges. Im liberalen Rechtsstaat ist die Freiheit absolut und darf nur im Ausnahmefall begründet eingeschränkt werden. Dies ist der grundlegende Maßstab, an dem sich der Gesetzgeber in Auswahl und Maß neuer Instrumente im Umgang mit terroristischen Bedrohungen zu orientieren hat.

In der Gesamtschau gibt es damit keine Legitimation des Staates als „Sicherheitsgarant". Die Entwicklungen zu einer neuen präventiv orientierten Sicherheitsarchitektur führen zu einer Destabilisierung des liberalen Rechtsstaates. Der freiheitliche Grundgedanke der Verfassung wird mit dem irrigen Streben nach Sicherheitsverheißungen und Befriedigung eines subjektiven Sicherheitsbedürfnisses unterwandert.

Literaturverzeichnis

Ahlf, Ernst Heinrich: Erweiterter Sicherheitsbegriff und Polizei – ein Essay, Die Polizei 2002, S. 93–99 (zitiert: Ahlf, Die Polizei 2002).

Albrecht, Alexa: Zur Erosion der Menschenrechte im demokratischen Rechtsstaat. Reaktionen der Systeme und der Zivilgesellschaft, Frankfurt am Main, New York 2007 (zitiert: Albrecht, Zur Erosion der Menschenrechte im demokratischen Rechtsstaat).

Albrecht, Peter-Alexis: Die vergessene Freiheit, in: Friedrich-Ebert-Stiftung (Hrsg.), Sicherheit vor Freiheit?, Berlin 2003, S. 9–18 (zitiert: Albrecht, Sicherheit vor Freiheit?).

Albrecht, Peter-Alexis: Die vergessene Freiheit. Strafrechtsprinzipien in der europäischen Sicherheitsdebatte, 2. Aufl., Berlin 2006 (zitiert: Albrecht, Die vergessene Freiheit).

Albrecht, Peter-Alexis: Vom Präventionsstaat zur Sicherheitsgesellschaft, in: Herzog, Felix/Neumann, Ulfried (Hrsg.), Festschrift für Winfried Hassemer, Heidelberg 2010, S. 3–18 (zitiert: Albrecht, Vom Präventionsstaat zur Sicherheitsgesellschaft).

Alexy, Robert: Theorie der Grundrechte, Frankfurt am Main 1994.

Al-Jumaili, Diana: Stationen im Kampf gegen die Terrorismusfinanzierung. New York, Brüssel, Berlin, NJOZ 2008, S. 188–211 (zitiert: Al-Jumaili, NJOZ 2008).

Arendt, Hannah: Vita activa. Oder vom tätigen Leben. Stuttgart 1960 (zitiert: Arendt, Vita activa).

Aulehner, Josef: Polizeiliche Gefahren- und Informationsvorsorge. Grundlagen, Rechts- und Vollzugsstrukturen dargestellt auch im Hinblick auf die deutsche Beteiligung an einem Europäischen Polizeiamt (EUROPOL), Berlin 1998 (zitiert: Aulehner, Polizeiliche Gefahren- und Informationsvorsorge).

Aust, Stefan: Der Baader-Meinhof-Komplex, Hamburg 1985 (zitiert: Aust, Der Baader-Meinhof-Komplex).

Baer, Susanne: „Der Bürger“ im Verwaltungsrecht, Tübingen 2006 (zitiert: Baer, „Der Bürger“ im Verwaltungsrecht).

Baer, Susanne: § 11 Verwaltungsaufgaben, in: Hoffmann-Riem/Schmidt-Aßmann/Voßkuhle (Hrsg.), Grundlagen des Verwaltungsrechts, Bd. 1, 2. Aufl., München 2012 (zitiert: Baer, § 11 Verwaltungsaufgaben).

Baldus, Manfred: Nachrichtendienste – Beobachtung völkerverständigungswidriger Bestrebungen, ZRP 2002, S. 400 ff. (zitiert: Baldus, ZRP 2002).

Baldus, Manfred: Freiheit und Sicherheit nach dem 11. September 2001 – Versuch einer Zwischenbilanz, KritV 2005, 364–374 (zitiert: Baldus, KritV 2005).

Baldus, Manfred: Freiheitssicherung durch den Rechtsstaat des Grundgesetzes, in: Huster, Stefan/Rudolph, Karsten (Hrsg.), Vom Rechtsstaat zum Präventionsstaat, 1. Aufl., Frankfurt am Main, 2008, S. 107–119 (zitiert: Baldus, Freiheitssicherung durch den Rechtsstaat des Grundgesetzes).

Baum, Rudolf/Schantz, Peter: Die Novelle des BKA-Gesetzes. Eine rechtspolitische und verfassungsrechtliche Kritik, ZRP 2008, S. 137–140 (zitiert: Baum/Schantz, ZRP 2008).

Becker, Hans-Jürgen: Das Gewaltmonopol des Staates und die Sicherheit des Bürgers. Der ewige Landfriede – vor 500 Jahren, NJW 1995, S. 2077–2081 (zitiert: Becker, NJW 1995).

Bewarder, Manuel/Jungholt, Thorsten: Friedrich erklärt Sicherheit zum „Supergrundrecht", in: Die Welt Online vom 16.07.2013, http://www.welt.de/politik/deutschland/article118110002/Friedrich-erklaert-Sicherheit-zum-Supergrundrecht.html (Stand: 22.11.2014) (zitiert: Bewarder/Jungholt, Friedrich erklärt Sicherheit zum „Supergrundrecht").

Bielefeldt, Heiner: Freiheit und Sicherheit im demokratischen Rechtsstaat, Berlin 2004 (zitiert: Bielefeldt, Freiheit und Sicherheit)

Bielefeldt, Heiner: Gefahrenabwehr im demokratischen Rechtsstaat. Zur Debatte um ein „Feindrecht", Essay Nr. 9 des Deutschen Instituts für Menschenrechte, Berlin 2008 (zitiert: Bielefeldt, Gefahrenabwehr im demokratischen Rechtsstaat).

Böckenförde, Ernst-Wolfgang: Grundrechtstheorie und Grundrechtsinterpretation, NJW 1974, S. S. 1529-1538 (zitiert: Böckenförde, NJW 1974).

Bodin, Jean: Les six livre de la République, Paris 1583, http://classiques.uqac.ca/classiques/bodin_jean/six_livres_republique/bodin_six_livres_republique.pdf (Stand: 20.11.2014) (zitiert: Bodin, Les six livre de la République, 1583).

Bosbach, Jens: Ungeschriebene strafprozessuale Zeugnisverweigerungsrechte im Verhältnis zwischen Strafverteidiger und Mandant nach rechtskräftigem Abschluss des Verfahrens gegen den Mandanten? – Zugleich eine Besprechung von OLG Koblenz – 2 Ws 618, 620/07 und BVerfG – 2 BvR 112/08 -, NStZ 2009, S. 177-184 (zitiert: Bosbach, NStZ 2009).

Bosbach, Wolfgang: Der Rechtsstaat in Zeiten des Terrors - Warum für die Sicherheitspolitik jeder Tag der 12. September ist, in: Huster, Stefan/Rudolph, Karsten (Hrsg.), Vom Rechtsstaat zum Präventionsstaat, Frankfurt am Main 2008, S. 137-151 (zitiert: Bosbach, Der Rechtsstaat in Zeiten des Terrors).

Breuer, Rüdiger: Terrorismus, wehrfähiger Staat und individuelle Rechte, in: Rüthers, Bernd/Stern, Klaus (Hrsg.) Freiheit und Verantwortung im Verfassungsstaat. München, 1984, S. 79-100 (zitiert: Breuer, Terrorismus, wehrfähiger Staat und individuelle Rechte).

Brugger, Winfried: Gewährleistung von Freiheit und Sicherheit im Lichte unterschiedlicher Staats- und Verfassungsverständnisse, VVDStRL Bd. 63, 2004, S. 101-150 (zitiert: Brugger, VVDStRL 63).

Brunner, Otto: Land und Herrschaft. Grundfragen der territorialen Verfassungsgeschichte Südostdeutschlands im Mittelalter, 5. Aufl., Darmstadt 1990, Nachdruck der Ausg. 1984 (zitiert: Brunner, Land und Herrschaft).

Von Bubnoff, Eckhart: Terrorismusbekämpfung - eine weltweite Herausforderung, NJW 2002, S. 2672-2676 (zitiert: v. Bubnoff, NJW 2002).

Bull, Hans Peter: Wie weit reicht das Sicherheitsversprechen des Staates gegenüber seinen Bürgern?, in: Graulich, Kurt/Simon, Dieter (Hrsg.), Terrorismus und Rechtsstaatlichkeit. Berlin, 2007, S. 303-324 (zitiert: Bull, Wie weit reicht das Sicherheitsversprechen des Staates gegenüber seinen Bürgern?).

Buzan, Barry/Waever, Ole/de Wilde, Jaap: Security: A New Framework of Analysis, London 1998 (zitiert: Buzan/Waever/de Wilde, Security: A New Framework of Analysis).

Calliess, Christian: Strafzwecke und Strafrecht, NJW 1989, S. 1383-1343 (zitiert: Calliess, NJW 1989).

Calliess, Christian: Vorsorgeprinzip und Beweislastverteilung im Verwaltungsrecht, DVBl. 2001, S. 1725-1733 (zitiert: Calliess, DVBl. 2001).

Calliess, Christian: Sicherheit im freiheitlichen Rechtsstaat, ZRP 2002, S. 1-7 (zitiert: Calliess, ZRP 2002).

Calliess, Christian: Gewährleistung von Freiheit und Sicherheit im Lichte unterschiedlicher Staats- und Verfassungsverständnisse, DVBl. 2003, S. 1096-1105 (zitiert: Calliess, DVBl 2003).

Calliess, Christian: Die Europäisierung der Staatsaufgabe Sicherheit unter den Rahmenbedingungen des freiheitlichen Rechtsstaates, in: Müller, Erwin/Schneider, Patricia (Hrsg.), Die Europäische Union im Kampf gegen den Terrorismus: Sicherheit vs. Freiheit?, Baden-Baden, 2006, S. 83-100 (zitiert: Calliess, Die Europäisierung der Staatsaufgabe Sicherheit).

Conze, Werner: Artikel: Sicherheit, Schutz, in: Brunner, Otto (Hrsg.), Geschichtliche Grundbegriffe, Historisches Lexikon zur politisch-sozialen Sprache in Deutschland, Bd. 5, Pro-Soz, Nachdr. 1. Aufl., Stuttgart 1994, S. 823 (zitiert: Conze, Artikel: Sicherheit, Schutz, in: Geschichtliche Grundbegriffe, Bd. 5)

Daase, Christopher: Wandel der Sicherheitskultur, APuZ 2010, S. 9-16 (zitiert: Daase, APuZ 2010).

Deckers, Rüdiger/Heusel, Johanna: Strafbarkeit terroristischer Vorbereitungshandlungen – rechtsstaatlich nicht tragbar, ZRP 2008, S. 169-173 (zitiert: Deckers/Rüdiger, ZRP 2008).

Denninger, Erhard: Menschenrechte und Grundgesetz. Weinheim 1994 (zitiert: Denninger, Menschenrechte und Grundgesetz).

Denninger, Erhard: Der Präventions-Staat, KJ 1988, S. 1-15 (zitiert: Denninger, KJ 1988).

Denninger, Erhard/Isensee, Josef/Kirchhof, Paul (Hrsg.), Allgemeine Grundrechtslehren, 2. Aufl., Heidelberg 2000 (zitiert: Denninger, Allgemeine Grundrechtslehren).

Denninger, Erhard: Freiheit durch Sicherheit? Wie viel Schutz der inneren Sicherheit verlangt und verträgt das deutsche Grundgesetz?, KJ 2002, S. 467-475 (zitiert: Denninger, KJ 2002).

Denninger, Erhard: Freiheit durch Sicherheit? Anmerkungen zum Terrorismusbekämpfungsgesetz, StV, S. 96-102 (zitiert: Denninger, StV 2002).

Depenheuer, Otto: Selbstbehauptung des Rechtsstaates, 2. Aufl., Paderborn, München u. a. 2007, (ersch. 2008)

Di Fabio, Udo: Risikoentscheidungen im Rechtsstaat: Zum Wandel der Dogmatik im öffentlichen Recht, insbesondere am Beispiel der Arzneimittelüberwachung, Tübingen 1994 (zitiert: Di Fabio, Risikoentscheidungen im Rechtsstaat).

Di Fabio, Udo: Verfassungsstaat und Weltgesellschaft, in: Kirchhof, Paul/Mellinghoff, Rudolf/Morgenthaler, Gerd/Puhl, Thomas (Hrsg.) Die Erneuerung des Verfassungsstaates. Heidelberg, 2003, S. 57-79 (zitiert: Di Fabio, Verfassungsstaat und Weltgesellschaft).

Di Fabio, Udo: Westen muss Westen bleiben, in: die Welt vom 12.11.2007, S. 11. Einzusehen unter: http://www.welt.de/welt_print/article1354254/Westen_muss_Westen_bleiben.html?print=yes Essay, veröffentlicht am 12.11.2007 (Stand: 01.02.2018) (zitiert: Di Fabio, Westen muss Westen bleiben).

Dietel, Alfred: Innere Sicherheit. Verheißung und reale Möglichkeit, in: Bull, Hans-Peter (Hrsg.), Sicherheit durch Gesetze. Baden Baden 1987, S. 57-82 (zitiert: Dietel, Innere Sicherheit).

Dietlein, Johannes: Die Lehre von den grundrechtlichen Schutzpflichten, Berlin 1992 (zitiert: Dietlein, Die Lehre von den grundrechtlichen Schutzpflichten).

Dombrowsky, Wolf R.: Terrorismus und Freiheitsrechte, in: Müller, Erwin/Schneider, Patricia (Hrsg.), Die Europäische Union im Kampf gegen den Terrorismus: Sicherheit vs. Freiheit?, Baden-Baden, 2006, S. 59-80 (zitiert: Dombrowsky, Terrorismus und Freiheitsrechte).

Düx, Heinz: Globale Sicherheitsgesetzte und weltweite Erosion von Grundrechten, ZRP 2003, S. 189-195 (zitiert: Düx, ZRP 2003).

Elias, Norbert: Der Bundesdeutsche Terrorismus, in: Elias, Norbert (Hrsg.), Gesammelte Schriften in 19 Bänden - Band 11: Studien über die Deutschen Machtkämpfe, S. 300-389 (zitiert: Elias, Der Bundesdeutsche Terrorismus).

Endreß, Christian/Petersen, Nils: Die Dimension des Sicherheitsbegriffs, http://www.bpb.de/politik/innenpolitik/innere-sicherheit/76634/dimensionen-des-sicherheitsbegriffs?p=all (Stand: 06.08.2014) (zitiert: Endreß/Petersen, Die Dimension des Sicherheitsbegriffs)

Erbel, Günter: Die Öffentliche Sicherheit im Schatten des Terrorismus, APuZ 2002, S. 14-21 (zitiert: Erbel, APuZ 2002)

Eser, Albin: Die deutsche Strafrechtswissenschaft vor der Jahrtausendwende. Rückbesinnung und Ausblick; Dokumentation einer Tagung vom 3. - 6. Oktober 1999 in der Berlin-Brandenburgischen Akademie der Wissenschaften, München 2000 (zitiert: Eser, Die deutsche Strafrechtswissenschaft vor der Jahrtausendwende).

Fahr, Robert: Die Neuregelung der Telekommunikationsüberwachung – Steuerberater fahren beim Zeugnisverweigerungsrecht künftig nur noch „zweiter Klasse", DStR 2008, S. 375-380 (zitiert: Fahr, DStR 2008).

Frenz, Walter: Menschenwürde und Persönlichkeitsrecht versus Opferschutz und Fahndungserfolg, NVwZ 2007, S. 631-635 (zitiert: Frenz, NVwZ 2007).

Von Galen, Margarete: Bekämpfung der Geldwäsche. Ende der Freiheit der Advokatur, NJW 2003, S. 117-118 (zitiert: v. Galen, NJW 2003).

Gernhuber, Joachim: Die Landfriedensbewegung in Deutschland bis zum Mainzer Landfrieden von 1235, Bonn 1952 (zitiert: Gernhuber, Die Landfriedensbewegung in Deutschland).

Gierhake, Katrin: Der Zusammenhang von Freiheit, Sicherheit und Strafe im Recht, Berlin 2013 (zitiert: Gierhake, Der Zusammenhang von Freiheit, Sicherheit und Strafe im Recht).

Glaeßner, Gert-Joachim: Sicherheit in Freiheit. Die Schutzfunktion des demokratischen Staates und die Freiheit der Bürger, Opladen 2003 (zitiert: Glaeßner, Sicherheit in Freiheit).

Glaeßner, Gert-Joachim: Sicherheit und Freiheit, APuZ 2002, S. 3-13 (zitiert: Glaeßner, APuZ 2002).

González Cussac, José L.: „Feindstrafrecht". Die Wiedergeburt des autoritären Denkens im Schoße des Rechtsstaates, Berlin (u. a.) 2007 (zitiert: González Cussac, Feindstrafrecht).

Götz, Volkmar: Innere Sicherheit, in: Isensee, Josef/Kirchhof, Paul (Hrsg.), Handbuch des Staatsrechts, Aufgaben des Staates, Band IV, Heidelberg 2006, § 85 Rdnr. 1-46 (zitiert: Götz, HStR IV, § 85).

Grimm, Dieter: Verfassungsrechtliche Anmerkungen zum Thema Prävention, KritV 1986, S. 38-54 (zitiert: Grimm, KritV 1986).

Grimm, Dieter: Aus der Balance. Im Kampf gegen den Terrorismus läuft der Staat Gefahr, die Freiheit der Sicherheit zu opfern. Eine Antwort auf Wolfgang Schäuble, in: Zeit Online 49/2007, S. 14, http://www.zeit.de/2007/49/Schaeuble-Antwort (Geprüft am 21.08.2014) (zitiert: Grimm, Aus der Balance).

Grießbaum, Wallenta: Strafverfolgung zur Verhinderung terroristischer Anschläge - Eine Bestandsaufnahme, NStZ 2013, S. 369-379 (zitiert: Grießbaum, Strafverfolgung zur Verhinderung terroristischer Anschläge, NStZ 2013).

Groß, Thomas: Terrorbekämpfung und Grundrechte. Zur Operationalisierung des Verhältnismäßigkeitsgrundsatzes, KJ 2002, S. 1-17 (zitiert: Groß, KJ 2002).

Gusy, Christoph: Rechtsgüterschutz als Staatsaufgabe. Verfassungsfragen der Staatsaufgabe Sicherheit, DÖV 1996, S. 573-583 (zitiert: Gusy, DÖV 1996).

Gusy, Christoph: Gewährleistung von Sicherheit und Freiheit im Lichte unterschiedlicher Staatsverständnisse, VVDStRL Bd. 63, 2004, S. 151-190 (zitiert: Gusy, VVDStRL 63).

Gusy, Christoph: Polizeirecht, 6. Aufl., Tübingen 2006 (zitiert: Gusy, Polizeirecht 2006).

Gusy, Christoph: Mehr als der Polizei erlaubt ist?, in: Huster, Stefan/Rudolph, Karsten (Hrsg.), Vom Rechtsstaat zum Präventionsstaat, Frankfurt am Main, 2008, S. 120-133 (zitiert: Gusy, Mehr als die Polizei erlaubt?).

Gusy, Christoph: Polizei- und Ordnungsrecht, 7. Aufl., Tübingen 2009 (zitiert: Gusy, Polizei- und Ordnungsrecht.

Gusy, Christoph: Präventionsstaat zwischen Rechtsgüterschutz und Abbau von Freiheitsrechten in Deutschland, in: Graulich, Kurt/Simon, Dieter (Hrsg.), Terrorismus und Rechtsstaatlichkeit. Berlin, 2007, S. 273-294 (zitiert: Gusy, Präventionsstaat zwischen Rechtsgüterschutz und Abbau von Freiheitsrechten in Deutschland).

Hamm, Rainer: Ist Strafverteidigung noch Kampf?, NJW 2006, S. 2084-2089 (zitiert: Hamm, NJW 2006).

Hassemer, Winfried: Sicherheit durch Strafrecht, HRRS 2006, S. 130-143 (zitiert: Hassemer, HRRS 2006).

Hassemer, Winfried: Zum Spannungsverhältnis von Freiheit und Sicherheit, Vorgänge 2002, S. 10-15 (zitiert: Hassemer, Vorgänge 2002).

Heckmann, Dirk: Sicherheitsarchitektur im bedrohten Rechtsstaat, in: Blaschke, Ulrich/Förster, Achim/Lumpp, Stephanie/Schmidt, Judith (Hrsg.), Sicherheit statt Freiheit? Berlin, 2005, S. S. 9-28 (zitiert: Heckmann, Sicherheitsarchitektur im bedrohten Rechtsstaat).

Hetzer, Wolfgang: Ist Freiheit durch Sicherheit korrumpierbar?, StrafFO 2006, S. 140-146 (zitiert: Hetzer, StrafFO 2006).

Hilger, Hans: Vor(feld)ermittlungen/Datenübermittlung, in: Wolter, Jürgen (Hrsg.) u. a., Datenübermittlungen und Vorermittlungen. Heidelberg, 2003, S. 11-72 (zitiert: Hilger, Vor(feld)ermittlungen/Datenübermittlung).

Hillgruber, Christian: Der Staat des Grundgesetzes nur bedingt abwehrbereit?, JZ 2007, S. 209-218 (zitiert: Hillgruber, JZ 2007).

Hirsch, Burkhard: Auf dem Weg in den Überwachungsstaat?, in: Huster, Stefan/Rudolph, Karsten (Hrsg.), Vom Rechtsstaat zum Präventionsstaat, Frankfurt am Main, 2008, S. 164-178 (zitiert: Hirsch, Auf dem Weg in den Überwachungsstaat?).

Hoffmann-Riem, Wolfgang: Freiheit und Sicherheit im Angesicht terroristischer Anschläge, in: Müller, Erwin/Schneider, Patricia (Hrsg.), Die Europäische Union im Kampf gegen den Terrorismus: Sicherheit vs. Freiheit?, Baden-Baden, 2006, S. 33-58 (zitiert: Hoffmann-Riem, Freiheit und Sicherheit im Angesicht terroristischer Anschläge).

Hofmann, Gunther: Minister gegen Richter. Was ist erlaubt im Antiterrorkampf? Wolfgang Schäuble und Udo Di Fabio streiten um Grundsätzliches, http://www.zeit.de/2007/47/Innenminster-vs-BVG (Stand: 02.01.2013) (zitiert: Hofmann, Minister gegen Richter).

Holoubek, Manfred: Grundrechtliche Gewährleistungspflichten, Ein Beitrag zu einer allgemeinen Grundrechtsdogmatik (Forschungen aus Staat und Recht), Wien 1997 (zitiert: Holoubek, Grundrechtliche Gewährleistungspflichten).

Horn, Hans-Detlef: Sicherheit und Freiheit durch vorbeugende Verbrechensbekämpfung - Der Rechtsstaat auf der Suche nach dem rechten Maß, in: Horn, Hans-Detlef (Hrsg.), Recht im Pluralismus. Festschrift für Walter Schmitt Glaeser zum 70. Geburtstag, Berlin, 2003, S. 435-463 (zitiert: Horn, Sicherheit und Freiheit durch vorbeugende Verbrechensbekämpfung).

Von Humboldt, Wilhelm Freiherr: Ideen zu einem Versuch, die Grenzen der Wirksamkeit des Staats zu bestimmen (1792), Nachdruck Stuttgart 1967 (zitiert: von Humboldt, Ideen zu einem Versuch, die Grenzen der Wirksamkeit des Staates zu bestimmen).

Ignor, Alexander: Der rechtliche Schutz des Vertrauensverhältnisses zwischen Rechtsanwalt und Mandant im Visier des Gesetzgebers, NJW 2007, S. 3403-3406 (zitiert: Ignor, NJW 2007).

Isensee, Josef: Das Grundrecht auf Sicherheit. Zu den Schutzpflichten des freiheitlichen Verfassungsstaates; Vortrag gehalten vor der Berliner Juristischen Gesellschaft am 24. November 1982, erw. Fassung., Berlin (u. a.) 1983.

Isensee, Josef: § 11.1 Das Grundrecht als Abwehrrecht und als staatliche Schutzpflicht, in: Denninger, Erhard/Isensee, Josef/Kirchhof, Paul (Hrsg), Allgemeine Grundrechtslehren, 3. Aufl., Heidelberg, 2011, S. 143-241 (zitiert: Isensee, HStR Bd. IX).

Isensee, Josef: § 15 Staat und Verfassung, in: Kirchhof, Paul/Isensee, Josef (Hrsg.), Handbuch des Staatsrechts der Bundesrepublik Deutschland, 3. Aufl., Heidelberg, 2004 (zitiert: Isensee, HStR II).

Isensee, Josef: Der Verfassungsstaat als Friedensgarant, in: Kirchhof, Paul/Mellinghoff, Rudolf/ Morgenthaler, Gerd; Puhl, Thomas (Hrsg.), Die Erneuerung des Verfassungsstaates, Heidelberg, 2003, S. 7-43 (zitiert: Isensee, Der Verfassungsstaat als Friedensgarant).

Isensee, Josef: Leben gegen Leben, in: Pawlik, Michael (Hrsg.): Festschrift für Günther Jakobs, Köln/München (u. a.), 2007, S. 205-234 (zitiert: Isensee, Leben gegen Leben).

Jakobs, Günther: Das Selbstverständnis der Strafrechtswissenschaft vor den Herausforderungen der Gegenwart, in: Berlin-Brandenburgische Akademie der Wissenschaften (Hrsg.), Die deutsche Strafrechtswissenschaft vor der Jahrtausendwende. München, 2000, S. 47 ff. (zitiert: Jakobs, Das Selbstverständnis der Strafrechtswissenschaft vor den Herausforderungen der Gegenwart).

Jakobs, Günther: Bürgerstrafrecht und Feindstrafrecht, HRRS 2004, S. 88-95 (zitiert: Jakobs, HRRS 2004).

Jescheck, Hans-Heinrich/Weigend, Thomas: Lehrbuch des Strafrechts - Allgemeiner Teil, 5. Auflage, Berlin 1996 (zitiert: Jescheck/Weigend, Lehrbuch des Strafrechts AT).

Kant, Immanuel: Die Metaphysik der Sitten, Königsberg 1797, Neusatz 2. Aufl., Frankfurt 2013 (zitiert: Kant, Die Metaphysik der Sitten, 1797).

Kaufmann, Franz-Xaver: Sicherheit als soziologisches und sozialpolitisches Problem. Untersuchungen zu einer Wertidee hochdifferenzierter Gesellschaften, Berlin 2012, unv. Nachdruck der Ausg. Stuttgart 1973, (zitiert: Kaufmann, Sicherheit als soziologisches und sozialpolitisches Problem).

Klein, Eckart: Grundrechtliche Schutzpflichten des Staates, NJW 1989, S. 1633-1640 (zitiert: Klein, NJW 1989).

Kniesel, Michael: „Innere Sicherheit“ und Grundgesetz, ZRP 1996, S. 482-489 (zitiert: Kniesel, ZRP 1996).

Kötter, Matthias: Subjektive Sicherheit, Autonomie und Kontrolle, Der Staat 2004, S. 372-398 (zitiert: Kötter, Der Staat 2004).

Kötter, Matthias: Pfade des Sicherheitsrechts. Begriffe von Sicherheit und Autonomie im Spiegel der sicherheitsrechtlichen Debatte der Bundesrepublik Deutschland, 1. Aufl., Baden-Baden 2008 (zitiert: Kötter, Pfade des Sicherheitsrechts).

Kraushaar, Wolfgang: Der nicht erklärte Ausnahmezustand. Die RAF und der linke Terrorismus, Hamburg 2007 (zitiert: Kraushaar, Der nicht erklärte Ausnahmezustand)

Kraushaar, Wolfgang: Staatliches Handeln während des so genannten Deutschen Herbstes: http://www.bpb.de/geschichte/deutsche-geschichte/geschichte-der-raf/49296/staatliches-handeln?p=0 (Geprüft am 02.01.2013).

Krauß, Detlef: Sicherheitsstaat und Strafverteidigung, StV 1989, S. 315-325 (zitiert: Krauß, StV 1989).

Kreuzer, Arthur: Essay: Zur Not ein bisschen Folter, in: Die Zeit Online vom 13.05. 2004, Ausgabe 21, http://www.zeit.de/2004/21/Essay_Verfahren/komplettansicht (Stand: 22.11.2014) (zitiert: Kreuzer, Essay:Zur Not ein bisschen Folter, Die Zeit Online vom 13.05.2004).

Kreuzer, Arthur: Der Rechtsstaat bröckelt. Wie Terroristen und Anti-Terror-Gesetze das Strafrecht verändern, in: Die Zeit Online vom 02.10.2007, Ausgabe 40, http://www.zeit.de/online/2007/40/strafrecht (Geprüft am: 02.01.2013) (zitiert: Kreuzer, Der Rechtsstaat bröckelt, Die Zeit Online vom 02.10.2007).

Krings, Günter: Grund und Grenzen grundrechtlicher Schutzansprüche. Die subjektiv-rechtliche Rekonstruktion der grundrechtlichen Schutzpflichten und ihre Auswirkung auf die verfassungsrechtliche Fundierung des Verbrauchervertragsrechts, Berlin 2003 (zitiert: Krings, Grund und Grenzen grundrechtlicher Schutzansprüche).

Kurth, Michael E.: Der dritte Golfkrieg aus völkerrechtlicher Sicht, ZRP 2003, S. S. 195-198 (zitiert: Kurth, ZRP 2003).

Lagodny, Otto: Strafrecht vor den Schranken der Grundrechte. Die Ermächtigung zum strafrechtlichen Vorwurf im Lichte der Grundrechtsdogmatik dargestellt am Beispiel der Vorfeldkriminalisierung, Tübingen 1996 (zitiert: Lagodny, Strafrecht vor den Schranken der Grundrechte).

Lammer, Dirk: Wie weit reicht das Sicherheitsversprechen des Staates?, in: Graulich, Kurt/Simon, Dieter (Hrsg.), Terrorismus und Rechtsstaatlichkeit. Berlin, 2007, S. 315-330 (zitiert: Lammer, Wie weit reicht das Sicherheitsversprechen des Staates?).

Limbach, Jutta: Festvortrag. Ist die kollektive Sicherheit Feind der individuellen Freiheit?, in: AnwBl. 2002, S. 454-458 (zitiert: Limbach, AnwBl. 2002).

Locke, John: Zwei Abhandlungen über die Regierung, 1690, 5. Aufl., Frankfurt, 1992 (zitiert: Locke, Zwei Abhandlungen über die Regierung, 1690).

Maier, Hans: „Linksliberal", in: Maier, Hans (Hrsg.), Wenn Mozart heute zur Schule ginge. Streiflichter zur Zeit, Freiburg, 1984, S. 88 ff. (zitiert: Maier, „Linksliberal").

Von Mangoldt, Hermann: Entstehungsgeschichte der Artikel des Grundgesetzes, JöR, NF., Bd. 1, Tübingen 1951, S. 50-61 (zitiert: v. Mangoldt, JöR NF 1951).

Masing, Johannes: Die Ambivalenz von Freiheit und Sicherheit, JZ 2011, S. 753-758 (zitiert: Masing, JZ 2011).

Meier, Horst: Ein Grundrecht auf Sicherheit?, Merkur 2003, S. 174-177 (zitiert: Meier, Merkur 2003).

Merten, Detlef: Grundrechtliche Schutzpflichten und Untermaßverbot, in: Burmeister, Joachim/Stern, Klaus/Grupp, Klaus/Röger, Ralf/Sachs, Michael/Tettinger, Peter Josef (Hrsg.), Gedächtnisschrift für Joachim Burmeister. Heidelberg 2005, S. S. 227-243 (zitiert: Merten, Grundrechtliche Schutzpflichten und Untermaßverbot).

Middel, Stefan: Innere Sicherheit und präventive Terrorismusbekämpfung, Baden-Baden 2007 (zitiert: Middel, Innere Sicherheit und präventive Terrorismusbekämpfung).

Möllers, H. W. Martin: Öffentliche Sicherheit und Gesellschaft. Debatten im Kontext historischer Ereignisse seit 9/11, JBÖS Jahrbuch Öffentliche Sicherheit, Sonderband 9, 2. Aufl. 2013, Frankfurt am Main (zitiert: Möllers, Öffentliche Sicherheit und Gesellschaft, JBÖS, SB 9).

Möstl, Markus: Die staatliche Garantie für die öffentliche Sicherheit und Ordnung. Sicherheitsgewährleistung im Verfassungsstaat, im Bundesstaat und in der Europäischen Union, Tübingen 2002 (zitiert: Möstl, Die staatliche Garantie für die öffentliche Sicherheit und Ordnung).

Murswiek, Dietrich: Die staatliche Verantwortung für die Risiken der Technik. Verfassungsrechtliche Grundlagen und immissionsschutzrechtliche Ausformung, Berlin 1985 (zitiert: Murswiek, Die staatliche Verantwortung für die Risiken der Technik).

Müller-Franken, Sebastian: Der Staat als Garant von Freiheit und Sicherheit, in: Die Polizei 2004, S. 345-349 (zitiert: Müller-Franken, Die Polizei 2004).

Nehm, Kay: Ein Jahr danach - Gedanken zum 11. September 2001, NJW 2002, S. 2665-2671 (zitiert: Nehm, NJW 2002).

Nehring, Michael: Kriminelle und terroristische Vereinigungen im Ausland. Auslegung und Analyse des im Zuge der Terrorismusbekämpfung nach dem 11. September 2001 geschaffenen § 129 b Strafgesetzbuch, Frankfurt 2007 (zitiert: Nehring, Kriminelle und terroristische Vereinigungen im Ausland).

Nitschke, Andreas: Die materielle Polizeipflicht im Sinne einer Gefahrenabwehrpflicht als verfassungsrechtliche Grundpflicht, Frankfurt 2013 (zitiert: Nitschke, Die materielle Polizeipflicht im Sinne einer Gefahrenabwehrpflicht als verfassungsrechtliche Grundpflicht).

Nolte, Martin: Die Anti-Terror-Pakete im Lichte des Verfassungsrechts, DVBl 2002, Heft 9, S. 573-578 (zitiert: Nolte, DVBl 2002).

Nolte, Martin: Das Verfassungsrecht vor den Herausforderungen der Globalisierung, VVDStRL 2008, Bd. 67, S. 129-159 (zitiert: Nolte, VVDStRL 2008).

Ossenbühl, Fritz: Die Interpretation der Grundrechte in der Rechtsprechung des Bundesverfassungsgerichts, NJW 1976, S. 2100-2107 (zitiert: Ossenbühl, NJW 1976).

Otto, Volker: Das Staatsverständnis des Parlamentarischen Rates, Düsseldorf 1971.

Palm, Ullrich: Der wehrlose Staat? Der Einsatz der Streitkräfte im Inneren nach der Entscheidung des Bundesverfassungsgerichts zum Luftsicherheitsgesetz, Archiv des öffentlichen Rechts (AöR) 2007, S. 95-113 (zitiert: Palm, AöR).

Park, Byungwoog: Wandel des klassischen Polizeirechts zum neuen Sicherheitsrecht. Eine Untersuchung am Beispiel der Entscheidung über sogenannte Online-Durchsuchungen. Berliner Juristische Universitätsschriften: Öffentliches Recht, Bd. 32, Berlin 2013 (zitiert: Park, Wandel des klassischen Polizeirechts zum neuen Sicherheitsrecht).

Petri, Thomas Bernhard: Europol: grenzüberschreitende polizeiliche Tätigkeit in Europa, Baden-Baden 2001 (zitiert: Petri, Europol).

Pflieger, Klaus: Die Rote Armee Fraktion - RAF. 14.5.1970 bis 20.4.1998, Baden-Baden 2004 (zitiert: Pflieger, RAF).

Pitschas, Rainer: Gefahrenabwehr durch private Sicherheitsdienste, DÖV 1997, S. 393-397, (zitiert: Pitschas, DÖV 1997).

Pitschas, Rainer: Polizeirecht im kooperativen Staat. Innere Sicherheit zwischen Gefahrenabwehr und kriminalpräventiver Risikovorsorge, DÖV 2002, S. 221-231 (zitiert: Pitschas, DÖV 2002).

Prantl, Heribert: Ein Staat mit tausend Augen. Die Ausweitung der Video-Überwachung folgt einer neuen Sicherheitslogik: Jeder ist verdächtig, in: Süddeutsche Zeitung, Ausgabe vom 02.01.2004, S. 4 (zitiert: Prantl, Ein Staat mit tausend Augen, in: Süddeutsche Zeitung).

Ress, Georg: Staatszwecke im Verfassungsstaat nach 40 Jahren Grundgesetz, VVDStRL 48, 1990, S. 56-118 (zitiert: Ress, VVDStRL 48, 1990).

Riescher, Gisela: Politische Theorie nach dem 11. September, Der Staat 2006, S. 27-44 (zitiert: Riescher, Der Staat 2006).

Ritter, Joachim: Historisches Wörterbuch der Philosophie, P - Q, Basel (u. a.) 1989.

Ritter, Joachim: Historisches Wörterbuch der Philosophie, Se - Sp, Basel (u. a.) 1995.

Robbers, Gerhard: Sicherheit als Menschenrecht. Aspekte der Geschichte, Begründung und Wirkung einer Grundrechtsfunktion, Baden-Baden 1987 (zitiert: Robbers, Sicherheit als Menschenrecht).

Roellecke, Gerd: Der Rechtsstaat im Kampf gegen den Terror, JZ 2006, S. 265-270 (zitiert: Rollecke, JZ 2006).

Roggan, Fredrik/Bergemann, Nils: Die neue „Sicherheitsarchitektur" der Bundesrepublik Deutschland, NJW 2007, S. 876 ff. (zitiert: Roggan/Bergemann, NJW 2007).

Roggan, Fredrik: Das neue BKA-Gesetz - Zur weiteren Zentralisierung der deutschen Sicherheitsarchitektur, NJW 2009, S. 257-262 (zitiert: Roggan, NJW 2009).

Rousseau, Jean-Jacques: Du Contrat Social, Amsterdam 1762, http://www.rwi.uzh.ch/elt-lst-kley/verfg/frankreich/de/pdf/Contrat_Social_D_F.pdf (Stand: 20.11.2014) (zitiert: Rousseau, Du Contrat Social, 1762).

Rousseau, Jean Jacques: Der Gesellschaftsvertrag, Stuttgart 1968.

Saurer, Johannes: Die Ausweitung sicherheitsrechtlicher Regelungsansprüche im Kontext der Terrorismusbekämpfung, NVwZ 2005, S. 275-288, (zitiert: Saurer, NVwZ).

Schäuble, Wolfgang: Sicherheit im Verfassungsstaat. Rede bei der Justizpressekonferenz am 7. November 2007 in Karlsruhe, http://www.bmi.bund.de/SharedDocs/Reden/DE/2007/11/rede_bm_justizkongress.html (geprüft am: 02.01.2013).

Schenke, Wolf-Rüdiger: Zusammenfassung von „Die Verfassungswidrigkeit des § 14 III LuftSiG", NJW 2006, S. 736-739 (zitiert: Schenke, NJW 2006).

Schlink, Bernhard: Das Recht der informationellen Selbstbestimmung, Der Staat 1986, S. 233-250 (zitiert: Schlink, Der Staat 1986).

Schmahl, Stefanie: Internationaler Terrorismus aus der Sicht des deutschen Ausländerrechts, ZAR 2004, S. 217–225 (zitiert: Schmahl, ZAR 2004).

Schmitt Glaeser, Walter: Über Tendenzen zur Unterwanderung unserer Verfassung, JöR NF 2009, S. 39-59 (zitiert: Schmitt Glaeser, JöR NF 2009).

Schmitt Glaeser, Walter: Private Gewalt im politischen Meinungskampf, Berlin 1990 (zitiert: Schmitt Glaeser, Private Gewalt im politischen Meinungskampf).

Schneckener, Ulrich: Warum lässt sich Terrorismus nicht „besiegen"?, in: Huster, Stefan/Rudolph, Karsten, Vom Rechtsstaat zum Präventionsstaat, Frankfurt am Main 2008, S. 25-44 (zitiert: Schneckener, Warum lässt sich Terrorismus nicht besiegen?).

Schoch, Friedrich: Abschied vom Polizeirecht des liberalen Rechtsstaates? Vom Kreuzberg-Urteil des preußischen Oberverwaltungsgerichts zu den Terrorismusbekämpfungsgesetzen unserer Tage, Der Staat 2004, S. 347–369 (zitiert: Schoch, Der Staat 2004).

Schoch, Friedrich: Grundlagen des Polizei- und Ordnungsrechts, in: Schmidt-Aßmann, Eberhard/ Schoch, Friedrich/Breuer, Rüdiger (Hrsg.), Besonderes Verwaltungsrecht, 14. Aufl., Berlin 2008, S. S. 132 ff., (zitiert: Schoch, Polizei- und Ordnungsrecht Kap. 2).

Scholz, Rupert/Pitschas, Rainer: Informationelle Selbstbestimmung und staatliche Informationsverantwortung, Berlin 1984.

Schwarz, Kyrill-Alexander: Die Dogmatik der Grundrechte - Schutz und Abwehr im freiheitssichernden Staat, in: Blaschke, Ulrich/Förster, Achim/Lumpp, Stephanie/Schmidt, Judith (Hrsg.), Sicherheit statt Freiheit? Berlin, 2005, S. S. 29-49 (zitiert: Schwarz, Die Dogmatik der Grundrechte).

Schwegmann, Friedrich Gerhard: Idee und Entstehung des staatlichen Gewaltmonopols, VR 1987, S. 217-222 (zitiert: Schwegmann, VR 1987).

Siemens, Anne: Die Opfer der RAF, APuZ 2007, S. 9-15 (zitiert: Siemens, APuZ 2007).

Stark, Holger/Mascolo, Georg/Neukirch, Ralf: Wer den Tod liebt, kann ihn haben. Spiegel-Gespräch mit Otto Schily, in: Der Spiegel, 18/2004, 26.04.2004, S. 45-50 (zitiert: Stark/Mascolo/ Neukirch, Wer den Tod liebt, kann ihn haben. Spiegel-Gespräch mit Otto Schily, in: Der Spiegel, 18/2004).

Stegner, Ralf: Im Zweifel für die Freiheit, in: Huster, Stefan/Rudolph, Karsten. Vom Rechtsstaat zum Präventionsstaat, Frankfurt am Main, 2008, S. 151-163 (zitiert: Stegner, Im Zweifel für die Freiheit).

Stern, Klaus: Das Staatsrecht der Bundesrepublik Deutschland. Die geschichtlichen Grundlagen des deutschen Staatsrechts. Die Verfassungsentwicklung vom Alten Deutschen Reich zur wiedervereinigten Bundesrepublik Deutschland, München 1999, Band 5 (zitiert: Stern, Die geschichtlichen Grundlagen des deutschen Staatsrechts, Bd. V).

Stern, Klaus: Das Staatsrecht der Bundesrepublik Deutschland. Grundlagen und Geschichte, nationaler und internationaler Grundrechtskonstitutionalismus, juristische Bedeutung der Grundrechte, Grundrechtsberechtigte, Grundrechtsverpflichtete, München 1988, Band III/1 (zitiert: Stern, Die geschichtlichen Grundlagen des deutschen Staatsrechts, Bd. III/1).

Stolleis, Michael: Staatsdenker in der frühen Neuzeit, 3. Aufl., München 1995 (zitiert: Stolleis, Staatsdenker).

Storck, Sascha: Terrorismus: Erscheinungsformen, Entstehungsbedingungen und Verläufe, Saarbrücken 2007.

Stubenrauch, Julia: Gemeinsame Verbunddateien von Polizei und Nachrichtendiensten. Eine verfassungsrechtliche Untersuchung am Beispiel der Antiterrordatei, 1. Aufl., Baden-Baden 2009 (zitiert: Stubenrauch, Gemeinsame Verbunddateien von Polizei und Nachrichtendiensten).

Tettinger, Peter J.: Freiheit in Sicherheit, in: Landesvereinigung der Arbeitgeberverbände Nordrhein-Westfalen (Hrsg.), Festschrift für Jochen F. Kirchhoff zum 75. Geburtstag. Köln, 2002, S. S. 281-296 (zitiert: Tettinger, Freiheit in Sicherheit).

Tettinger, Peter J./Stern, Klaus (Hrsg.): Kölner Gemeinschafts-Kommentar zur Europäischen Grundrechte-Charta, München 2006 (zitiert: Tettinger, Art. 5).

Thiel, Markus: Die „Entgrenzung" der Gefahrenabwehr. Grundfragen von Freiheit und Sicherheit im Zeitalter der Globalisierung, Tübingen 2011 (zitiert: Thiel, Die „Entgrenzung" der Gefahrenabwehr).

Tiedemann, Klaus: Verfassungsrecht und Strafrecht. Vortrag: 8. März 1990, Heidelberg 1991 (zitiert: Tiedemann, Verfassungsrecht und Strafrecht).

Trute, Hans-Heinrich: Rechtsprechungsanalyse - Gefahr und Prävention in der Rechtsprechung zum Polizei- und Ordnungsrecht Die Verwaltung 2003, S. 501-522 (zitiert: Trute, Die Verwaltung 2003).

Volkmann, Uwe: Sicherheit und Risiko als Probleme des Rechtsstaates, JZ 2004, S. 696-703 (zitiert: Volkmann, JZ 2004).

Volkmann, Uwe: Anmerkung zum Beschluss der präventiven Rasterfahndung des BVerfG, JZ 2006, S. 918-920 (zitiert: Volkmann, JZ 2006).

Wabl, Rainer/Masing, Johannes: Schutz durch Eingriff, JZ 1990, S. 533-563 (zitiert: Wabl/Masing, JZ 1990).

Waechter, Kay: Die aktuelle Situation des Polizeirechts, JZ 2002, S. 854-862 (zitiert: Waechter, JA 2002).

Waechter, Kay: Polizeirecht und Kriegsrecht, JZ 2007, S. 61-68 (zitiert: Waechter, JA 2007).

Walter, Eugene Victor: Terror and Resistance: A Study of Political Violence, London, New York 1969 (zitiert: Walter, Terror and Resistance).

Walter, Tasia: Die Entstehung der Islamischen Republik Afghanistan vom 04. Januar 2004, JöR NF 2010, S. 713-758 (zitiert: Walter, JöRNF 2010).

Weinhauer, Klaus/Requate, Jörg: Die Herausforderung des Linksterrorismus, in: Weinhauer, Klaus/Requate, Jörg (Hrsg.), Terrorismus in der Bundesrepublik, S. 9-11 (zitiert: Weinhauer/Requate, Die Herausforderung des Linksterrorismus).

Waever, Ole: „Securitization and Desecuritization", in: Lipschutz (Hrsg.), On Security, New York 1995, S. 46-86 (zitiert: Waever, „Securitization and Desecuritization", in: Lipschutz [Hrsg.], On Security).

Weber, Kathrin: Die Sicherung rechtsstaatlicher Standards im modernen Polizeirecht, Bern 2011.

Werthebach, Eckhart/Droste, Bernadette: Bonner Kommentar zum Grundgesetz Art. 73 Nr. 10 GG, Bonn 1999 (zitiert: Werthebach/Droste, in: Bonner Kommentar zum GG [Lfg. 1999], Art. 73 Nr. 10 GG).

Williams, Michael C.: Words, Images, Enemies: Securitization and International Politics, in: International Studies Quarterly, 2003, Vol. 47, No. 4, S. 511-531, http://www.d-scott.com/wp-content/uploads/2013/10/securitization.pdf (Stand: 21.11.2014).

Winkler, Emil: Sécurité, in: Abhandlungen der Preussischen Akademie der Wissenschaften, Philosophisch-Historische Klasse; Jg. 1939, Nr. 10, Berlin 1939 (zitiert: Winkler, Sécurité).

Zippelius, Reinhold/Würtenberger, Thomas/Maunz, Theodor: Deutsches Staatsrecht. Ein Studienbuch, 32. Aufl., München 2008 (zitiert: Zippelius/Reinhold, Deutsches Staatsrecht).

FSC
www.fsc.org
MIX
Papier | Fördert gute Waldnutzung
FSC® C083411

Kolibri 360 GmbH
Ferdinand-Jühlke-Straße 7
99095 Erfurt, Deutschland
produktsicherheit@kolibri360.de